決定台灣的29堂課

替台灣播下希望的種籽

余範英、黃榮村、王汎森、朱雲漢、葉俊榮、
陳添枝、何志欽、王健壯、林聖芬

「余紀忠文教基金會」自始至今都以播種者自我期許與自我要求。在一九九九年跨世紀之交，我們率先策劃「邁向公與義的社會」系列研討會，衷心期盼台灣在被國際社會評價為「亞洲四小龍」的良好基礎上，能夠帶動台灣整體質量的全面提升，迎接新世紀的來臨。

在進行為期一個月的研討會後，我們在結論報告中有這樣一句話：「一個國家不論是在常態的經營運作下，或是在面對困境的時候，都需要有一套良好的基礎運作機制。任何社會都必須具備這樣的機制來因應各項問題，才不會臨陣慌潰，也才能在常態時推動國家總體發展往好的方向走。有完整的規劃、定期審視、檢討缺失、發揮執行效率，需要有清楚的哲學思維，作為上位原則、作為檢討以及重建的基礎。我們認為這個上位原則，再沒有比建立一個『公與義』的社會，更能周全地引導我們去制定出好的基礎機制」。

「公與義」因此便成為我們努力追求的目標。但一個公與義社會的成形卻必須具備幾項條件：政府的角色扮演，法律規範的建構有其必要；自由開放的經濟，充分競爭的市場秩序必須提升；公民意識的覺醒，社區力量的凝聚，以及價值倫理的重建，更是形成公民社會的必要條件。

我們相信：唯有公開、無私，全民才能共同參與努力；唯有公平，每個人才有機會各自發揮所長；唯有正

義，社會的黑暗角落才不會被忽略。公與義的社會是全民的社會，也是我們航向二十一世紀，永續發展的根本。

基於這樣的認知，基金會過去所主辦的活動，因而無一不圍繞著「環境永續」、「公與義」兩大主軸，持續不懈地進行相關議題的探討並直接付諸行動。二〇一二年我們策畫系列研討，呼籲大家共同建立「實在年代」，我們的想法是：國人需要信心與勇氣，關注社經變化與自然環境，大家應不分彼此，不虛浮，不因循，不退卻，檢視存在當下的實質問題，面對未來。

我們的期盼是：過去十幾年，台灣被亞洲新興經濟體迎頭趕上甚至超前，面對嚴峻的國際挑戰與網路資訊全球化的壓力，新課題不斷，我們必須走出社會瀰漫的內耗氛圍，太多的空轉、對立與激情也必須沉澱下來。潮流在變，時代在變，往日的經驗已不足以作為未來發展的倚憑，前瞻與宏觀因此便是你我必須學習的課題。

「開明、理性、求進步，民主、自由、愛國家」，這是余紀忠先生堅持的理念，也是他一生追求的目標。我們誠摯希望這塊大家共同生存發展且熱愛的土地能夠變得更好、更進步，因此我們決定更進一步凝聚力量尋找夥伴，啟動「余紀忠講堂種籽營」，脫離虛假、找到核心走出務實。為下一代種下希望的種籽，扛起進步的責任；期盼有志為台灣明天尋找希望的人能夠群策群力，一起促成這件重大工作的實現。

目錄

II 財稅金融與國民年金

III 能源結構與環境永續

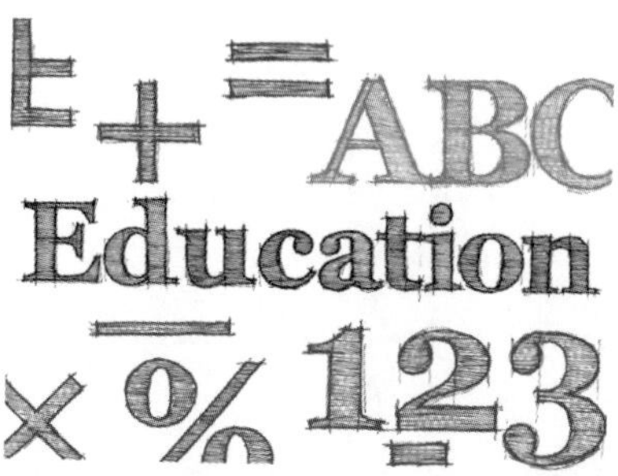
ABC
Education
123

緣起

余紀忠講堂種籽營的籌辦，來自想為停滯的台灣付出一些心力。經歷了政府一連串粗糙的公共決策，社會對立持續發酵；經濟頹勢的浮現，民間痛苦指數升高，許多人憂心焦慮。基於這樣一個體認，辦種籽營是為了做點「實在」的事情。刻意安排了五大公共議題領域，包括兩岸關係、經濟、能源永續、教育文化等台灣當前關鍵課題，總共講授了二十九堂課，並進行討論和經驗分享，以及分組選出專題研究報告。

二〇一三年七月整個月是一個處處充滿驚奇的月分，每逢周六與周日，余紀忠講堂就坐滿了四、五十位年輕人，他／她們是來自各行各業具有主動積極性的菁英，安排的講者大多是基金會二、三十年來關心公共議題產官學研的老面孔，他／她們為了這次的講堂課程可說是卯足勁的，從外交兩岸國防到財政金融，從產業發展到能源與環境，從教育文化到社會與人文困境，講題無所不包，參與講堂的導師，都是深切體認到「健全自我」和「造福社會」是完全不同的範疇與態度，持守經世濟民的理念。要能夠啟發行動，參與改造，從利己到利他就必須有更大的決心、熱誠和毅力。基金會竭盡心力，廣納各界力量來做這樣的嘗試和努力。在共同的期許下，歸納出三個核心價值與學員分享，冀望作為未來攜手打造健全社會，重塑國家聲望的行動基礎——〈同心同德〉、〈群策群力〉、〈再接再勵〉。

整理出版成書，不只是對「種籽營」留存檔案紀錄，也不只是在為所有曾經參與的講師、學員，留下雪泥鴻爪的美好回憶，期待這本書能夠提供並啟發種籽營學員「後續行動方案」的藍圖張本。我們更在意的是，藉著本書的公開發行，讓所有有心為台灣的轉型再出發奉獻心力的各界菁英，能夠因而聚合起來，共同尋找與啟動適合台灣的發展路線圖，建立合理的公民社會，作自己的主人。

| 導論 |

檢視、面對、挑戰

- 檢視當代的人文問題
- 資訊雲端時代的文化衝擊
- 覺知與決策

導引課程紀實

任何主題的學習之前，都需要先思考學習之於己的關係，以及學習應有的一套方法。基金會認為必須先界定自我在當代人文的價值為何？還有網路世界的普及，科技與文化間的關聯又在哪裡？除了知識的學習外，人與人之間的溝通、決策、與執行該有的態度與方法，是行動的根基。所以設計了導引課程，請來錢永祥老師、呂學錦老師和李瑞華老師，先替學員們建立學習的第一天課程。

錢永祥

以檢視當代人文問題，就社會許多對立面的實在處境找核心，他強調「人文」是我們從事功能性活動時怎麼樣看待人？可以找出標準、不憑空想像，過去數百年來性別與族群關係的改變就可以看到人與人關係的進步。他談集體學習、減輕差異、走向實在而不虛假。就人文思考的面向與空間，及人文出現的危機現象，他說「多元」即代表衝突，衝突是社會常態，台灣三十年來的集體學習，好人壞人的二分法，以對抗處理意見不同的習慣，短時間不容易解決，可能是體制的問題，但重要的是集體學習與不同思維、甚至與敵人相處生活的學習過程。「道德進步」是每個人的切身經驗，與社會變化非常有關係。人類在面對問題時，還能有信心的去說：我們走在進步的道路上面嗎？談「進步」要求有進步的標準，若沒有一把尺，怎麼能說現在的狀態是好？集體學習的過程，對自己的信念會少了些自信，對別人的想法會多了幾分的興趣。今天的台灣社會已經掌握到很多根本的價值，去好好栽培思考會帶來進步。台灣要走向實在的時代，就是在這中間找到價值的根據。

呂學錦

帶領學員接受資訊雲端時代的文化衝擊，他說：如何讓科技文明發展所帶來的功能性機制運作良善，需要人文作為內涵，虛實的搭配，科技與人文的結合。雲端運算跟每個領域都有關係，我們用建設性、創新的力量，提升生活品質，發展智慧創新，促進人文社會的發展，是需要有上位原則的，比如說提倡王道，孫子兵法，推動王道的經濟發展、王道的社會公義與王道的精神融合。不是只有口號，要有方案、規劃去落實，而且規劃的願景要有高度、寬度、深度、速度，更強調規劃要具有全球化的前瞻。

李瑞華

談產、官、學不同領域的菁英，工作上都須做決策。做決策的過程中，該怎麼做決策呢？模擬「覺知」的學習過程，覺知影響決策，影響有效溝通。種籽營就如當前台灣社會的小縮影，每人來自不同領域、有不同立場、甚至有不同的邏輯與做事方法，需跳脫往昔經常陷入調整鐘擺與反思慣性的難題，去思考了解爬樹的猴子屁股下的第二隻、第三隻猴子的視覺與感受，是領導人的重要課題。他將天命從玄妙處引領到可及可行，是解惑的智慧開示。從專業的角度，政策制訂的思維，詳細剖析議題中錯綜複雜的脈絡糾結；引領學員們用系統性思考的方法去「覺察」問題背後的問題，提醒並檢視學員聽課與學習的能力。要求在「對話」的機制下，盡情的對談，深入的對話；透過辯證與溝通，讓大家能從不同利害關係人的立場去「修正」自己原本的主觀成見與思考盲點。告訴辛勤的導師們能進一步與學員們合作學習，找出具體的「行動」方案。八天「覺察」、「對話」、「修正」、與「行動」的學習循環模式，是腦力激盪與團隊協力訓練，更是「分享知識」的種籽營課程的起步與目標。

舉個例子：企業出身的學員就把國家比擬為公司治理，相信是突破台灣目前困境的解藥，**更希望能實質的在治理國家上讓產官學界一起學習「從損益看策略」，進而推導出具體的政策**。他說：交換意見的過程中，聽到許多不同的見解，有人重視社會福利，也有人重視環境保護，每個人切入角度不同，關注焦點也不同，這些多元的意見，恰似社會的縮影，不同意見帶來衝擊的同時，也幫助彼此的思考更完整。課程裡一下子見到過去數十年都沒見過的這麼多官員，彼此身分都發生了轉變，官民的疏離與對立的關係一下子變成了師生關係。

於是種籽營開始了，不談認同與否，但對身為一個臺灣的知識分子，逃避不了、必須認真面對的核四問題、水資源問題、世界體系下的中國與臺灣關係的變化等等問題作全面性、深入性的探討，及可能產生後果的反思，與往日的浮光掠影、視而不見或自求多福的態度，已不可同日而語。在許多重大議題上反而可以從不同的角度去思索，從而產生出共鳴和諒解，更深一層地領會到了換位思考的益處。

第一天的導引，鼓勵理性的思辨，讓對立濫情不再，追求建設性的共識。

「不需要靠宗教、傳統，或是靠對人的能力過度關注，而是對於人平實的瞭解，從而使社會更美好。」

——錢永祥

第1堂課

檢視當代的人文問題

——錢永祥

這個主題似乎是脫離了「務實」的脈絡，談當代的人文問題相對於各位的工作經驗，這是一個「虛」的題目。但是這樣一個「虛」的主題，為何對我們這麼重要，而且要在一開始就要談。

「人文」的領域空間

「人文」這兩字是社會中常常出現的字。「人文」就如同是一個高度安慰劑的東西，代表很多正事正活幹完了，覺得疲倦了才要人文，因此人文像是一種心靈雞湯、打禪七、或是聽一場音樂會。但是「人文」真的是這樣的一個東西嗎？

要了解「人文」的意思，必須先了解「人文」的相反詞。「人文」的對立面就是自然，但今天我們講的人文不是在這個脈絡思考。今天講的人文對立面，是技術性或是專業性的。簡單說，人每天生活有很多需求：食、衣、住、行、育、樂，功能性的需求，我們就用各種技術專業性的取向去解決這些需求。

在這樣的一個社會，食衣住行育樂之外，會有「人文」的領域空間嗎？我在想這樣來看，我們要做很多事情來滿足人生活的需求，這些都是功能性的活動。但是怎樣進行功能性的活動，例如穿衣服，我們要有發達的服裝業、紡織業設計業，接著看我們怎麼穿衣服，怎麼樣的衣服是可以喜歡滿足的？這部分就包含了「人文」思考的面向與空間。

為什麼一定要留下一定的空間給人文？在幾百年的文化中有個特色，開始的時候，因為需求要穿衣服，天冷穿多天熱穿少，接著看看自然環境的物資決定你穿怎樣的衣服。接著，決定我們穿什麼衣服就是既有的文化、社會規則、習俗。今天，我們想怎麼穿衣服，當然經濟的考慮是最主要的，還有舒服，再來是社會性的考慮。

人文的概念之所以受到威脅，讓我們認為需要拿出來討論，因為本來人文是讓我們決定怎麼樣從事功能性的活動，但是功能性的活動本身轉過來，把人文的考慮慢慢排出去，再把另外一些功能性的考慮拿進來，幫我們決定怎樣進行功能性的活動。

再舉個例子，到醫院看病有兩種方式：一種是最有效率的方式來解除人身上的病痛；另外有一種是有人文精神的醫療活動。我們從事醫療活動，這是很功能性的活動。我們希望在從事醫療活動時，多一點人文的因素，這不只是醫生和病人，而是兩個人間的關係。醫生不只是技術人員，他也有感覺、道德、價值觀；病人也不純粹是病人，他有病痛、有困難、有需求。

幾百年的人類發展內，除了經濟因素，我們憂慮的是：在從事功能性的活動時，功能性的考慮是不是應該想我們作為人該怎麼彼此相待？該如何進行食衣住行育樂？這些都是我們在思考「人文」的概念時會討論到的。

第二個問題是：為什麼人文出現危機的現象？我們越來越不清楚人與人之間該怎麼相處，所有功能性活動都是人在執行，為了滿足人的需求而做，人是什麼意思？傳統社會對於一個人，該是怎麼樣的人、該怎麼想事情，傳統社會會有比較完整的發展，答案多來自宗教，對於人該怎麼樣行動思考彼此相待，我們都比較清楚。另外一個來自於聖王，或是道德權威。例如醫病關係，醫生不會覺得他只是一個專業的人，他會覺得醫生的角色是在他所受的訓練裡面，可以在天地人中找到自己的位置。可今天的社會完全相反，我們沒有傳統的權威道德資源、宗教資源為我們提供人的概念。

當我們在說做一件事情該怎麼做，一個醫生該怎麼面對病人，常用的通俗字眼就是倫理或是道德。醫生對於什麼病打什麼針、吃什麼藥，技術問題都已經知道了，他要怎樣的態度讓他行動？而「人文」就是告訴我們，該用什麼方式從事功能性的活動，以及我們怎樣在倫理的意義上，去做合適的功能行動。如果我們不太確定人該表現出什麼面貌與具有什麼特質，我們就很難知道倫理道德，以及該怎麼活動的規則。

從「實然」到「應然」

這是根據美國有一位倫理學家麥金泰爾（A. MacIntyre）的一本書，他說所有倫理道德規範性的思考，關於我們該怎麼做一件事情的思考，都有一個基本的假定：我們都有一個「實然」的人（man as he is），並且會設定一個理想的狀態，「應然」的人（man as he should be）。

那所有規範性的思考告訴我們，怎樣讓人從「實然」的狀態過度到「應然」的狀態。麥金泰爾告訴我們，我生來這個樣子，有七情六慾各種慾望，照這樣下去，我就只是一個「實然」的人。但是我們會對人有期待，例如一位醫生不能因為自己的喜好、情緒來選擇病人。傳統社會中人與人相處的觀念更清楚，人文的概念更出來，因為傳統對於人應該是什麼樣子有一套現成的答案，這套現成的答案來自基督教、佛教、儒家思想，都沒有關係。

這些道德的權威價值的源頭告訴我們人該是什麼樣子，因此我們該怎麼做事就很清楚。因此麥金泰爾就告訴我們，人類從進入現代以後，對於人該是什麼樣子，就已經沒有答案，因為上帝已經死亡，傳統的權威已經崩潰，道德的宇宙也沒有意義，這就是世界的虛魅，世界已變成機械化的運作。

我們對於人應該變成什麼樣子沒有答案。我們要道德，可道德要具有什麼內容？我們不知道道德要讓我們變成什麼樣子。我的意思簡單講，當我們沒有外在權威提供一個關於人類的理想狀態時，我們每個人能做的事情就是根據我們的專業去做，但該如何去做？我們找不到答案。

人文或人道主義，相信我們不需要超越的權威，不需要傳統的力量來告訴我們該怎麼做，我們可以靠自己思考、精神去找到一個答案。我個人對人文主義的思考比較有懷疑，是因為大部分的人文思考是把人放在崇高的地位，崇高的地位就是相信人可以決定人應該變成什麼樣子，但是人真的能夠決定嗎？

我們曾經想像過很多烏托邦，想像人應該在追求什麼，但到二十一世紀的今天，我不相信從十八世紀開始的任何一個烏托邦，還有人相信。你去看學術界的人去做的問題越來越零碎，年輕人討論的問題沒有經驗，看世界越來越局部。這是因為每個人的生命經驗只能照顧自己某一階段前後的連貫，在思考、看事情都越來越零碎化，這反應出因為我們找不到一套完整的答案。人文主義到今天為止都克服不了這個問題，可能大家覺得我這是悲觀的想法。

我想我跟各位一樣，相信我們可以追求一個更好的社會，把人類帶到更好的狀況。這些經驗成就回頭算算，在什麼意義之下，我們今天的人、社會是進入到一個好的狀態？這個問題是一個要求，要求我們要相信我們做的事情是有意義的，意義在於我們會說社會進步、人在進步。

進步就要面對一個問題，是否有一把標尺，可以測量進步？讓我們可以根據這把尺說二〇一三年是比一九八〇年的台灣好，我們能找到這樣的尺嗎？我相信大家心中有很多的答案，這些答案都要記錄下來，都是很可貴的成績單。

在人類的歷史發展來看，過去二、三十年做過的事情，相對過去二、三百年來人類歷史的發展，我們能否找到一個明確的說明我們做的事情的確有意義，就是人類社會有意義。醫藥、知識範圍、科技的進步是有進步，可是這些能力純粹從能力而言，不見得是我們立刻跨越的，所以二十世紀以後我們多少是懷疑的。

我對台灣的社會進步很關心，要承認進步就是要承認我們的努力沒有白費。另外一方面，我也對動物保護很關心。可我會想，我們只是想要表達對動物的愛心，難道動物保護不代表說人會變得比較好嗎？我找不到一個明確的答案。

我想講的是，我開始相信我們人類是有道德進步，要讓這個社會、人類的進步找到標尺。若找到這個標尺，會讓我們更清楚知道人應該變成什麼樣子，不需要靠宗教、傳統、或是靠對人的能力過度關注，而是對於人平實的瞭解，而使社會變得更好。

看看過去人類的歷史上，人類的進步有延續性，而且的確是讓我們自豪的改變。整個人類過去二、三百年最重大的兩個改變，影響的人為多：一個是男女平等，消除性別歧視；第二個就是消除族群種族的歧視。

人類有很多重大知識、科技上的突破，例如政治上發展民主制度，民主制度逐漸擴張；經濟上發展資本主義，人類生產逐漸發達。這些進步帶給我們更多功能性的滿足之外，有沒有使人、社會變得更好？

而男女平等與族群平等的確做到了讓人與社會變得更好，這是人類兩、三百年來最重要的成就，因為影響的人數最多，像是女性是人口的一半，族群的平等是除了白人之外我們還有很多的種族。

在族群、性別平等後面，是代表什麼樣的價值、是假定人是什麼樣的看法。「平等」就是重視對方的感受，承認對方的感受跟我的感受一樣重要，他們的生命與我的生命一樣重要。所有人類造下來了罪孽、鮮血，都是因為沒有掌握到這層意義。女性受到的壓抑迫害，有色人種受到的壓抑迫害，是影響到多少億的人口。我們沒有把別人看得跟我們一樣重要，如果打破性別、膚色與文化，就開始了對於人的了解，以及人應該變什麼樣子。人都有一輩子生活要活，每一個都不應該破壞別人的生活，每一個人不應該把別人當成自己目的的工具。聽起來很口號，但口號背後的涵義是很深重的。若能掌握這些背後的想法，我想我們應該能找到一種「人應該變成什麼樣子」的基本想法。

人與人關係中間人文的態度

我們對於別人要有真正的關懷。「關懷」一詞又好像很空洞，我覺得「關懷」要有三個意思：第一個意思是你真的注意到了別人的遭遇，關懷一個人就是我注意到那個人；第二個是我會去判斷我覺得別人的遭遇是不是公正的。路邊的乞丐大部分的人注意到他，但不會去想為什麼他會是今天的樣子，這很自然的，因為同情心與注意力有限，不可能完全去看他的遭遇是不是他應該得到；第三個意思是在我個人的關係中，有這樣一個人受到不幸的遭遇，而這個遭遇並不是他應該得到的，我自己的生活會受到什麼影響。

如果我們在從事每一件功能性活動時候，並不是把人看成從事功能性活動的因素、工具或是幫手，而是注意到他的遭遇，認知他是我一個關懷的對象，我們就找到人與人關係中間人文的態度。

當有人覺得台灣民主化發展有什麼特別意義的時候，我卻對台灣民主化本身的過程能說得越來越少。但是過去三十年，台灣在民主化的旗號之下，所包含的豐富內容與留下的東西有三：今天台灣社會相對而言是高度平等社會，平等不是只有經濟金錢的角度，是指人與人之間的；第二個就是這個社會裡面我們會注意到有沒有公平的規則在其中；第三個就是我們開始對別人不是只有猜忌、防衛，可以對陌生人表現一種關懷友善。這三點若大家注意到，跟我們文化相當接近的中國大陸人來台灣，她們對我們的這三點也特別的重視、欽佩與珍惜。

這回到我剛剛講的，台灣社會所謂的「人文」

麥金泰爾說：「我們生來就是有七情六慾的實然人。」

不是因為我們有文化部、雲門舞集、兩廳院，這都是功能性的，滿足我們對於精神滿足的需求。我們的「人文」展現在上述的這三個方面。

因此，我想強調的是，「人文」是我們在從事功能性活動時，對「怎樣看待人」，我們可以找出一個標準，不是憑空想像的，而是過去幾百年來，兩個最重要的改變：性別與族群權關係的改變，並從這種改變中，看出人與人的關係應該是如何。

專業該怎麼做，大家都很清楚，專業的規則放到社會上，讓社會更具有人文。台灣已經積累下來一些東西：平等、公正、對別人的信任，試著把這些放到你們的專業之中。

主講人簡介

錢永祥

台灣大學哲學系

現任：中研院人社所副研究員、《思想》雜誌主編

台灣不能只放眼中國大陸的市場，應該要放眼全球市場；科技發展已到與人文交會的十字路口，有很多創新與融合的機會。

—呂學錦

第 2 堂課 資訊雲端時代的文化衝擊

如何讓功能性的機制運作良好，需要人文內涵。因此，今日資通訊的發展，除了功能性的科技之外，也要與人文結合，虛實搭配。

——呂學錦

科技文明發展

中華文化源遠流長，內涵豐富，舉世無雙，然而近一百五十年來，遭遇挑戰不敵西方。有識之士乃提出「中學為體，西學為用」，至今仍然迴盪。在台灣經濟發展轉型過程中，最為人樂道的是當年提出的十大建設。大家可以回想一下，什麼樣的政經環境下推出這十大建設，其中有六項跟交通部有關，四項跟經濟部有關。十大建設之後所推出來的政策，例如愛台十二建設，似乎大家都沒什麼感覺。我認為莫因選舉發心，不為選票灑銀。

所以，國家的經營的確需要上位原則，讓國家發展有前瞻性的願景，所提出來的政策具有可行性。對提出來的策略方案，要有信心說服大眾，要有膽識貫徹執行。現在年輕人需要多看看企業的標竿人物，他們具有什麼樣的信心，才能大膽的有所作為。尤其現在的科技發展走到跟人文交會的十字路口，有很多創新與融合的機會，若能抓住滿足客戶需求的契機，相信有轉型升級的機會。

回顧歷史上的重大創新發明，中華四大發明：指南針、印刷術、火藥跟造紙，加上網路搜尋古今中外十大發明，擷取三組[1]共計有二十二個不重複項目。依照食、衣、住、行和資通訊（含娛樂）統計，發現二十二個項目中與食（吃的營養，衛生，健康）有關的有三項；衣（穿的舒服，美觀）有關的有兩項；住（住的舒適，安全）沒有任何項目相關；行（快速，便利，安全）有關的有六項、資通訊（隨時、隨地、任何訊息、快速、便利、安全）相關的就有十一個項目。這些發明都是為了提升生活品質。

把資訊類的十一項，拿掉造紙和印刷術之外的九項：電話、電腦、WWW、電視、相機、音樂播放、通訊、網際網路、Compass。相信大家都有智慧型手機，請問各位的智慧型手機功能缺少哪一個項目？一個簡單的智慧型手機具備如此大的功能，就是雲端運算與寬頻通訊網路在看不見的背後支持。

因此，我們從事電信這行的人，可以驕傲地說我們參與建造全世界相互連接最大的系統。電信網路朝向寬頻化，跟電信發展相關的數位化技術，把任何可以稱之為資訊的都轉換成0和1串列，使得傳輸、儲存、運算都很方便並且一致，也促成電信、電視、網際網路、電腦原本不相關的四個領域匯流成一體。

電信寬頻網路無所不在。昔日超級電腦模組之間必須分寸計較，量測距離與訊號傳遞時間的限制條件已不再嚴峻，所以雲端運算成為可能。寬頻網路的發展，在《世界是平的》這本書中，作者對光纖網路的貢獻給予高度的評價。光纖通訊是中央研究院院士高錕博士的傑作，他一九六六年在英國工作時，分析導出利用光纖的介質可以作為資訊傳遞的媒介，後來經過很多人的努力發展成為現在實用的光纖通訊技術。高錕博士也因此獲得諾貝爾獎。

雲端運算與人文發展

雲端運算發展至今，我們的生活資訊活動包括：打電話、收發電子郵件、搜尋、社交、Wikipedia、聽線上音樂、觀賞影片等等，都跟雲端運算有關。數位生活以雲端為中樞已然發生，Steve Jobs在二〇〇一提出以個人電腦為數位生活中樞，可惜沒做到，後來到二〇〇八年提出iCloud，他才發現數位生活中樞在雲端。

雲端運算的效用很大，以紐約時報為例，該時報運用雲端運算掃描一八五一至一九二二年間共一一〇〇萬篇文章之方式，產生一．五ＴＢ資料，並上傳儲存於亞馬遜（Amazon）雲端平台，僅花費美金一〇〇〇元。

紐約時報正處轉型期，轉型之旅的終點就是停止印刷紙張型式的紐約時報，全力朝網路媒體的方向發展。網路版紐約時報吸引比較年輕的讀者及更多客戶，印刷版紐約時報的讀者平均年齡是四十二歲，網路版紐約時報的讀者平均年齡是卅七歲。目前印刷版紐約時報有一百一十萬訂戶，但每天有一百五十萬人閱讀網路版紐約時報。

另外，台灣的低頭族不比其他地方遜色，連摩托車的待轉區，寶貴的三十秒也不放過。現在的小孩，如果看到一本雜誌，會以為這本雜誌是壞掉的iPad，因為他們已經熟悉iPad的模式，紙本不能放大縮小讓他們以為

1 三組十大發明包含：World Wide Web、Computer、Airplane、Light Bulb、Photograph、Telephone、Steam Engine、Printing Press、Compass、Paper；Telephone、Computer、Television、Automobile、Cotton Gin、Camera、Steam Engine、Sewing Machine、Light Bulb、Penicillin；和Plow、Wheel、Printing Press、Refrigeration、Communications、Steam Engine、Automobile、Light Bulb、Computer、Internet。

發生故障。

雲端時代的服務發展樣態包含了連網化、雲端化、社群化和智慧化。其中，臉書發展到一個程度就是原本不想使用臉書的人，為了知道女兒在做什麼，不得不上臉書，發現在網路上的代溝真的太大了。還有隱私的破壞，所造成的影響也非常大。

如果我們現在把電力拿掉，我們的社會變成什麼樣子？如果我們把資訊拿掉，我們人類的生活又是什麼樣子？所有人類的文明、文化這些都是資訊，而資訊已經發展到可以數位化、方便傳送、儲存，這樣發展出來的科技、工具，跟我們生活哪一個層面沒有關係；關係太大了。

現在我們的生活：交通旅遊（鐵路訂票、聰明公車、車隊管理、即時行車資訊）、休閒娛樂（ＨＤ視訊／MP3、線上卡拉ＯＫ、線上遊戲、數位藝術）、節能（電動車、節能管理、電子帳單）、防災（防災監控、緊急通報）、教育學習（遠距教學、線上學習、電子書）、醫療照護（遠距照護、健康管理）、居家（家庭自動化、影像監看、防火防盜）、商務（金融理財／理財、網路購物、NFC行動支付），都在雲端運算的數位生活應用中。

ICT產業發展是趨勢所為

近年來ICT產業蓬勃發展，其產值占全球GDP百分之三．五到四左右，比例也許不大，但重點是這個產業已經跟其他各個領域的發展關係密切。這個領域可能發展到隨心所欲資訊來，心想事成百花開的境界。

以雲端運算商業—網路零售為中的亞馬遜（Amazon.com）為例，一九九七年上市，從賣書開始，到最後

台灣雲端市場規模（資策會MIC，2012/10）

• 台灣雲端運算市場規模，將從2010年的191億台幣成長至2015年的429億台幣，年複合成長率達17.5%

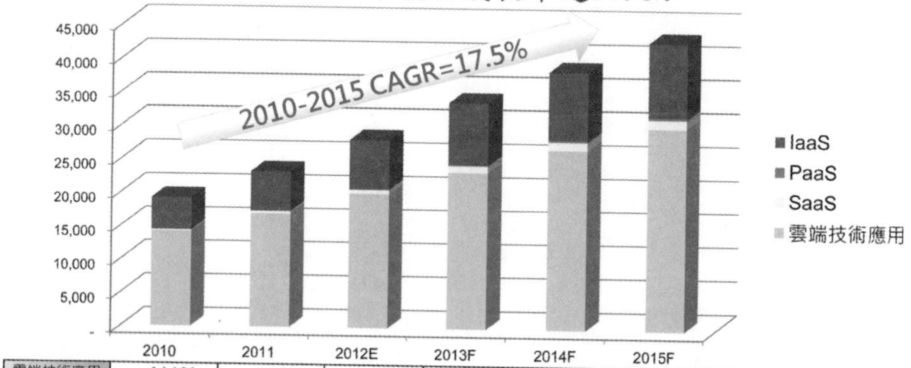

	2010	2011	2012E	2013F	2014F	2015F
雲端技術應用	14,101	16,886	19,991	23,322	26,858	30,205
SaaS	255	393	625	1,018	1,210	1,313
PaaS	42	71	118	200	285	377
IaaS	4,740	5,830	7,288	9,132	10,115	11,013
Total	19,138	23,180	28,022	33,672	38,468	42,908

資料來源:
MIC, 2012/10

書籍、玩具、音樂CD、DVD、數位音樂、軟體幾乎什麼都賣，成為全球最大的線上商店，商品達九億件，到了二〇一二年每月使用者達一．二億。二〇〇六年起出租用不完的計算能量和儲存空間，成為當今最成功且知名的雲端服務提供者，二〇〇七年推出Kindle電子書閱讀器，虛實通吃。亞馬遜的創辦人非常有膽識，即使有大量的赤字，為了追求成長仍然繼續投資，令人敬佩。

雲端運算具有五種特性：共用資源池、虛擬化（Virtualization）、彈性調度（Elastic）、可擴展性（Scalable）與大資料運算。

其中，可擴展性是指依用量需求即時擴充，像是台鐵訂票系統，東部幹線訂票一〇二年清明節第一分鐘進線量達二十萬筆，第一分鐘成功訂票筆數創歷年新高約四萬一千七百筆。再看內政部實價登錄查詢網，系統上線約兩個月，網站訪客人數超過五百萬人次。二〇一三年三月中已超過一千萬人次。

講到大數據（Big DATA）運算，請問各位看過李安導演的《少年Pi的奇幻漂流》電影嗎？這是一部非常成功的電影。中華電信有幸參與其中，本人很榮幸的應邀觀賞首映會，在首映會之後，我聽到有位女生在說：「那隻老虎訓練得真乖，叫牠做什麼動作，牠都做的這麼棒！」是的，老虎、斑馬、飛魚群，遍布荒島上的筆尾蠓、凶惡的狂風暴雨、大海漩渦、無數的水泡；還有平靜的夜空，繁星布滿穹空……都很棒，它們都很聽李安大導演的話！因為這些都是視覺特效（VFX）效果的呈現。李安導演為這部電影找了R＆H當作視覺特效的夥伴，R＆H有意加強其在亞洲的發展，李安導演把他們拉到台灣來尋找合作夥伴，中華電信也正好在發展雲端技術，就與他們合作。

整部電影裡面所用的運算量非常大，每一小格的虛擬老虎畫面花上三十五小時電腦運算製成。在電影最後一長串參與者名單中，列示視覺特效由CAVE支持，其中CAVE就是Cloud for Animation and Visual Effects，這是中華電信與R＆H合作的專案名稱。CAVE的雲端運算中心由中華電信設置在台北，視覺特效應用軟體由R&H提供。透過寬頻網路將R＆H在印度孟買、海得拉巴、馬來西亞、溫哥華和洛杉磯等據點的資料，連到台北的雲端機房，是跨國協同運算的典範。

政府也積極推動雲端運算發展，提出政府雲端運算應用與產業五大發展策略願景，期望在一〇四年藉雲端運算升級，成為資訊應用及技術先進國家。主要發展的策略是兼顧「應用價值」與「產業與經濟產值」。政府將重點推動十朵「有感」雲，包含：環資、交通、警政、食品、電子發票、文化、教育、防救災、圖資、農業、雲端資料中心基礎建設等。民間企業和研發單位在政府指導下，共同推動台灣雲端運算產業協會，推動雲端運算的發展。

而真正催生雲端運算的驅動力量，就是需求。IDC預估，二〇〇九年到二〇二〇年，全球信息量從〇．八ZB增加到三十五ZB，成長了四十四倍。資訊量遽增，人類自身的感知與認知能力有限，需要新技術實現對

雲端運算的定義

- 美國國家標準技術研究院(NIST)定義：雲端運算是一種透過網路存取共享的運算資源池（如網路、伺服器、儲存空間、應用及服務）的運作模式，可以在最少的管理工作或服務提供商介入下，自動迅速的提供資源配置和發布。
- 維基百科定義：是一種基於網際網路運算的新方式，透過網際網路上的服務為個人和企業使用者提供按需即取的運算。由於資源是在網際網路上，而在電腦流程圖中，網際網路常以一個雲狀圖案來表示，因此可以形象地類比為雲端，「雲端」同時也是對底層基礎設施的一種抽象概念。

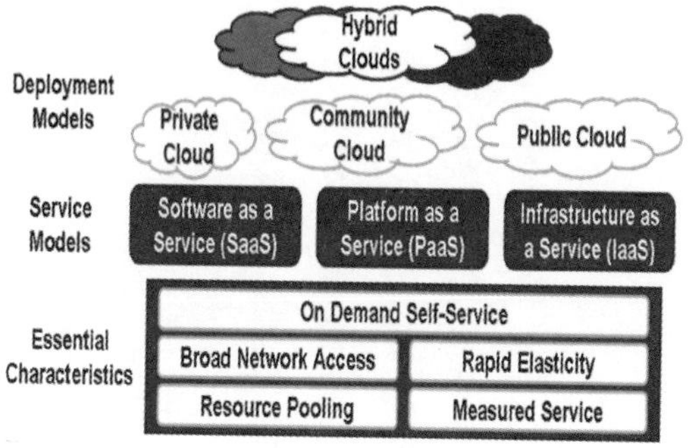

■五大特性
- 共享資源池
- 隨需、自助
- 快速彈性
- 廣泛的網路訪問
- 可度量的服務

■三種服務模式
- 基礎即服務 IaaS
- 平台即服務 PaaS
- 軟體即服務 SaaS

■四類部署模式
- 私有雲 Private Cloud
- 公有雲 Public Cloud
- 社群雲 Community Cloud
- 混合雲 Hybrid Cloud

資訊的加工處理。網際網路（電腦）延展到行動網路（終端）、物聯網（物）、社交網路（人）。雲端運算與大資料運算延展人類感知能力與認知能力，讓人進入網路，跳脫時間與空間的束縛，網際網路發展刺激大眾對資訊的需求，激增的用戶資訊需求刺激網際網路技術發展。

說了這麼多，究竟什麼是雲端運算呢？這裡提供兩個定義。美國國家標準技術研究院（NIST）定義：雲端運算是一種透過網路存取共享的運算資源池（如網路、伺服器、儲存空間、應用及服務）的運作模式，可以在最少的管理工作或服務提供商介入下，自動迅速的提供資源配置和發布。

維基百科定義：是一種基於網際網路運算的新方式，透過網際網路上的服務為個人和企業使用者提供按需即取的運算。由於資源是在網際網路上，而在電腦流程圖中，網際網路常以一個雲狀圖案來表示，因此可以形象地類比為雲端，「雲端」同時也是對底層基礎設施的一種抽象概念。

綜合上述兩個定義，雲端運算有五大特性：共享資源池、隨需自助、快速彈性、廣泛的網路訪問、可度量的服務。三種服務模式：基礎即服務、平台即服務、軟體即服務。四類部署模式：私有雲、公有雲、社群雲、混合雲。

中華電信雲端運算的布局呼應政府產業發展方案，其中與文創有關聯的有書城、音樂城、軟體商店這些平台，讓很多創意有落腳的地方，以及在這邊接受市場考驗。

我認為每個創意就是一個亮點。現在很多優秀的年輕朋友到國際上參加比賽得獎回來，每一個得獎都是一個亮點，這些亮點最好有些人可以做連結的工作，讓創意之間相互搭配，發展成為有市場性的產品。

中西融合體現價值

《世界是平的》作者Friedman寫的另外一本書《我們曾經輝煌》（*That Used to be Us*），分析美國風光了一百年，為何近來表現不太好。他分析了美國成功的方程式，列舉五大因素來檢討美國的現況，認為不夠好。

他在書中指出，現在兩個最重要的發展趨勢是ICT和全球化。他認為美國在這兩個方面沒有做得很好。其實美國的軟體實力獨霸全球，難道是欠缺硬體嗎？美國的經濟影響力無所不在，又少了什麼東西？回頭來看看台灣，經濟部提出所謂的三業四化，其實不必這麼複雜。兩化就夠了：ICT和全球化。

如同余紀忠文教基金會之前〈實在年代文化篇〉中，提到要到外地做服務業、做生意，必須懂得在地文化。這是相對緩慢、成本較高、風險也很大。相反的，在虛擬世界上，網際網路提供一個非常通透的行銷管道。

很多人在問台灣的憤怒鳥在哪？我認為資訊科技加上文化，如何把中華文化裡面的特色放入如同憤怒鳥或Candy Crush這類簡單的遊戲，不需要文字，就足以讓大家瘋狂台灣的一個遊戲，真的是希望趕快出現，這就是中學為體。

事實上，台灣在ICT應用方面，有亮麗的成績，例如：健保、戶政、財稅、智慧公車、U Bike等不勝枚舉。此外，美食文化、悠活休閒也頗具口碑，遠近馳名，這些大都偏重滿足本地市場的需求。但是資訊科技與人文結合，不應只限於台灣的市場，而是要放眼全球市場，這是目前台灣比較缺乏的。

雲端運算跟每個領域都有關係，我們用建設性的眼光看它是創新的力量，運用得當可以提升生活品質，促進人文社會的發展，但這是需要有上位原則的，這或許是注入東方思想的關鍵時刻，比如說提倡王道，推動王道的經濟發展、王道的社會公義與王道的精神融合。不是只有文字、口號，要有策略方案並且落實，尤其願景有高度、寬度、深度、速度，同時納入全球化的前瞻。

我認為要多鼓勵年輕朋友們，重新思考商業模式、創新服務價值，善用資通訊科技開創價值，培植軟體能力（軟實力），加乘硬體強項（硬實力），軟硬並進形成巧實力，厚植競爭力，布局全球商機。

主講人簡介

呂學錦

夏威夷大學電機工程博士

現任：中華電信顧問

曾任：中華電信董事長、交通部郵電司司長、交通部電信研究所所長、交通部電信總局副局長

> 不要以為主觀是不好的，它是做為一個人與動物最大的差別，是做為一個領導者重要的價值；主觀會引導你做出對的抉擇，學習不只是為知識，而是為改變。
>
> ——李瑞華

第3堂課

覺知與決策

——李瑞華

各位同學都是產官學不同領域的菁英，工作上每天都要做各種決策。

決策就是取捨的選擇，從可能的不同選擇中，選一個最適當的抉擇，而如何抉擇又取決於我們的覺知。假如你有三個方案：A是九十分的方案、B是八十分的方案、C是七十分的方案，理所當然幾乎都會選A方案，可是再想一想，A方案就一定會是最好的結果嗎？

決策到執行要有覺知

實際上我們都知道最好的方案不一定給你帶來最好的結果，因為各方案在執行過程中會因為各種不同的原因而打折，比如被理解、被接受、被支持的程度；執行的難易度、風險度、靈活度；跟人、財、物等資源的匹配度等等。比如：

A方案：90×0.5＝45

B方案：80×0.7＝56

C方案：$70 \times 0.9 = 63$

結果反而是C方案比較好。如果少了這種覺知，我們會自以為是地把選最好方案的重點放在方案本身的優劣考量而選擇A，而且很可能不斷重犯同樣的錯誤；如果有了這種覺知，我們自然會認為能帶來最好結果的方案才是好方案而選擇C。

從決策、執行到結果，除了方案本身好不好還取決於很多因素。好方案只是「對的事」，但做「對的事」不一定就會有好結果，還要有「對的人」把「對的事做對」。所以在實務上「對的事」的定義應該提昇到能實際執行後帶來好結果的決策。台灣政府最近這幾年有太多這方面的問題，往往決策時只一廂情願地考量理論上「對的事」，結果卻引發各種民怨，沒法或不能有效執行，後果也就當然跟原來的期望天差地遠。

「對的人把對的事做對」，這是比較西方的觀念。但是我們老祖宗也有一套方法，孫子提出的「道、天、地、將、法」，這比「對的人把對的事做對」多了「道」、「天」、「地」的要素。

「道」是大自然的法則，是信念、原則、價值觀，以「道」做為指導的思想與依據，才會做對的選擇。同時，還要看「天時」、「地利」，對的事沒有一定的標準，在某些時空條件底下，用這樣的方法執行會帶來好的結果，但在其他時空下，一模一樣地去執行，可能會得到完全不一樣的結果。所以決策與執行的品質取決於「覺知」的高度、廣度和深度。

孔子說過：「舉直錯諸枉，則民服；舉枉錯諸直，則民不服。」在執行的過程中，政府是和百姓打交道，企業則是和員工打交道，可當百姓和員工不認可你的決策時，執行就會出現困難。「直」和「枉」一般人只是從道德的角度理解為正直與否，在管理上我認為應該廣義理解為：「直」就是對的、好的，「枉」就是不對的、不好的。

鯊魚在哪裡？

重點是怎麼判斷是對不對、好不好？判斷後要怎麼幫助其他相關人等，讓他們跟你有一樣的感覺、一樣的認同？當只有你認為是對的，大家都覺得不對，強硬去執行的後果必然是不好的，至少成本必然是更高的。

從決策到執行，溝通是很關鍵的要素。但怎麼決策、執行、溝通，都跟「覺知」有關。如你沒有覺知，就不可能把它考慮在內。如同前面九十分的A方案打五折後變成最差的方案，問題是九十分你看得到，打五折及四十五分的結果是未來性的，是不容易看得到的。

「看到鯊魚」的能力

我們從一張花花綠綠的圖發現竟然隱藏著一條3D的立體鯊魚，前提是要知道有鯊魚，還要有方法，才能看到鯊魚。這是兩種能力：第一種我稱之為「看到鯊魚」的能力，就是透過表象看到一般人

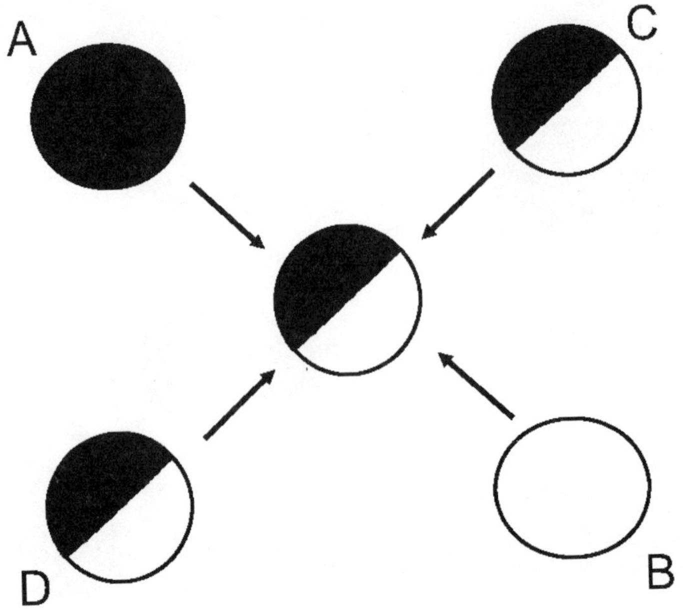

眼見不一定為憑的覺知

看不到的本質、真相的能力。這能力很難，但非常重要。第二種是「幫別人看到鯊魚」的能力，自己看到鯊魚很不容易了，但更難的是，要在最短的時間內幫助其他人看到你所看到的鯊魚。這就是覺知和幫別人覺知的能力，其實這中間還涵蓋了另一層次，那就是能很快地看到別人看到的鯊魚的能力，這幾種「覺知」的基本能力跟決策、執行、溝通都有很大的關係。

眼見不一定為憑的覺知

圖中這顆球，從A的角度看球是黑的，從B的角度看球是白的。A與B的角度不同，導致覺知的不同，而且往往會自以為是，堅持不下。這就像生活中的夫妻或親子關係，或工作中的主管與部屬、客戶與廠商，或不同職能如研發與生產，後勤與銷售等，因角色不同而形成視角不同，然後造成不同的覺知。

要怎麼才能看到球是半黑半白的真相呢？

1. 設身其境，從對方角度看。
2. 改變角度，繞著球走一圈。
3. 旁觀者清，借助C及D看到的。
4. 改變高度，提高或降低自己的高度。
5. 把球轉一轉，不要以為它是不能動的。

但是，前提是你要有覺知：我看到的未必是對的，眼見不一定為憑！真相不會因為你看不到的，就不存在。「橫看成嶺側成峰，遠近高低各不同，不識廬山真面目，只緣身在此山中。」蘇東坡的詩就有這樣的道理在其中。

再看一個例子，《經濟學人》（*The Economist*）的訂閱廣告中有三個選項：

選項一：只要網路版本收費五十九美金；

選項二：只要紙本收費一百二十五美金；

選項三：同時要網路與紙本也是收費一百二十五美金；

結果有百分之八十四的讀者都是選擇第三選項。

然後有一位主管發現第二選項沒人選，他自以為是地把它拿掉，結果發現原來第二選項讓第三選項變成理所當然，拿掉後，只剩下第一和第三選項，這時就只有百分之六十八的讀者會選擇只要網路版本而不要紙本。

好的主觀引導對的抉擇

這帶出認知科學裡面的一個觀念，我們經常都不自覺地受覺知的影響，包括世界觀、人生觀、價值觀、過去的經驗、出生背景、成長經驗、性別、宗教，都會影響決策，影響我們的思維。最近有本書《快思慢想》（*Thinking, Fast and Slow*），說人在思考時有兩種模式：一個是快思或反射式思維，不經過大腦的思考，直覺的反應，是一種慣性行為，是無意識的抉擇；另外一個模式是慢想或反省式思維，你會去三思而後行，會分析考慮很多因素，是在自由意志的情境下做有意識的決擇。

「快思」就像自動導航（Auto-pilot）系統，它很方便，很省事，所以愈用愈容易產生依賴性，甚至會荒廢掉我們獨立思考判斷的能力。所以，我們要善用它，但也要知道它有一定的限制，而且不能忘記我們還有「慢想」的能力，要意識到我們可以關掉自動導航，靠主觀的、獨立的判斷（Manual override）。我們往往認為自動導航是科學的、客觀的、好的，會認為主觀是不好的。其實好的主觀是建立在客觀基礎上，但不完全交給客觀的機械化程式化來做決策，你可以前思後想，然後才做一個自由意志的判斷。這樣的主觀不但好還很有價值，想想你為何要花三倍、五倍的費用去找某醫生或某律師，其實你就是在買他的主觀判斷。

不要以為主觀是不好的，主觀是做為一個人與動物最大的差別，是做為一個領導者重要的價值。好的主觀引導你做出對的抉擇。孔子說：「性相近也，習相遠也。」就是告訴我們習慣決定人與人之間的不同，在這裡「習」可以理解為我們如何善用「快思」、「慢想」，以及兩者之間如何轉換的程度，這會影響一個人獨立思考和判斷的主觀能力，也是影響你是不是好的決策者的關鍵因素。

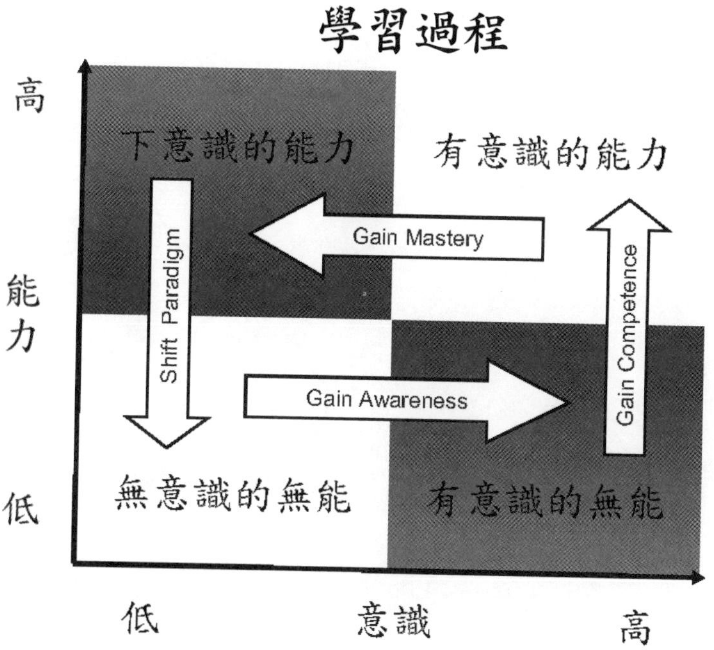

提升覺知的學習過程

提升覺知的學習過程

我們有多少人像天竺鼠那樣，很努力地踩着輪子，自己感覺良好，卻只是在原地踏步，浪費自己的生命與青春，然後生老病死，就糊里糊塗地過了這一輩子。我們一定要讓自己清楚地知道這麼多的選擇中，簡單的事情可以用自動導航的「快思」，不簡單的事情一定要獨立思考的「慢想」，這是很重要的「覺知」，學習過程就是提升覺知的過程。

以意識和能力的矩陣圖來解釋，每一次的學習都從左下方「無意識的無能」開始，第一步是進步到「有意識的無能」。這是最關鍵的一步，因停留在「無意識的無能」是很恐怖的，因為感覺不到恐怖，也沒有解決的動機和動力。人的學習能力有限，不可能學甚麼就能甚麼，但是從不覺知到覺知自己的無能是一個重大的突破。就像看鯊魚的遊戲一樣，從不知有鯊魚，到知道我看不見鯊魚時，你

學習的層次

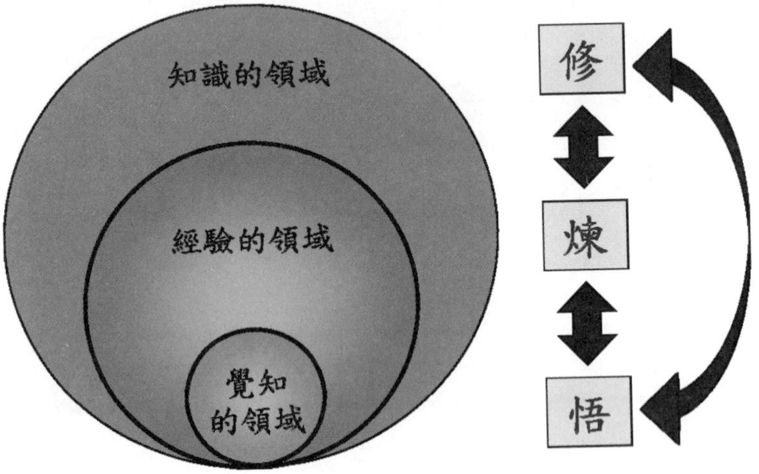

就會有動機去看到，這就會產生學習的動力。而每一個人的學習方法不一定一樣，有了這個動機，加上別人的幫忙和自己的努力，最後就會進入「有意識的能力」。很多人到了這裡就停下來，過了一些日子，學到的就又失去了。所以一定要記住論語第一句：「學而時習之」。只有通過不斷的反覆練習，才能真正消化、內化，最後變成「下意識的能力」；此時這個能力才會變成你的一部分，變成持久的能力。這個過程就是「見山是山，見山不是山，見山又是山」的學習過程，也是提昇「覺知」的過程。但這個「知」又會成為新的更高層次的「覺知」的學習障礙，要能打破這障礙，才能開始另一層次的學習，所以這是一個沒終止的循環，也就是先賢所總結的：「學海無涯」、「終身學習」。

「學習是為了掌握更多的知識」，錯！尤其在二十一世紀，知識的取得非常容易，光有知識沒有用，知識是你去用它而且用好它的時候才有用。所以接下來的五大主題，很多老師跟你們分享他們一輩子的結晶，不要只是當作增長見識，而是要將第二層次的「經驗領域」和第一層次的「知識領域」結合起來。這樣還不夠，要再進入第三個層次「覺知領域」的學習。

這用中文字更能表達這三個階段精神，就是修、煉、悟。「修」是不斷累積知識；「煉」就是在實踐中不斷累積經驗；更重要的是要結合知識和經驗，在修和煉中要融會貫通，提升到更高層次的「覺悟」。

老子說：「為學日益、為道日損」，「為學日益」是加法，也就是指在修和煉的階段，每天都要累積，這是一個量變的過程。要悟出根本的真理，可要用減法，才能提煉出最根本的道，也就是「為道日損」，這是質變的過程。當你看不到鯊魚時，表示你分不出雜訊與真正關鍵的資訊，當你把雜訊都減除後，你就會看到鯊魚。這就是透過現象看本質、看真相的能力，是提高「覺知」的能力。

儒家對於怎麼學習，在《大學》裡有一套非常完整的論述叫「八目」：「格物、致知、誠意、正心、修身、齊家、治國、平天下」。我們大多把重點放在後面四項；這是說明學習的目的是為了齊家、治國、平天下。而前面四項：格物、致知、誠意、正心，是說明如何學習、修身的系統論述。「格物」就是將一件件事情做分析、解剖、觀察、研究。通過「格物」就能達到「致知」，也就是藉由學習、研究、分析、觀察後，就能從不知道變知道。這裡又有包含兩個層次：一個是知識，第二個是智慧。智慧是知識、經驗的融會貫通及靈活運用。

現代教育忽視誠意與正心

接下來的兩項其實是更重要但卻是現代教育所忽視的：誠意與正心。「誠意」我比喻為理性的判斷能力，「正心」則是感性的判斷能力。「意」就是意念，需要理性的思維跟判斷，但最麻煩的是我們會受一些「雜念」、「邪意」、「成見」所左右，所以要「誠」，誠實面對它，就能夠「明」，就能清楚地思考其邏輯道理，並做出理性的判斷。心要正，心若不正，就會被情感所左右，感性的認知理解判斷就會是偏頗的。所以醫生有個原則是不能給自己的親人看病，就怕情感會影響其專業判斷。

現在，我們的教育都出了問題，學校只著重在格物與致知，已經不重視誠意與正心了，但這很重要，因為會影響人的價值觀，以及很根本的人生觀。學校出問題，家庭教育呢？我常問學生：「你的學歷、成就比你的爸媽高，條件也更好，但你對下一代『誠意正心』的教育有沒有做得比你的父母好？」

格物、致知、誠意、正心，要向內修，也就是所謂的「內聖」。修煉過程中，求的就是「中庸之道」。「中庸」是平衡的道理，告訴我們世界永遠有陰陽兩極，要掌握這兩者之間的平衡。我認為要當一位好領導，一輩子就是修一個字：「度」。老子說：「治大國如烹小鮮」，孔子說：「過猶不及」。平衡點不一定是50／50，可能是80／20，或30／70。而且，領導者的挑戰是，要維持的是動態的平衡，不是靜態機械化的平衡。

修身的目的是為了齊家、治國、平天下，什麼意思呢？「齊家」，就是影響你能直接影響的人，比如你分管的部屬。「治國」，就是除了影響直接的「家人」，還要對「國人」產生間接的影響，「間接」包括通過其他人或制度，或你的知識、方法、創意等，比如跨組織或對整個產業的影響。「平天下」就是最後擴大到影響整個社會或世界。這是「外王」的思想，是要向外擴大影響，用一個王道、王者的標準，不是為了掌權，而是一種責任，在儒家稱之為「天命」。

什麼是「天命」？狹義理解是「天子」、「君子」的天命。《大學》的一句話就是說領導者的天命：大學之道在明明德、親民與止於至善。「明明德」是弘揚、提倡正面的價值觀和行為；「親民」是要去親近那些你管理的人，還要幫助他們苟日新又日新日日新，所以教育和發展你的員工是你的重要的責任；「止於至善」，孔子不相信至善，這是很實際的，他告訴我們至善不可能，但是要去追求至善，關鍵不是終點而是過程，領導者帶領眾人追求至善的過程會讓你所領導的組織每天變得更好。從狹義的角度來看，是孔子說的「五十而知天命」，就是每個人找到自己的天命，找到自己活著是為什麼，找到自己的人生使命。我認為可以用心、力、志三個維度來幫我們去找自己的天命，心：你樂意去做，力：你能做得很好，志：值得付出一切，全心全意去做。如果你同時能滿足這三大條件，那差不多找到你的天命了，感覺會很好。

學習的過程中，我希望大家思考「天命」，你來這個世界為的是什麼？當領導者的目的是什麼？你為什麼加入這個學習營？學習為了甚麼？學習之後你要做什麼？「種籽營」結束後能做甚麼？要做甚麼？要為社會做一些事情，讓我們社會更加接近公與義。

思考「天命」的心法

接著我給大家幾個具體的心法。第一個是PDA。P是目的（Purpose），不管事決策、執行或溝通都需要作決擇，每次做抉擇一定要先想目的是什麼。目的不是目標。現代管理非常強調目標管理，因此發展很多目標管理工具，設定各種量化的KPI（Key Performance Index，關鍵績效指標），以為完成目標就完成使命。**其實目標是為目的而存在，所以在做抉擇一定要想清楚你的目的是什麼，不能本末倒置。**

比如說，我有辦法可以幫人減重，甚至可以很精準的說目標是一天內減重二十二點五公斤。我的方法就是把他放在手術台上全身麻醉，砍掉一隻腿、一隻手，加起來只有二十二公斤，還少半公斤，我再割掉另一隻手掌及一邊的耳朵，精準完成二十二點五公斤的量化，還提前不用一天就完成。在目標管理角度，完成的人不但有業績獎金還要多給。在社會、企業常發生這種傻事，你有沒有做過這種事？更可怕的是，很多人做了這種事，可沒有感覺，還在無意識無能的狀態。這是非常糟糕的，為了達到目標卻忘了目的。為什麼要減重？為了健康、更吸引人，結果少了一隻腿、一隻手，並沒有更健康，也沒有更吸引人。一定要記住目的不等於目標。

大陸官員績效考核比台灣嚴格，使用GDP等硬指標，升遷看硬指標，看起來很現代化管理，結果出現副作用，官員為了完成績效指標而完成指標，這個指標就沒有意義，像是很多「績效工程」、「蚊子館」就出現了。台灣也是，只是沒大陸嚴重。這跟教育有關，現在教育強調的是「know-how」，其實「know-why」更重要，但被忽略掉。目的，就是儒家強調的「道」和「天命」。

我們有一句成語「莫忘初衷」，可見初衷很重要。但「莫忘」的前提是「有初衷」，而且是有意義值得不忘的「初衷」。要有清楚的「P」不容易，有一個方法叫「QBQ」（Questions Behind the Question），至少要問五次「why」才可能真正找出「P」是甚麼的初衷。不符或忘了初衷的例子太多了，比如忘了「民主」的「初衷」就變成「民粹」；忘了「反貪汙」的初衷就變成了「更貪汙」；忘了「教育」的初衷就變成了「學店」、「考試機器」、「生產論文機器」；忘了「績效考核」、「績效獎金」的初衷就變成「為績效而績效」；忘了結婚是為了「幸福家庭」的初衷，就變成了為「傳宗接代」、「孝順父母」、「經濟利益」而結婚。

D：期望的效果（Desired Outcomes）和不期望的效果（Undesired Outcomes）。目的往往是比較高層次的，比較籠統的，所以要把期望的效果更具體化，這時「目標」就很好用了，比較重要的是不期望效果。大部分的人決策時都一廂情願地想要甚麼，不太會想不要的是什麼，比如要結婚時只往好的方面想，但沒弄清楚兩個人要在一起過一輩子會有那些不期望的事情要面對。又像用特效藥很快達到效果，但有副作用、後遺症。不要因為有副作用而因噎廢食，但一定要知道有什麼副作用、有什麼後遺症，知道後就可以採取適當的措施與配套，把不期望效果控制到最低。

接下來是A，不管多清楚的P和D都要採取行動（Actions）才會成為事實，行動後也要評估實際的結果（Actual Outcomes）。因為有了清楚的PDA，檢驗成果時就有所依據。檢視結果不只是檢收成果，也讓當事者及其他相關人員從中學習與成長。

第二個是溝通的心法，決策跟執行都要靠人與人之間的互動，而最重要的互動就是溝通，最經常出問題的也是溝通。我提出一個方法論來讓溝通更有效，就是MUSE，（謬思，希臘神話中主管創意的女神）。

首先把溝通這件事分成三個階段，U理解（Understand），S共識（Synergize），E承諾（Engage），前面加了M則是強調溝通的三個階段都是雙向的（Mutual）。U、S、E三階段的比重很重要，我們往往急於求成，就急著說重點，沒有建立理解和共識，就直接進入「承諾」的階段。比如：把焦點放在「可以嗎？」「同意嗎？」「馬上去做XX」。真正的深度溝通一定樣先確保雙方先彼此真正理解，然後真正達成共識，在這個基礎上的承諾才有意義，而且承諾也應該是雙向的。其中的「共識」不一定是彼此完全同意，可以是相互理解後求同存異。老外的「Agree to disagree」是很形象的描述。比如現在兩岸政府的「一中各表」、「互不承認，互不否認」就是很好的例子。

「溝通」的中文很有意思，由「溝」和「通」組成，溝是手段，通才是目的。但我們卻往往只重視「溝」而不重視「通」，所以常常是有溝沒有通。比如「我已經發了email了」，不等於對方收到，收到不等於看過，看過不等於理解，理解不等於有共識有承諾。

電影《阿凡達》中有一句台詞「I SEE YOU」，非常有意思。代表不是用眼睛看，是用心感受到。《悲慘世界》的歌詞中也有一句「see what I see, feel what I feel」，「feel」是溝通的關鍵，不是只有我要告訴你什麼，而是我們經過真正的溝通，在彼此真正相互理解及共識的基礎上，對彼此做出發自內心的承諾。深度溝通應該是把重點放在U理解，放在「感受」，不只是「hear」，還要「see and feel」，達到彼此「感同身受」的效果，那才是真正「二合為一」的「通」了。

最後一個心法是「反求諸己」的心態。我們都很忙，也對很多事情有想法有不滿。往往我們有壓力，有情緒時就很容易怨天尤人，或者失焦於那些沒有結果的雜事上，所以在我們領導的組織中，要營造一種人人都要「反求諸己」的心態。如果每個人都能聚焦於你能影響、你要影響的領域，我們的工作和生活會更有效益，也會更快樂。每個人的生命、時間、資源都是有限的，與其浪費在「不能影響」的領域，不如聚焦於能影響的領域，然後你會發現還是不夠用，所以要用減法，要有所取捨，要有所不為，才能有所為。這時就可用PDA和MUSE幫我們掌握狀況，做出有意識的決擇，聚焦於我們真正要影響的領域。孟子說：「窮則獨善其身，達則兼善天下」。組織中能力較弱的人，先把自己該做的努力做好，不要成為別人的負擔，能力較強的則要負起更多責任，努力去擴大影響，那這個團隊的效益和凝聚力必定很強。

跟「反求諸己」相關的是「因果」的觀念，我們往往把重點放在眼前的果。然後對造成這個結果的前因有

三隻猴子的故事

諸多埋怨或情緒，但卻於事無補。我們要把焦點放在「未來」希望看到的「果」，然後反思現在我可以做什麼？埋怨前人為什麼種了瓜，而不是我要的豆，是過去式、是不會改變現狀的！為了得豆，我現在去種豆，下一季就可以收成，或者我把瓜賣了去買豆，那才能達到我的PDA。

我們中華文化還有「緣」的觀念，彌補了「因果」觀念的不足。「因」是內在的先決條件，但是種了這個因，不一定有這個果。「緣」就是外在的配套條件，除了「因」的先決條件外，還受許多外在的因素影響，這有許多是你不能掌控的，所以人們才常說要看緣分、要惜緣。

就像聖嚴法師說面對問題最好的方法就是，「面對它、接受它、處理它、放下它。」強調「面對它」是因為真相往往很冷酷，我們有意無意迴避面對現實；「接受它」是反求諸己，想想我能做什麼；「處理它」是很實際的做你能做的，把問題盡量處理好；「放下它」是盡心盡力之後，即使無法達到你要的效果，也要放下，因為放下才能把你有限的精力、資源用來做其他你能影響的事情，這種「放下」是積極的，而不是消極的「放棄」。就如同「盡人事、聽天命」也是積極的，重點在前面那一句，你「盡人事」了嗎？而那些你不能影響的部分，就要有「聽天命」的包容度，這樣才能繼續積極地做你能做的。

覺知有局限勿忘反求諸己創造開放的溝通文化

我用一個小故事做一個總結。有三隻猴子爬椰子樹，三隻猴子就像是組織裡面高中低不同的階層。老大高高在上很清楚看到組織的願景——美味可口的椰果，目標很清楚後，他發出號召：大家跟緊我的腳步朝著我們的目標前進。但他沒覺知的是：後面的猴子跟得越緊，反而被老大擋住而看不到目標。所以領導者不要太驕傲，覺得別人看不到是能力不如你。因為位置不一樣，看到的會不一樣。反而領導者要反求諸己，要製造機會，讓別人看到椰子，這時他們才比較容易理解你，也能發掘和培育他們的潛能。

如果老二跟得很緊，看不到椰子只看到老大的屁股。要是老二平時對老大就有意見，誠意正心沒做好而有偏頗，就會開始研究老大的屁股，覺得怎麼長得這麼難看，那是先天不足；又繼續看，發現屁股還擦不乾淨，這就是後天不努力。老二就下了結論，認為他找到老大為甚麼不是好老大的根據。但是老二認為如果告訴老大，一定不被接受，自己反而沒有好下場，於是就回過頭來跟下面老三悄悄分享。

當老二跟老三溝通時，他看到的是老三的笑臉。老二自以為是的理解為：老三認同了，我有群眾基礎了。其實老三是明哲保身不想得罪任何人，他心裡想的是，也難怪你是老二，你笑老大屁股髒，你的更髒。

其實這個小故事反映的是許多組織的普遍現象，也帶出很多問題，首先，要認識到我們的覺知有局限、有偏頗、有成見，要「誠意、正心」、要「看鯊魚」、真正的去掌握真相。次之，要反求諸己，老大要反省如何創造開放的溝通文化，讓老二老三願意告訴他，而且有管道、有機制，可以沒風險地反應他屁股髒的事實。老二要「見賢思齊，見不賢內自省」，先確保自己屁股不髒，然後再思考我能為老大的髒屁股做什麼，這本來就是老二的存在價值之一，能幫老大保持屁股乾淨，可能提升他在老大心中的價值，而且在過程中，自己也學會如何保持屁股乾淨及如何鼓勵下屬敢說真話，怎麼說真話，將來自己就可能成為更好的領導者。老三也要反省能為老大及老二做甚麼？及自己能學到甚麼？

這個小故事總結了我們對覺知的認知，覺知會影響決策及執行的效益，以及怎樣影響有效的溝通。

我把這堂課總結為「3W」的思維模式。

What's So？先搞清楚怎麼回事？看鯊魚（真相）。

So What？那又怎樣？鯊魚（真相）會帶來甚麼後果？

Now What？那現在該做甚麼？用PDA，MUSE，反求諸己來思考能／要做甚麼？

至於做甚麼才能達到改變的目的和結果，我建議把Now What的行動方案歸納為SSC三類：

Stop—停止做甚麼？

Start—開始做甚麼？

Continue—繼續做甚麼？

愛因斯坦說：「當你把學校教你的都忘了，剩下的就是教育」。我對這句話的理解是：**學習（教育）的目的不只是取得知識，而是為了改變**。先改變自己，再改變身邊你能直接影響的人和事，然後再逐漸擴大你的影響力，改變更多的人和事，如果我們都這麼做了，最後我們就改變了這個社會，乃至這個世界。希望這堂課能幫我們種籽營的學習產出很棒的結果，能幫大家「玩真的」，而且真的能玩出好東西來。

主講人簡介

李瑞華

美國史丹福大學企業管理學院碩士

現任：北京清大科技管理學院EMBA兼任教授、政治大學管理學院講座教授

曾任：朗訊科技亞太區副總裁、奇異醫療設備公司中國總經理、台積電人力資源副總經理

I 國際局勢與兩岸關係

◆ 中國大陸興起與全球政治經濟秩序重組
◆ 變動中的東亞國際局勢與台海和平
◆ 東亞「弱勢平衡」，民族主義的崛起
◆ 變動中的兩岸關係及台灣的未來
◆ 掌握中國大陸經濟復興的機會

主題一　規劃紀實

導師　朱雲漢

全球秩序變遷、東亞國際局勢與兩岸關係深刻影響台灣的未來。過去二十年全球與東亞的政治經濟秩序正經歷數百年未有之巨變，這場歷史巨變帶給台灣空前的挑戰與機遇，如何深入理解這場歷史變局形成背景，有效掌握全球與區域秩序重組的趨勢，以及冷靜思考台灣未來面臨的重大挑戰與抉擇，是台灣社會精英二十一世紀最重要的知識課題。

本主題課程分為三個單元，由遠而近、由外而內，環環相扣。第一單元主題為中國大陸興起與全球政治經濟秩序重組，由朱雲漢院士主講。朱院士將從大歷史的角度解讀中國大陸興起的特殊歷史意涵，以及中國大陸興起如何重新塑造二十一世紀的世界與東亞戰略格局、動搖美國主導的全球治理機制，帶動非西方世界的全面崛起，以及加速多極秩序的形成。

第二單元主題為變動中的東亞國際局勢與台海和平，由臺北論壇董事長、前國家安全會議秘書長蘇起教授，以及中央研究院歐美所研究員、前國家安全會議諮詢委員林正義教授兩位共同主講。

第三單元主題為兩岸關係與台灣的未來，由國策研究院院長、前外交部部長田弘茂博士，以及世新大學客座教授，前中國建設銀行、世界銀行中國首席經濟學家華而誠教授兩位共同主講。

種籽營是一個能產生知識上密集撞擊互動的課堂，一方面我們把全球東亞兩岸大的形勢變化與大家分享，也期望在學員身上學習到台灣面對許多重大問題的不同思考角度與對未來的期許，更盼望未來學員彼此之間能成為未來發展過程中成為一輩子知識上心靈上的夥伴，相互砥礪、合作、協助。這是我們對種子營衷心的期待。

> 台灣要調整國際策略的心態，跳脫西方中心的思維。
> 不製造問題、不激化矛盾、不成為他人的負擔。
>
> ——朱雲漢

第 4 堂課

中國大陸興起與全球政治經濟秩序重組

——朱雲漢

從長程的歷史跨度中，正確理解中國大陸興起的歷史意涵，是各行各業的社會精英在二十一世紀最重要的功課。

理解中國大陸興起的歷史意涵

二〇一三年三月，美國加州州長布朗到中國大陸訪問，試乘北京到天津的城際快鐵，這是中國大陸第一代高鐵技術的產品，很大程度仿效日本和德國的技術，但到現在已經開發技術提升到第三代。布朗此行希望中國有興趣參與加州正要興建的一條鐵路。對此，《紐約時報》很感慨地說：一百五十年前中國也對加州鐵路提供了貢獻，主要就是勞力的提供，可現今中國將提供技術、設備、工程師、甚至貸款。

我個人的觀察是，在過去三百年的人類歷史，只有四個歷史事件的重要性可與中國大陸崛起相比擬：第一個是十八世紀英國工業革命；第二個是一七八九年法國大革命；第三個是一九一七年十月俄國共產革命；第四是十九世紀末二十世紀初美國崛起。前兩個事件塑造十九世紀的世界格局，後兩個事件則是塑造二十世紀的世界格局，而中國興起將帶動二十一世紀全球秩序重組。

所以，全世界重要的智庫大概都在探討這個問題會帶給各國什麼樣的衝擊。例如美國彼得森國際經濟研究所（Peterson Institute for International Economics）資深研究員薩伯拉曼尼安（Arvind Subramanian）預期，二〇三〇年前後中國在全球經濟的宰制地位，將酷似一九七〇年代的美國，以及一八七〇年當時的英國。這種經濟優勢將推升人民幣作為主要的儲備貨幣的地位，而且來臨的時間將比想像中來得早。

他的觀點引起很多不同的意見，像《金融時報》（*Financial Times*）專欄作家馬丁沃夫（Martin Wolf）則認為，中國將來二十年仍是高速增長，不過中國還是有一些脆弱性，美國也仍擁有研究獨特的優勢，例如美國在能源上更自主、科技領先、軍事優勢、英語仍是通行語言、美國大學研究機構短時間仍無法被北大、清華取代、美國也還有很多盟友等，中國仍是一個「還不成熟的超級強權」。綜合兩者的意見，我認為中國大陸未來的發展應該是介乎這兩位的觀察之間。

我們也可以找一些數字來想像中國大陸未來的發展。英國《經濟學人》雜誌在二〇一一年年底使用二十一種不同的指標，對中國大陸綜合國力的快速上升做了對比與預測分析指出，中國在鋼鐵消費上一九九九年就超過美國，手機用戶在二〇〇一年超過美國，最突出的是在二〇〇九年全球金融海嘯之後，中國在固定資產投資的規模、製造業總產出、能源總消費、汽車總銷售數量，都在那年超過美國。

從這樣一個起點繼續往前看，《經濟學人》估計未來以購買力平價（PPP）來看，二〇一六年中國經濟總體量會超過美國，中國人均當然相對美國還是很低，即使用名目匯率來計算GDP，大概也會在二〇一八年超過美國，股市市場總值有可能在二〇二〇年超過美國。此外，二〇二五年中國在國防支出規模可能會超過美國，這點比較難以想像，因為在二〇一一年中國國防支出只有美國的五分之一。不過，若美國國防支出未來停止成長，甚至出現消減的話，而中國的卻每年成長超過百分之十，這個預估仍是可能的。

從世界城市的興替看中國大陸崛起

另外一個很真實的觀察指標，就是看世界級都市作為經濟發展的發動機。全球化的世界，真正能夠激發生產力，都是由大都會構造的高密度知識、資金所形成的環境。根據麥肯錫研究院（Mckinsey Global Institute）與《外交政策》雜誌（*Foreign Policy*）做的合作研究，對未來全球性的都會選出七十五個最有活力的城市，最有活力則是指從現在到未來十五年增長總量最大的。可以看到，七十五個最有活力的經濟城市中，美國占了十三個，但其中會有二十九個在中國，前二十名中也有十四個在中國大陸。這也不難想像，畢竟中國大陸人口超過五百萬的城市比比皆是：除了上海、北京、天津、重慶、廣州外，深圳、成都、杭州、佛山、東莞，在經濟規模上都是非常突出。中國帶來巨大的全球的經濟與其他重心的移轉，對世界格局的影響非常深刻。

中國整個發展過程中，很重要的是政治體制本身發揮了促進與帶動發展的角色。這個體制展現巨大的資源調動能力來引導國家發展，用跳躍式的方式跨越工業化與都市化期間重要的難關，而且跟其他威權體制相比也是比較突出，因為中國大陸本身的內部機制做了相當多的必要調適，解決威權體制會碰到合法性、政治穩定的問題。最重要的是，中國大陸有重要的政治穩定機制，有任期制、接班制、集體領導制，避免個人獨裁與單一領導人犯嚴重錯誤，也不會讓個人生命有限的自然規律拖累。同時，中國大陸有一個複雜的社會利益調節機制，它不是一個黨獨斷的國家治理模式，而是有非常多的民主協調機制，即使這些機制並不是我們習慣的民主選舉方式。

另外值得重視的是，共產黨作為統籌國家治理的核心部門，其發揮重要角色，像是不斷確保國家機器能找到適當的人才，內部形成激烈的競爭機制，讓社會好人才入黨、培育、汰換、篩選，這都是值得我們重視的地方。去大陸考察，即使到地方接觸不同基層的幹部，他們普遍都具備擔任其職務該有的知識與經驗，這並非偶然的，這就是人才篩選體制運作的結果。未來中國不是沒有要面對的發展挑戰，像是健康、環境、能源等，但不可以低估過去它所克服這些巨大挑戰所展現的回應能力。

中國大陸的興起對我們帶來什麼衝擊

解讀中國興起要有歷史觀。邱吉爾有句明言：「一個人能回頭看多遠，就能往前看多遠」。過去一千年裡，中國、印度這類古老文明在世界的版圖中，一直都有舉足輕重的位置。宋朝時期，中國在全世界生產力的比重大多有百分之二十五到三十三左右，所以我們看到中國崛起、印度崛起、非西方崛起的現象，不過就是歷史回到常態。中國逐漸恢復它在東亞的地位，其快速興起也跟其他開發中國家（非西方世界國家）發生正面的互動、相互拉抬，未來全球就會出現多元的格局。

這個現象並非現在才開始，過去三十年趨勢就很明顯了，未來十幾年趨勢的輪廓會更鮮明——我們進入一個非西方世界全面崛起的時代。全球的生產活動重心快速向非西方世界、亞洲移轉，這是近年來西方國家有識之士的共識。

中國崛起帶動全球秩序重組

- 二十世紀的全球秩序已經被打破
  - G20替代G8、G2共同承擔全球領導責任
  - 中國帶領BRICS質疑西方主導的世界秩序
  - 中國帶領開發中國家對於西方設定的遊戲規則選擇性接受
  - 中國帶頭非西方國家，另外創建多邊合作體制或規範、例如上海合作組織，中非論壇
- 中國崛起全面帶動非西方國家的崛起
  - 根本改變工業產品與原物料之間的交易條件，加速全球財富的重新分配
- 二十世紀的一元現代性歷史格局被打破，多元現代性（multiple modernities）將成為二十一世紀的特徵

美國一位很有影響力的評論家薩卡里亞（Fareed Zakaria），前美國《新聞周刊》（*Newsweek*）總編輯，在二〇〇八年出版的一本書《後美國世界》（*The post American World*）中認為，美國不可能永遠一枝獨秀，當前的轉折就是過去五百年來人類歷史第三個重要的結構性轉移。第一個是西方世界的崛起，第二個是美國的崛起，第三個是非西方世界的崛起。

再看一個有參考意義的歷史數據，根據麥迪森（Angus Maddison）的《世界經濟千年史》（*Contours of the World Economy, 1—2030AD*），他提供的長程歷史觀告訴我們，如果把歷史的尺度拉長為一千年，西方國家獨占人類歷史舞臺，是一千年裡一個特殊的，而不是一個常態的時期。這意味著我們過去熟悉的世界，即將出現翻天覆地的改變。對全世界人類來講，這可能是更公平的經濟資源配置結構，也更接近人類千年歷史的常態。

未來有很多不同想像

悲觀的觀察者預言，一個中國崛起帶來的後果很難和平，我認為這樣的預言理論基礎是不足的。今天的時代不一樣了，全球經濟密切綑綁在一起互依程度相當高，更不用說衝突緊張程度一旦增高，全世界金融就會陷入混亂。

未來是有秩序的權力移轉，或是有一段時間群龍無首，都有可能存在。不過，也有些機制在其中形成，像是二十國集團（G20）已成為世界重大問題的協商機制，G2更是其中的軸心。另外一個新興的權力集團——金磚五國（BRICS），仍在雛型階段，但未來有很大的潛力。而且，金磚五國帶領開發中國家，提出未來世界秩序安排的意見主張，正在挑戰歐洲與美國主導的世界秩序。

另外一個，因為後起工業化國家的全面崛起，會讓世界經濟的貿易關係出現根本性的改變。過去二十五年都看到中國或其他開發中國家生產的工業產品價格不斷下降。但中國、印度缺乏的原物料與能源，相對交易價格會不斷上升。全世界財富會重新分配，過去落後國家要出口很多噸原物料才能換一部汽車、手機，未來交換關係會與過去二三十年出現很不一樣的格局。未來，一個智慧型手機在中國、印度以美金兩百元銷售，這是可以想像的。

為什麼G20會成為新的全球協商機制？也因應了剛剛說的經濟板塊大挪移中，累積到一定程度，一次危機就足以促動國際體系權力和決策機制做相應的調整。這個調整在二〇〇八年就出現了，布希不得不召開二十國集團的高峰會。會中，布希把能挽救全球經濟的領導人放在身邊，像是中國的胡錦濤、巴西的魯拉，可見過去二〇〇七到二〇一二年間的經濟增長，金磚集團的國家提供很大的貢獻。

台灣的國際策略：發揮巧實力

■ 運用自己的優勢：

- 優越的地理位置：補強與歐亞陸上絲路的連結
- 科技創新能力、生產資源整合能力
- 生活品質、國民素質：語文、文化與宗教心靈
- 歷史淵源：與中國大陸、日本、美國特殊關係
- 國際參與主角：靈活的企業與活力的民間組織

■ 避開自己的劣勢：

- 避免在主權議題上硬碰硬：重實質輕名分
- 避免掉入大國對抗的漩渦：不當戰略棋子
- 避免在軍備競賽上虛耗資源

金磚五國在經濟危機之前提供了一半以上的經濟增長，中國、印度是其中最突出的。到二〇〇八年全球金融海嘯，全球經濟增長進入停滯甚至倒退的階段，但金磚五國仍是正增長。傳統高收入國家：美國、西歐，在經濟恢復的過程中，對世界經濟的貢獻非常薄弱。全球經濟的復甦非常依賴新興市場國家，他們除了擴張財政、擴大內需，還可以動用儲蓄與外匯存底購買西方國家國債，幫忙壓低長期利率，因而成為拉抬世界經濟復甦的重要動力來源。

在二〇〇九年，聯合國氣候變遷會議在丹麥舉行。本來歐洲國家預期會得到一個明確結論，在他們主導下為後京都議定書完成文本協議，但並沒有完成。因為會議中提出的版本不再為開發中國家接受，其中四個開發中國家（中國、印度、巴西與南非）還聯合提出一個新的對案，最後與西歐國家代表不歡而散沒有結論。歐巴馬則在這次會議中，想扭轉過去美國漠不關心全球暖化的形象，但沒想到

四個開發中國家祕密開會，不但沒有邀請美國，還讓美國總統找不著，最後歐巴馬找到開會地點，還自己闖門進去。這個場景在十年前、二十年前沒辦法想像，美國總統在高峰會約其他國家領導人見面卻找不到人。

因此，我們要非常關注未來五國的發展。前陣子金磚五國峰會在南非舉行，國內媒體幾乎沒有報導，可能國內媒體不知道重要性在哪，也對討論議題內涵不理解。但我們要認知到，新興經濟體是積極維護自由貿易體系的主角，反而歐洲內部保護主義的聲浪，隨著經濟問題、年青失業問題的深化，變成激進主義的溫床。未來新興經濟體彼此間貿易、能源、技術等合作會增加，不再寄望以前靠經濟合作暨發展組織國家（OECD）的強大購買力作為外貿的主要推動力量。而這些都是台灣現在觀察不夠的地方。

金磚五國甚至要準備成立由他們發起的開發銀行，其資本額不會小於世界銀行，同時，金磚五國也籌備外匯儲備基金，功能好聽是與國際貨幣基金（IMF）互補，其實是競爭關係的機制，是用來穩定全世界貨幣匯率關係，與協助開發中國家因應國際收支危機的機制。此外，金磚國家也非常關注國家網路通訊的安全，要建立一套不受美國監控管制的金磚光纖網路。

台灣的國際策略：調整心態

我個人認為台灣面對中長程的未來，要調整國際策略的心態，跳脫西方中心的思維，超越單一衡量進步與落後之歷史座標，適應多元現代性格局。台灣也不要忘記自己是東亞國家，我們要重視與新興經濟體之間的交往，要連結過去較陌生的東南亞、印度、南亞、西亞、甚至拉丁美洲國家，都是台灣在布局未來更有利自己生存發展環境必須要走的一步。面對我們不熟悉的非西方世界的文化、宗教，我們要採取相當包容的態度，第一步就是要善待我們家中的外籍幫傭，或是像外籍配偶則應該當作文化連結的尖兵。

台灣的國際策略：得道多助

台灣要不斷提升自己存在的價值，像是在國際分工上扮演不可或缺的角色；在全球新興產業中扮演關鍵角色；在開發新興經濟體市場上扮演關鍵角色；以及中文數位內容的重要提供者。在國際社會方面，台灣要發揮建設性的角色，協助解決全球與區域議題、環境、能源、糧食、衛生疾病、數位落差、生態失衡問題，並促進區域和平與經濟合作，協助化解大國矛盾、引導和諧。最重要的是，台灣不製造問題、不激化矛盾、不成為他人的負擔。

台灣的國際策略：發揮巧實力

台灣應運用自己的優勢，像是優越的地理位置，也要補強與亞洲絲路的連結；要維持科技創新能力，生產資源整合能力，提升生活品質與國民素質；發揮自己與中國大陸、日本美國特殊歷史淵源的優勢；讓靈活的企業與具有活力的民間組織作為擴大國際空間的尖兵等。同時，要避開自己的劣勢，例如不需要與對岸在主權議題上硬碰硬，要避免掉入大國對抗的漩渦，或是避免在軍備競賽上虛耗資源。

主講人簡介

朱雲漢

美國明尼蘇達大學政治學博士

現任：余紀忠文教基金會董事、中央研究院院士

曾任：明尼蘇達大學策略管理研究中心特約研究員、台灣大學政治系副教授、美國哥倫比亞大學政治系客座副教授、台灣大學政治系教授、中央研究院政治學所籌備處特聘研究員

> 綜觀中國因素的東亞局勢，分為韓戰、東海、台海和南海。韓戰救了台灣就像西安救了共產黨，但未來不大可能有韓戰這類會變動到台灣的局勢。台灣的角色會越來越小。——林正義

第5堂課 變動中的東亞國際局勢與台海和平

——林正義

先讓大家了解台灣面對的外在國際形勢，主要聚焦在東亞與兩岸，以及與我們切身相關的環節。

朝鮮半島

東亞局勢對台海和平最重要就屬韓戰（一九五〇—一九五三），韓戰救台灣，這一波的影響有部分到今天，美國和菲律賓、美國和日本的共同防禦條約都還有效。接著一九七二年尼克森震盪、一九七五年結束越戰、一九七八年中美關係正常化，陸續地影響東亞局勢。比較重要的影響則是，一九七八年開始一直持續到現在有關中國崛起的各項因素。

二〇〇九年歐巴馬上台，在倫敦二十國集團（G20）會議和胡錦濤見面。那一年的《經濟學人》有一期主題是「中國怎麼看世界」，封面圖面可以看到華爾街崩盤、美國南部的工廠關廠、太平

資料來源：二〇〇九年四月《經濟學人》雜誌

洋隔在中間、台灣懸掛的是五星旗、也包括有爭議的南海島礁。同樣，二〇〇九年四月，《經濟學人》的另一幅插圖，看到中國在G20成員的中間位置。

綜觀中國因素的東亞局是，我分為韓戰、東海、台海和南海。韓戰救了台灣就像西安事變（一九三六）救了共產黨，但未來不大可能有韓戰這類會大幅變動到台灣的局勢。一九九一年南北韓兩國總理，在盧泰愚和金日成任內，簽署了南北和解、互不侵犯、交流與合作的協議書，並設立政治、軍事、交流與合作三個小組委員會。同年，兩國也批准了「朝鮮半島非核化聯合宣言」，不試驗、製造、取得、儲存、使用核子武器，並設立聯合核子管制委員會，以保證履行。到現在，這些協議或宣言都面臨很大的挑戰。

一九九三到一九九四年，第一次北韓核武危機，最後是由美國前總統卡特，飛到平壤與金日成見面直接解決，簽署了一個協議的架構（Agreed

Framework）。因為兩國沒有邦交，所以不願稱之為外交上的協議（agreement），也開始有朝鮮半島能源發展組織（KEDO）的成立。表面上跟台灣沒什麼關連，到一九九八年辜振甫先生到北京，當面向錢其琛說台灣要加入朝鮮半島的能源發展組織，但KEDO最後還是失敗，失敗的結果就是因為有第二次的核武危機。中國也開始介入與北韓的會談，扮演比較多強的角色。像是二〇〇三到二〇〇九年間的六方會談，都是北京扮演主要的協調者。

六方會談最重要的就是二〇〇七年的五個工作小組：朝鮮半島非核化、美朝關係正常化、日朝關係正常化、經濟與能源合作、以及東北亞和平安全機制。雖然現在六方會談停滯，以後無論有無六方會談，美國與北韓、日本與北韓關係的正常化，東北亞和平機制都還是有可能繼續成為議題的焦點。

二〇〇六年十月、二〇〇九年五月到二〇一三年二月，北韓三次試爆核武，聯合國都有對此通過決制裁的決議案。這期間還發生二〇一〇年天安艦、延坪島砲擊事件。根據韓國二〇一三年二月蓋洛普民意測驗，若北韓成為擁核國家，韓國民眾近百分之六十五認為韓國也有必要成為擁核國家，年紀越大的南韓人支持核武的百分比也越高。連南韓國會議員鄭夢準，也主張要有核武。

中國對於北韓有比較多的影響力，中國東北尤其吉林，在羅先、新義州黃金坪經濟特區，有相當大的投資。

東海

東海跟我們直接相關、距離最近，釣魚台地理的因素也是中華民國政府所主張的。跟台灣海域有關的，尤

其二〇〇九年開始，幾乎我們周邊的國家從菲律賓、中國、日本、越南、馬來西亞，都在宣稱它們國土海岸線之外專屬經濟區二〇〇海里，大陸礁層甚至往外延伸到三五〇海里。

釣魚台主要爭議在一九六八年「聯合國遠東經濟委員會」在黃海及東海地區進行地質勘測，預測釣魚台列嶼附近東海的大陸礁層，可能蘊藏有大量石油。那時，蔣介石政府採取非常快速的對策，包括一九七〇年批准聯合國「大陸礁層公約」，公布「海域石油礦探採條例」，在台灣海峽及東海劃定海域石油礦區，與美商石油公司簽約，進行探測。

我們對釣魚台一剛開始，是始於跟美商石油公司聯合開發。一旦釣魚台從美國交還給日本出來，蔣介石總統認為就該提交到國際法庭，或成為美軍的炸射場。一九七一年，透過蔣經國先生和美國協商，達成確認釣魚台的法律地位是未定的。

一九九〇年日本海上保安廳准將燈塔標上海

圖，發生高雄區運會聖火船企圖登陸釣魚台以宣示主權。一九九六年日本擴大排他性經濟海域（EEZ），中華民國政府於六月二十一日抗議，台港十月登陸釣魚台。

中國或日本若占領釣魚台，對台灣安全的影響一定不一樣。兩岸是否有機會聯手保釣？二〇〇八年有中國與日本共同合作開發區塊，二〇一二年日本東京都知事石原慎太郎在美國宣布要買釣魚台島。同年八月，香港「啟豐二號」船員登上釣魚台，這是中華民國國旗第三次飄揚在釣魚台。

台日漁業會議至今一共召開十七次，在李登輝任內共舉行五次會談，陳水扁任內召開十次會談。馬英九上任之後，台灣海釣船「聯合號」、漁船「全家福號」事件之後，二〇〇九年二月舉行第十六次漁業會談。在該次會談，兩國同意「建立漁業爭端緊急通聯機制」。在強化民間交流方面，雙方同意由台灣省漁會與大日本水產會，就協助處理民事案件進行協商。

二〇一二年八到九月，台灣提出「東海和平倡議」，研訂「東海行為準則」，建立合作開發東海資源機制，分為和平對話、互惠協商和資源共享、合作開發兩階段，推動實質合作計畫，建立共同開發資源機制，形成以東海和平合作網絡。

今年四月台日漁業協議，多出一四〇〇平方海里，對台灣漁民收獲有明顯的提升。主要因為安倍政府不想和中國、台灣政府同時敵對，相對台灣涉入釣魚台緊張的部分，就減少了許多。

台海部分

面對中國的崛起，美國對台灣安全的承諾，使《台灣關係法》在執行上受到很大的挑戰。兩岸關係的緩和，為美國對台灣防衛帶來不一樣的思考；美國國防預算的刪減，也會影響台海和平。

美國計畫未來十年內將裁軍與減少國防經費近五〇〇〇億美金，但需要增加先進武器的部分投資，強調「海空整體戰概念」（Air/Sea Battle Concept, ASBC），與「介入聯合作戰概念」。中國批判美國ASBC是美國國防部不願與中國發展正常化軍事關係，而將中國視為敵人的證據。中國國家領導人習近平說：「太平洋之大可以容納美國跟中國」。事實上，太平洋足以容納全球的土地，再加上一個北美洲。美國未來干預台海風險提高、意願減少，這是台灣需思考的部分。

南海

南海對台灣的意涵，除了油輪、貨輪海上交通線、石油天然氣探勘、軍事防禦遠距離封鎖、小型軍事行動，還有外交運籌、對話的管道，像是一九九一年起參與第二屆印尼主辦的南海會議。但在一九九九年，台灣提出海巡取代海軍陸戰隊，呼籲其他國家採取類似的措施，予以和平解決。一九九九年經過七次會議決定，唐飛部長表示太平島難以防守。二〇〇〇年，台灣成立海巡署，把海軍陸戰隊撤離太平島、東沙島，之後決策機制轉到國家安全會議。二〇〇七到二〇〇八年，台灣在太平島修築飛機跑道；二〇〇八年「南沙倡議」提出；現在海巡官兵接受海軍陸戰隊訓練後，派駐南沙。近年也發展南沙太平島為低碳島。

中國的南海政策方面，其為最晚占領南沙島礁，但卻展開具體詳密的做法，包括三沙市行政區的設置、重組海上執法不同單位為中國海警局、宣布禁漁令、增加護魚行動，二〇〇七年起，阻止美國與其他外國石油公司與越南、干擾菲律賓在南海勘探石油天然氣。菲律賓則將人民移民到有爭議的島礁，或訴諸於國際組織。

最近持續發展且對台灣造成影響的是，菲律賓提出希望國際法庭仲裁中國在南海所主張的九段線，也就是我們稱之為「U」形線，是否違反聯合國海洋法公約。這對北京形成壓力，或許會加快北京考慮訂定「南海行為準則」的腳步。二〇一三年六月三十日，中國外長王毅指出「已經同意今年九月在中國舉行下一輪落實《宣言》高官會和聯合工作組會議，推動全面有效落實《宣言》，並在落實《宣言》框架下就如何推進「南海行為準則」舉行磋商，在協商一致基礎上循序漸進推動『準則』進程」。

王毅同意與東協國家進行磋商，具體的作為則是王毅針對中國前總理溫家寶提出的三十億人民幣海上合作基金，「正在研究設計一批中國──東盟海上務實合作項目，內容涉及漁業基地建設、海產品產業和交易合作、港口城市合作網絡、海上衛星信息應用、海洋科技、防災減災、航行安全與搜救、人才培訓等」。

在二〇一〇年由政大國關中心與中國南海研究院，合作評估，並撰寫了一本《二〇一〇年南海地區形勢評估報告》，對南海地區的形勢有詳細的說明與分析。

總結來說，朝鮮半島局勢影響台海和平比較小，東海釣魚台爭端的中心在中日，台灣的角色會越來越小，過去都是台日之間的衝突，直到去年演變成中日之間的衝突。相對隨著台灣政黨輪替，台海和平情勢可能逆轉，美國軍事同時面對並進行干預東海、台海、南海的風險提高。除了台海外，東海、南海相對的複雜度也是提高的。

主講人簡介

林正義

美國維吉尼亞大學國際關係博士

現任：中央研究院歐美研究所研究員

曾任：政治大學國際關係研究中心主任、國家安全會議諮詢委員、中央研究院歐美研究所研究員兼所長、中央研究院歐美研究所研究員兼副所長、中央研究院美國文化研究所副研究員、美國維吉尼亞大學博士後研究

我們的國際經驗在經濟方面很豐富，政治方面很缺乏。了解國際政治都理解正當談判與溝通的理要性。立場越是不同，越要談判，這個文化在台灣還沒有形成。

——蘇起

第 6 堂課
東亞「弱勢平衡」，民族主義的崛起

——蘇起

我發現台灣越來越是經濟動物，對國際經濟很關心，對國際政治關心卻很少。很多事情發生後，明明對台灣有影響，但沒有人關心，像是離我們很近的北韓問題。二〇一二年馬英九和蔡英文打總統選戰，最後贏了六個百分點。民進黨認為，蔡英文之所以會輸，是因為她的兩岸政策不清楚的關係。這沒錯，但依我的觀察，北韓問題也有所影響。這怎麼說？

國際政治對台灣的影響不比經濟少

二〇一一年十二月金正日離世，二十七歲的金正恩接任，整個局勢立刻不一樣了。北韓的變化對馬英九有利，因為在此之前，東亞局勢只有兩個熱點：朝鮮半島與台海。當朝鮮已經騷動，而台灣再出現現狀改變，也就是說，當北韓出現不確定的因素，而台海選舉若再出現不確定的因素的話，根據我對北京與華盛頓的了解，美國與中共就都不願意兩頭忙，就都會希望台灣的政局與政策走向趨於穩定。由此可以推論它們對台灣大選的偏好。我並沒有暗指美國或中共曾介入我們的選舉，但氛圍是存在的。

再一個例子。二〇〇一年的九一一之前，四月美國情報機在南海飛行被中國大陸戰機撞傷。小布希很火，最後中共道歉了事，但美國認為中國大陸不可理喻，採取嚴厲的對抗政策，馬上同意對台軍售，整個政策是扭向全力反中。五個月後，九一一發生了，江澤民一通電話過去說聲支持反恐，詢問需要幫什麼忙，中國大陸就變成美國反恐的夥伴，這時台灣的角色馬上就下降了。

一般人以為，九一一跟我們有什麼關係？但戰略上、政治上，它馬上就衝擊到台灣的角色分量。剛才說的北韓也一樣，甚至東南亞、印度、伊朗，有什麼事情出現，就如同撞球檯上的球撞來撞去撞到了台灣。國際政治對台灣生活的衝擊時間越來越快。我們要認識到，外面的發展不是只有美債、歐債，還有國際政治的問題，我們必須關心。

東亞局勢的影響尤為直接

東亞局勢對台灣的影響更直接。我整理其中的三個特色：

第一個是東亞局勢與別的地方都不太一樣。很多地方是所謂的權力均衡（balance of power）。這說法放在國內政治兩黨關係，或在歐洲講得通，拿到東亞這個說法就不通了，所以我換成弱勢平衡（balance of weaknesses）。東亞主要國家都有它相當大的弱點，中國大陸即使經濟那麼好，但有其他重大問題。如同一白遮三醜，那個白當然不能小看它。尤其從台灣的角度看中國大陸，一直是力量集中、思想集中。然而，大陸軍事、經濟力提升了，但中國大陸政治制度與社會環境還是讓大家怕怕的，所以在心理上，大陸的吸引力仍有限。

日本空軍、陸軍都不強，經濟也不好。日本民間文化大家卻很喜歡，但日本跟鄰國的感情除了跟台灣較好，沒有什麼其他朋友。美國是超強，但地理位置非常遠，現在台灣到美國的班機沒有一班是滿的。美國真的能用在太平洋這邊的只有少數軍力。俄國更不用說，制度都不行了。

東亞這邊不像當年的歐洲，一邊是美國，一邊是蘇聯，兩個老大說了算。東亞區域很複雜混亂，大很大、小很小、有錢有窮、有回教、共產，什麼國家都有，正是因為非常複雜，所以沒有一個國家說了算，什麼都要協調，都要大家商量。

第二個特色是從以前兩大板塊衝突變成國家與國家間的衝突。

過去是制度與意識形態的爭執，一邊民主一邊共產，碰撞點一個是南北韓，一個就是台海。台海到一九九五、一九九六年都還在打飛彈。這是一種民主板塊與共產板塊的衝突，最近兩年大板塊衝突還有，但台海這邊的衝突沒有了。因為中國大陸極權的板塊在改變，共產黨還是共產黨，但越來越不像共產主義，尤其是十八大之後，習近平的講話越來越少提到社會主義，提到越來越多的是中華民族偉大復興，民族主義、愛國主義的崛起，制度也越來越不像共產主義。在大陸學術界的研究費、酬勞現在都非常大，我常笑他們比較像資本主義，我們反而比較像社會主義。

現在除了變成是民族跟民族、國家跟國家的衝突，還有一部分是國內政治投射到國際政治。釣魚台就是日本國內右派東京都知事（即市長）引爆出來的，變成國際的事情。而兩韓、日韓、釣魚台、台灣跟菲律賓、南海，都是小板塊的摩擦。衝撞是指已經有軍事衝突，摩擦則是還在摩擦的階段，作為一場戲很好看，真正發生問題也還不見得會很大，且常說不見就不見。北韓第三次核子試爆之後，去年九月開始的釣魚台問題，也就突然間沒有了好幾個月，北韓問題把釣魚台暫時吃掉了。當然不可能永遠如此。起碼暫時如此。

第三點，美中固然最強，但是弱勢平衡中有四個大國：美、中、日、俄，每一個力量都不夠全面，但是四個中有兩個一直在往上爬，其中一個是中國大陸。美國也還是很強，現在不如以前那麼好，但絕對不能低估。美國已經在進行能源革命，能源對外依賴的程度每年下降百分之三的程度；甚至發起製造業的革命，歐巴馬在推動製造業，Microsoft都要自己建製造工廠，紐約還在拉台灣企業家去投資。歐巴馬要把製造業帶起來。

日本、韓國、台灣、菲律賓、越南、印尼，每一個都成事不足，敗事有餘，所以要美中兩強說了算，不可能。因為這些中小國家都有一定分量。東亞一直都是非常破碎的結構，不過，這兩強已經開始密切的溝通。

中美在東亞布局的角力

之前，我們看到吳伯雄到大陸見了習近平，還看到習近平到加州和歐巴馬袖子捲起來談話談了很久。在那之前，北韓的特使崔龍海將軍到北京跑了一趟；吳伯雄走了之後，越南國家主席張晉創到北京訪問；再一個星期之後，南韓大總理朴槿惠到北京訪問。

這是一盤棋，一盤圍棋。台灣輿論只看到吳習會、一個中國架構、服貿協議，大家就吵成一團，可習近平已經在布局。沒有北韓的訪問，就搞不定美國。北韓是南韓和美國的死穴。北韓二月砰一爆，美國就傻了。我的政府經驗，美國一定會告訴日本說釣魚台不要鬧了，要不然怎麼去和中國大陸談北韓問題？所以安倍馬上閉

習近平與吳伯雄、蘇起會晤

上嘴巴。

北韓是美國的死穴，習近平的強項。習近平與解放軍的關係超好，解放軍制得住北韓，因為當年是血淚的兄弟。崔龍海來，中國大陸可以跟他說：我家門口你不要鬧事，我會保護你。這句承諾有了，中國大陸就可以到美國那去說：北韓我搞定了。立刻中國大陸在美國的分量就提升。

美中高峰會後，中國大陸馬上與越南談，再與南韓談。習近平的策略是拉住這些國家，然後孤立日本、菲律賓。美國也一樣需要布局，美國抓住日本，拉住澳洲，但澳洲換了一個親中的總理，美國這盤棋能否下下去，還要再看看。美國也勉強拉住新加坡，當然美國也盡量撥錢來處理這一塊區域問題。這是一個大國的棋盤，但大國都不能說了算。所以大陸、美國都在恩威並施地拉攏它國，東亞局勢時時刻刻在變化。在台灣不能只看到兩岸關係，不管其他任何事情，這樣就會錯掉很多布局。**習近平精於布局，因為他的歷練、準備，甚至用的人都**

不一樣。

台灣該怎麼辦？

回到台海和平，我們該怎麼辦？台灣在其中說大不大，說小不小。GDP在全世界排名第十七、十八、十九名。所以放到非洲我們是超級大國，放到中東也是大國，比埃及、以色列都好很多。放到歐洲我們都還算中等國家，輸給以前的帝國：英國、德國、法國，但比利時、奧地利、瑞典都不如我們。可是我們只占全世界經濟總產值的百分之一，中國大陸占百分之十，美國占百分之二十幾，東京占百分之十。我們的百分之一，要同時跟百分之四十打交道，而且這百分之四十眼睛盯得很大的看著我們。

早年韓戰救台灣，航空母艦一來，台灣就沒事了，過去五十年的台灣安全，主要有三個支柱：我們自己的力量夠強、美國協助和中共力量不足。所以，一九九六年美國航空母艦一過來，大陸就不敢動了，那時的中國大陸海軍根本無法跟美國比。

一九七九年美中建交，這是第一個轉捩點，改成和平統一，中國大陸宣稱不會打。一九九九年，第二個轉捩點，李登輝宣告台灣與大陸特殊國與國關係，立刻改變了兩岸軍事關係。一九九九年以前，大陸軍機從不進到台灣海峽，台灣海峽等於我們的內海，所以我們空軍飛行員的素質非常高，因為海上訓練比陸上訓練還難。一九九九年，兩國論一宣布，中國大陸的軍機就出來了，我當時是陸委會主委，大陸軍機直奔海峽中線，每天好多架，大部分到中線轉彎回去，也有幾架越過中線，我們的塔台還抓到他們的塔台在呼叫飛行員說「越過了快飛回來」的話，隨時可能擦撞發生問題。

一九九八年大陸開始下令全面軍事現代化，在這之前中國大陸沒有太大的海空作戰能力，美國衛星還照到大陸軍艦上面擺滿賓士，走私偷渡用。在大陸台商最喜歡請解放軍的軍車來幫忙運貨，絕對不會耽誤，因為沒有人敢檢查。一九九九年之後，馬上轉過來，跟俄國買驅逐艦，一下能力提升上去。二〇〇六年美國國防部助理部長在美國國會作證的時候說，「中國大陸軍事現代化非常快速，若再發生一九九六年的飛彈危機，美國的反應可能跟那時不一樣。」

中共的飛彈已經可以涵蓋一五〇〇公里之內的海域，台灣也在這範圍之內。中國大陸具有五種不同的飛彈可以打沉一艘航空母艦，而一艘航空母艦載八千人，若擊沉的話，等於是一個九一一加上一個珍珠港的傷亡。美國人就在想有必要冒這個險嗎？

這個轉折之後，台灣經濟、軍事力量下降，美國協助也有問號，中共力量上升了。換句話說，台灣安全的三支柱都動搖了。我的結論是：兩岸關係與台灣安全必須要政治處理，不能軍事解決。怎麼政治處理？就是要溝通，不能只是吵架扮鬼臉。

加強國際經驗理解政治談判的重要性

我們的國際經驗，在經濟方面很豐富，政治方面很不豐富。台灣曾參加重要國際組織談判的人，國和國雙邊政治談判的人，現在沒有幾個。跟大陸也沒有太多的政治談判經驗。整個台灣對「政治談判」一聽到就嚇死了。但了解國際政治重要性的人就會理解，政治談判與溝通是非常重要的。

我舉個例子，再跟北韓有關。美國在二〇〇六年北韓第一次核試爆後，小布希和胡錦濤碰面，當時的場景是對面對坐的長桌。小布希覺得這樣不行，在胡錦濤進場前，小布希總統自己把對面坐的名牌換了，讓兩個總統坐隔壁，就可以聊天看表情、看眼神，看肢體語言，談話的效果馬上不一樣，不再是冷冰冰的的官式談判。果然，談完之後，胡錦濤回去馬上制裁北韓，北韓就回到談判桌上。這就是領導人和領導人溝通的重要。

現在國民黨和民進黨的人坐都不坐下來，就算握了手坐下來也不講話。真讓人遺憾。其實立場越是不同，越要談判。可惜這個理解在台灣還沒有形成。

主講人簡介

蘇起

哥倫比亞大學國際關係研究所博士

現任：台北論壇基金會董事長、淡江大學中國大陸研究所教授

曾任：總統府副秘書長、國安會秘書長、行政院大陸委員會主任委員

常說台灣軟實力強。
但在國際或兩岸關係這種實力原則下，
軟實力實際上無法等同於硬實力，
因此不要沾沾自喜自我感覺良好。
——田弘茂

第7堂課

變動中的兩岸關係及台灣的未來

——田弘茂

我個人對兩岸關係、中國大陸發展，長期來都具高度的關注。早在一九七〇年代，我在美國擔任大學教授時，便有機緣去大陸訪問一個月之久，當時正值中國的文化大革命，也因此看到了文化大革命一些真實的情況。之後，除了在擔任公職那段期間外，持續有機會參訪大陸，目睹中國的經濟成長與耀眼的硬體建設；中國人的生活型態與物質文化都呈現顯著變化。

一九七二年尼克森訪問中國之後，興起美國各界對中國的廣泛好奇。位於紐約的外交協會及亞洲協會，面對新的中美關係形勢，乃成立中國事務委員會作為各界互動的平台。我也應邀參加中國事務委員會，每年根據美中交往情況開會討論，其間亦會觸及台灣議題。

有關兩岸關係的探討，就學術層面而言，並沒有涉及太高深的理論，也無須引用太多抽象性的概念或分析架構，才能夠引導我們對兩岸關係的性質與內涵深入理解。事實上，兩岸關係近在眼前，我相信大家各自也都有個人親身的體驗及自己的想法。我所要談的，乃根據個人的經驗與觀察提供一些可供參考的觀點。

兩岸關係主要的決定因素

兩岸關係的發展，只要多關心，並留意重大事件發生時候的雙方互動與聲明，加以分析整理，就能歸納出一些道理。

什麼樣的因素會影響兩岸關係的發展與態勢？

A.國際的政經與安全環境

過去二十多年來，國際大環境不斷在變化，對我國影響至鉅。冷戰時期台灣被納入美國反共，構築圍堵政策的前哨站，冷戰後我們所扮演的地緣政治角色亦隨之起了變化。九十年代初蘇聯和東歐共產國家政權崩潰，對國際局勢產生很大的變化。二〇〇一年恐怖分子攻擊美國紐約世貿大樓，招致美國政府展開全球性的反恐佈署，在整體外交與安全政策上做了一個非常全面性的轉變——反恐讓美國把焦點放在中東持續有十幾年的時間。二〇〇八年發生金融海嘯，各國經濟受挫，尤以歐元區情勢最危急。歐盟過去被認為是挑戰美國的新興大經濟體，沒想到南歐諸國財經幾至崩解，連帶地導致嚴重的歐元問題。歐盟的架構和現行機制，事實上證明無法有效的處理內部極為嚴重的緊急財經問題，未來如何調整其財政與金融監理體制還是未知數，歐洲對全球的重要性，包括對亞洲的影響，很明顯地在衰退。除了上述重大事件之外，值得注意的是美國在二〇一〇年之宣布重返亞洲政策，雖然有人不同意「重返」這種觀點，認為美國從來沒有離開亞洲何來重返之有。事實上，美國在軍事、經貿、外交等各方面，的確加大並重新佈署美國在亞洲的分量，這項戰略變化必然帶來對這個地區若干國家的困擾，使東北亞與東南亞的區域均勢起了變化。

經濟全球化的效應對台灣也有深遠影響。經濟發展是一個持續的過程，台灣經濟起飛原始於是七〇年代。八〇年代以來高科技產業快速發展，讓國與國之間之人流、金流、物流加速，訊息的取得與互換也是變成一種瞬間的動態連結。這種情況下，全球各國之間有關經濟的競爭模式、方法及成果，未必一致。換言之，全球性的跨國界的經濟競爭，包括在資金、人員、技術及物流領域形成不對稱的效應，導致國內、國與國或地區之間，都產生了競爭下的贏家與輸家。總的來講，經濟全球化迄今很多人認為中國是最大贏家。這樣的發展也影響到臺灣的產業，八〇年代末開始迫使台灣傳統產業外移到人力充沛、低工資的中國及東南亞國家，使台灣步上製造業空洞化的窘境，迄今尚無回轉的明確跡象。

B.東亞地區的安全環境

這個地區正在形成權力均勢的消長。尤其在這二十年來產生的變化，主要源自於中國的崛起。日本似乎沉睡了二十多年、東協以往不被看好，但近年來這些國家慢慢凝聚出一股經濟互相合作的力量，並且積極拉攏周邊比他們更大的國家加入東協的組織運作，在區域經濟整合方面，正朝向「東協加六」的「區域全面經濟夥伴協定」發展。

如果要看地區性勢力的消長，我們應將印度列入，印度也在慢慢崛起成為具有影響力的國家。東亞地區有關周邊海域的主權之爭、能源的開發、航行權與漁業活動之糾紛等，舉凡軍事或非軍事相關爭端，都發生在我們周邊的南海、東海、黃海領域。這個區域有眾多島嶼，海域下面儲藏相當多的自然資源，加上中國崛起後其海軍活動的擴張，衍生區域國家的關切，導致各種新問題應運而生。

我們必須關切這地區的「安全問題」，因為中華民國對釣魚台列島及南海一向有公開的主權訴求，加上我國漁民在區域內經濟活動頻繁，亦屢有與他國糾紛事件，致使台灣在地緣上必須隨時面對動盪的區域國際環境。

C.台灣地緣政治的重要性

台灣地緣安全的地位亦在轉變，以前台灣是美國反共或堵中的第一島鏈前線基地。然而，近年來中國海軍快速成長足以威脅甚或突破這個第一島鏈的防線，台灣的戰略地位處於中美兩強以及東海與南海之間，地域性的動盪與衝突，不可能讓台灣完全置身事外。

1.台灣與中國大陸內部政經發展的動態

台灣解除戒嚴以後走上自由民主化的道路，政治生態改變了，對中國大陸政策表達的聲音也變得多元；在其他經濟社會領域，因為內部政治控制的鬆綁而顯得更多元格局。中國在改革開放後同樣產生極大的變化，對台政策也做了調整，加上二〇〇一年中國加入世界貿易組織（WTO），大陸的經濟與世界連結以來，外在因素也帶給中國內部經濟社會發展一些微妙的激盪。兩岸關係的發展受到經貿互動及相互之間政治走上開放之影響，逐漸形成錯綜複雜的新面貌。

2.兩岸領導人的決策偏好與風格

中國對台政策自從葉劍英在一九七九年元旦發表「告台灣同胞書」以來，幾位領導人都遵循「和平統一」、「一國兩制」政策，其間每個領導人都各自提出具體聲明，例如江八點、胡六點。這些文件勾劃出中共領導對處理台灣問題及推展兩岸關係提供大前提，而每個領導人亦與時俱進做出個別的想法。因此在不同領導人主政下，對台策略上的重點有所調整，這當然就影響到兩岸關係的內涵。台灣也一樣，從蔣介石、蔣經國、李登輝、陳水扁到馬英九，對兩岸政策的所做決定，亦因人而異，反應客觀環境變化及個人想法。

D.兩岸關係的沿革

我們回顧一下兩岸關係過去幾十年來發展的軌跡，亦可分為三個階段：

第一個階段從一九四九到一九八六年期間，兩岸處於完全敵對狀態，兩岸之間事實上不存在什麼互動關係。敵對狀態源自於在大陸時期國共內戰的延續，並受到國際冷戰對立以及台灣內部實施戒嚴體制的深化影響。系統性的反共宣傳教育以及對方對國民黨的醜化，更加鞏固雙方的敵我意識。兩邊都沒有講真話。

中國在七〇年代之前，長達將近三十年消耗在內鬥，社會政治動盪非常激烈，有了天災加上人禍，民不聊生。在這樣極為不正常的情勢之下，根本無法有系統的開展兩岸互動的關係，喊了很多口號，卻未提出具體的政策措施。真正的變化始於九〇年代初。

第二個階段是一九八七到二〇〇八年，這段期間總的來講有幾個重點：開放老兵探親，啟動經貿關係，領導階層或明或暗地進行接觸，並建立了準官方的對話與協商機制——海基會與海協會。台灣面對新的關係發展形勢，開放人員往返與物流，也制定了《兩岸人民關係條例》作為互動的法源。

雙方首次正式會談於一九九二年在新加坡舉行「辜汪會談」，可說是有官方屬性第一次高層公開接觸。辜汪會談，以及之前海基會與海協會互動，達成了若干事務性協議。

即便有這些互動，兩岸在九〇年代，政治與安全方面仍存在高度的互不信任。台商在當時「戒急用忍」政策的限制之下，仍然各顯神通，經由不同的管道與名義進入到中國大陸去投資，因此雙邊的貿易額很快上升，台商在大陸投資的金額與人數也越來越多，先由華南而華中，再往北方及大陸的內部邊遠省分，從傳統產業到

辜汪會談：官方第一次高層公開接觸

資訊業，進而擴及最近的金融服務業，可以說台商在大陸的投資遍地開花，滿布全中國。

二〇〇五年國民黨主席連戰的破冰之旅，達成國共和解。換言之，連戰與胡錦濤會面後，國共的內戰終算告一段落，隨之建立了國共之間常態性的年度論壇，作為對話的平台。但是中國共產黨與台灣的民主進步黨，迄今無法建立黨對黨互動的平台，在民進黨沒有處理好台獨問題之前，中共完全排除民共之間的黨際對話平台。儘管如此，個別民進黨員及地方政治人物也開始展開交流對話。

二〇〇八年馬總統上任至今，兩岸關係進入和緩的狀態。兩岸互動逐步擴大到經濟、社會、文化、教育等多面相領域。如今，在開放三通及陸客與陸生來台等情況下，雙向交流互訪已極為頻繁。這五年來，大陸分三批開放三十一個省市可以赴台旅遊，到去年年底估計就有一百九十七萬人次的旅遊團來台，再加上陸客自由行，根據報導預計到二〇一三年八月底，大陸可能會開放到二十六個城市，放寬旅台與訪台的各種限制。總的來說，到今（二〇一三）年底雙方交流的人次可能達到八百萬人次，其中，台灣去大陸的當然比他們來的多，估計一年有五百萬人次。

二〇一〇年更簽訂了兩岸經濟合作架構協議（ECFA），為兩岸經貿關係提供系統化的架構。除此之外，這幾年兩岸之間另有其他形式的互動機制，其中值得一提的是「海峽論壇」。海峽論壇今年在福建省剛開完會，由大陸國台辦主辦，每年邀請台灣去參加的人數多達數千人。他們來自社會的基層：社會、文化、宗教團體；甚至廣及基層的政治性團體及農會總幹事與村里長等政治人物。海峽論壇已經辦到第五屆，可以說由大陸所主導對台灣深層化的交流活動已經全面展開了，相信中共當局對台灣各地的了解，不亞於我們政府許多高層政務官員。

其他重要的交流機制尚有海峽兩岸企業家紫荊山峰會。今年秋天在南京舉行的紫荊山會談，正式共同成立一個理事會，台灣方面由前副總統蕭萬長，大陸由前副總理曾培炎領銜。兩方面各有至少兩三百個企業家參加這次峰會。這項峰會的意旨在於找尋兩方企業共同合作的方案。經由幾百位的企業家每年見面一次，是否能為台灣經濟開出好藥方，目前言之過早，但這樣的機制一但建立，就會變成常態化的平台。

隨著兩岸經貿互相依賴加深，交流互訪擴及文教社會領域，兩岸關係逐漸步入深水區的政治環節。二〇一三年秋天，由台灣的「廿一世紀基金會」及大陸的全國台灣研究會，及其他若干團體在上海正式召開中共國台辦認可的「兩岸和平論壇」，正式成立討論政治與外交議題平台。

E.中共主導對台關係的三個基本途徑

綜上所述，可知兩岸關係經過二十年的演變，已經建立常態化互動必要的若干體制與法律配套。在發展過程中，中國一直扮演較為主導的角色。而中國是採取什麼樣的方式來主導處理兩岸關係呢？大體上可歸納三種方式，作為研析的參考。

1. 壓制威嚇

中共在宣示對外政策時，從未排除必要時訴諸武力，並在海峽的對岸布署質與量不斷提昇的飛彈，並且在周邊海域布署戰略與戰術層級的海軍艦隊，形成對台灣人心的持續壓力。在和平發展時期卻同時做出戰備的威嚇。一九九五年至一九九六年台灣首次總統直選的競選時期，中共針對台灣環海目標發射飛彈，並在沿海進行軍演，展現以武力犯台之威脅。此事深植人心，影響深遠。

2. 利益誘因

除了維持武力威嚇之外，中共另一方面卻又提供台灣人在投資與貿易的優惠誘因，某些時期惠台的誘因更是超乎其他國家。針對台灣個人或特定團體，所提供的誘因包括經濟和政治上的利益考量，拉攏台灣各界人士的認同。

3. 情感或情義性的訴求

大陸也會用溫情的方法，以血緣、出生地、和文化同性質作為促統的訴求。一方面進行溫情喊話，另一方面則借助於兩岸的同質性，希望藉由兩岸通婚、認祖歸宗、宗親會、同鄉會、廟宇交流等，來催化有形無形連結的潛力。近年來更積極地宣揚以「中國夢」或「復興中華民族文化」的口號，作為兩岸文化與民族認同的願景。

F. 展望台灣未來（以十年為目標）的生存與發展

面對當前的兩岸與其他外在因素，如何看待台灣未來十年的展望？

首先，最令人擔憂的是台灣政治經濟缺乏向上提昇的發展動能。我們看到國民的自我認同與國家認同嚴重分歧，政府治理效能不足，藍綠對決無解，行政與立法部門互不配合，致使政策與法律難行。

再者，兩岸關係處於極不對稱的情況之下，慢慢趨向融合。過程中，台灣的自主性可能慢慢弱化。另一方面，在高層次政治領域，兩岸三黨卻又難於達成最起碼的共識基礎 倘若大陸盛行的民族主義進一步被激化，而領導人對兩岸關係發展的前景缺乏耐心，目前存在的和平發展勢頭不無可能在特定環境下轉化為敵對關係。

常說台灣軟實力強，有公民社會、生活文化品質精緻化，很值得大陸人來學習。然而，軟實力實際上不等同於硬實力，效果終究是不一樣的。軟實力是具有吸引力，頂多能形成影響力，但不能產生強制力。兩岸之間強制力的不對稱持續擴大。

就國際大環境而言，中美關係正在形成新的大國關係。雙方在尋求既競爭又合作的關係來維持一定程度的穩定關係。新舊大國若發生激烈的衝突，台灣準會受害；兩國形成良性關係，則會形同共管包括兩岸問題的東亞區勢衝突。北京隨時可經由華府對台灣施壓。在中美微妙的大國關係演變過程中，台灣如何在雙方之間取得一種三方面都能接受的平衡關係，這就要看現在與未來主政者的外交技巧與耐力。

二〇一六年的總統大選是否會產生另一次的政黨輪替，導致衝擊兩岸關係，乃是未來政治發展的重大變數。尤其是在目前中共不願意與民進黨進行黨對黨的對話之下，假如政黨輪替，人民選出來的是民進黨人，在那種關係下兩岸的未來會產生什麼變化，值得我們關注。即便是國民黨選贏，亦將面臨習近平強勢領導下中共對台加大政治壓力的態勢。兩岸緊密的經貿聯結不能完全與政治脫鉤。互為因果，思索政經分離並不現實。

積極參與TPP談判為當務之急

經濟繁榮乃國家生存與發展之根本，是綜合國力之關鍵因素。然而我國近年來受到經濟全球化生產鏈與供應鏈結構性轉移之效應，製造業外移導致產業朝向空洞化。在貿易方面，則因我國遲遲未能與主要國家簽定自由貿易協議，又被排除在區域經濟整合體之外，出口競爭力衰退，致使發展動能停滯現象難於突破。綜此觀之，政府必須發揮更積極主動角色，除了繼續進行兩岸經貿與投資協議談判外，要勇於走向國際，其中當務之急是全力尋求參與由美國主導的十二國「跨太平洋夥伴（或曰戰略經濟夥伴）協議」（Trans-Pacific Partnership TPP）談判，方能免於經貿完全孤立化之困窘。

主講人簡介

田弘茂

美國威斯康辛大學政治學博士

現任：余紀忠文教基金會董事、國策研究院文教基金會董事長兼院長

曾任：外交部長、中華民國駐英國代表、行政院國際合作發展基金會董事長、美國威斯康辛大學政治學教授、台灣大學和中山大學兼任教授、總統府國策顧問、總統府國家統一委員會委員、行政院顧問、行政院「九二一震災重建基金會」董事、「國家發展會議」副總召集人、哈佛大學亞洲研究中心顧問、華府布魯金斯研究院(The Brookings Institution)諮詢顧問、美國亞洲研究學會台灣事務研究會主席、亞太安全合作理事會(CSCAP)美國委員會委員、史丹福大學胡佛研究所訪問學者、張榮發基金會董事

以開放及積極的態度，穩中求進地推動兩岸關係以共創和平紅利；不必看衰、責怪大陸，一切反求諸己。

——華而誠

第 8 堂課

掌握中國大陸經濟復興的機會

——華而誠

政治是在經濟、社會、文化諸領域之上的「上層建築」。經濟則是政治的最重要的基礎。因此，兩岸在經濟若能互相交往，並共同受益，成為繼續向前走的動力，這會對政治層次互信的建立極有幫助。這也是「歐盟模式」。

早些時候中國中央電視台製作了一部紀錄片《大國崛起》，整理了很多西方大國崛起的經驗，作為一個正在崛起中的中國大陸的借鏡。對此，西方的反應是，拿破崙說的「中國睡獅」是不是醒了！大陸覺得西方的反應不妥當，就改稱為「和平崛起」，意謂中國的崛起不具侵略性、是和平的。然而大家感覺「崛起」多少有些侵略性，這讓西方還是很警惕，所以大陸又改稱為「和平發展」。

兩岸現在也是「和平發展」。假如中國大陸對台灣這兄弟不和平發展，西方人怎麼會相信中國所謂的崛起發展是和平的？所以，台灣應該是全世界最安全的地方。即使如此，我們還是必須要能掌握中國大陸一路以來的經濟復興的過程、機會與未來

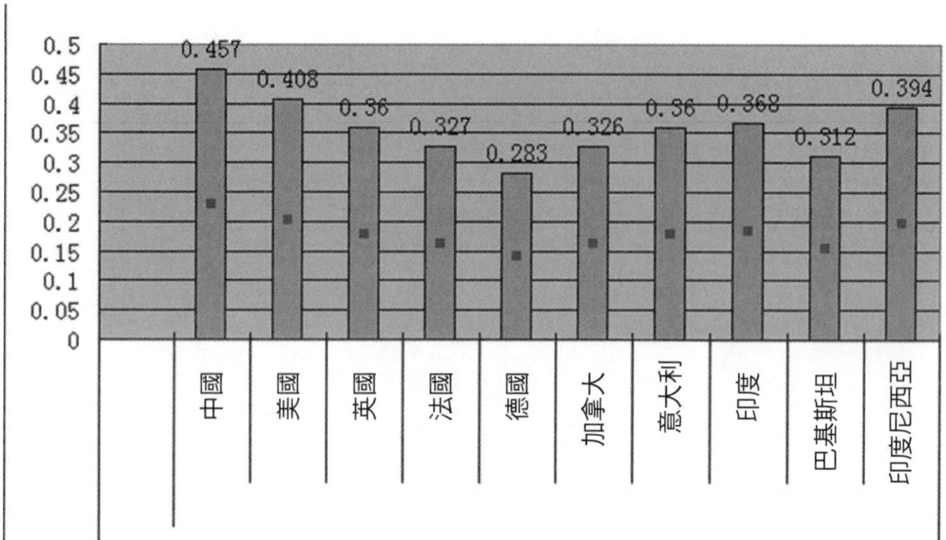

中國與其他國家基尼係數對比　來源　聯合國開發計劃署人類發展報告 (2007/2008)

的挑戰是什麼，才能清楚理解台灣的挑戰與機會何在。

三十年改革開放下的中國經濟

中國大陸經濟過去三十年改革開放非常快速，經濟規模在兩三年前趕上日本，成為全球第二大經濟體。當中國大陸趕上日本的時候，《金融時報》、《紐約時報》……等西方媒體報導一大堆，中國主流媒體卻一個也沒有提及，顯示中國大陸在這部分事非常低調的，它們不是以很驕傲的態度來面對世界。

中國對國際間的經濟影響越來越大，國際間不再是美國說什麼就什麼，發展中國家包括中國在內，在很多經濟組織將會有更多的發言權。例如二〇一〇年國際貨幣基金會（IMF）通過了投票權重組，將發展中國家的投票權提高，西方歐美國家則往下降，美國還是老大，仍擁有百分之十六點七五

收入分配不公過大

(中國大陸仍有十分之一的人口生活在每人每日僅一美元的國際貧窮線上)

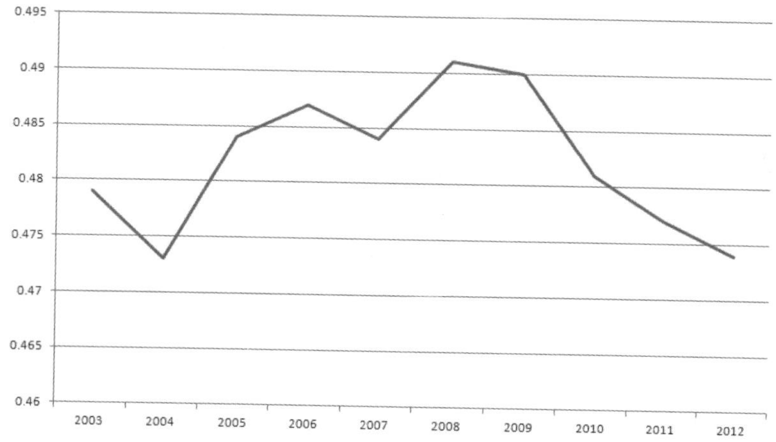

的投票權，因為所有IMF決策至少要百分之八十五的票同意才能通過，美國仍有一票否決權。但是這個IMF投票權重組的決議，至今美國共和黨主宰的國會題不予討論，未能執行。可見美國，至少是共和黨對於開發中國家影響力越來愈大、中國崛起這類發展，並不是樂觀其成的。

中國三十年改革開後對國際經濟的影響日增；大陸是全球第二大的經濟體，更是全球最大的開放經濟體；進出口占GDP的比例達到五〇％，遠高於美、日的近三〇％。在二〇一一年出口已經超過美國，去年淨出口總量已超過美國。吸引外資的總量在全球位居第二，略低於美國。大陸的高端消費已經成為全球最重要的市場。大陸經濟從「世界工廠」朝向「世界市場」轉型更將逐步擴大消費市場。

中國大陸的經濟發展仍面臨巨大的挑戰。首先，中國大陸以吉尼係數（GINI Coefficient）表達的所得分配不均的程度高過多數美、歐及發展中國家，仍有十分之一的人口生活在每日一美元的國際貧窮標準以下。其次，中國大陸的經濟發展模式不可持續，必須轉變。

上一個世紀經濟發展快速，年平均成長率達到十．五%。在二〇〇八—〇九年全球金融危機爆發後，證明經濟發展模式是不的可持續的。中國大陸在二〇〇一年加入世界貿易組織，二〇〇三到二〇〇七年間是二戰後全球經濟增長最快速的時段，外貿大幅增長，外貿順差從上世紀初的百分之二，大幅上升到二〇〇七年百分之八的高點。二〇〇三到二〇〇七年間，中國大陸經濟成長率平均超過百分之十一。物價、股價及房價迅速上漲。於是，中國大陸在二〇〇七年下半年開始宏觀調控，銀行的貸款受到非常嚴格的控制。不巧，二〇〇八年九月年雷曼兄弟公司倒閉，引爆了全球金融危機，大陸出口驟然大幅下滑，經濟成長從前三季十%大幅下降到第四季的六．五%。經濟政策即刻作了三六〇度的修正，從「控通膨」轉到「保增長」。

二〇〇八年十一月溫家寶總理出臺四萬億刺激經濟計劃，以大量的銀行信貸支持。二〇〇九年第一季，經濟成長掉到略高於六%，第二季以後經濟呈「V」復蘇，於二〇一〇年第一季達到一二%，二〇〇九年成長率為九．三%，僅比二〇〇八年的九．六%略低些，從年度經濟成長率的變化是看不出中國遭遇了巨大的經濟危機。但是，強力的經濟刺激計劃帶來三個未料到的經濟風險：物價高升、房價泡沫、地方政府負債大增。因此，中國政府於二〇一〇年第一季開始重啟宏觀調控。自此，經濟成長率逐年下降，過去六個季度落在七．四%—七．九%的區間。所幸，因為「人口紅利」的同時減少，城鎮的勞動力市場仍然維持相對穩定。

後全球金融危機時代大陸經濟增長下滑的壓力證明在二〇〇七年人大會開完後，溫家寶之所言：中國經濟成長的方式是不平衡、不協調、不可持續的。因為經濟成長太依靠大幅的外貿順差來拉動。

當前大陸經濟增長下滑的壓力主要來自投資邊際報酬率的下降。過去幾年投資率在大力的經濟刺激之下，大幅的攀升。二〇一〇年第一季開始重啟宏觀調控後並未減少，因為「影子銀行」迅速的發展取代了銀行信貸。當前投資率已接近五〇%，提高的餘地已極為有限了。因為經濟成長率等於投資率乘上投資的邊際報酬率，經濟成長率在投資率上升中不斷的下降就反映了投資邊際報酬率的下降。投資邊際報酬率的下降使經濟潛在的經濟成長率受限，所以，現在大陸的經濟成長率已沒有以前百分之十的榮景。

投資邊際效率遞減反映了資本結構的惡化：以天量銀行信貸支持的二〇〇八年出臺的四萬億經濟刺激投資計畫集中於期限較長、回報較慢的「鐵公基」項目。消費性的房地產投資項目也明顯復甦，使房價泡沫化危機重現。此外，造成船、鋼鐵、水泥、太陽能電板等行業產能過剩，江蘇省有百分之六十以上的製造業產能過剩。效率一般較高的民營企業投資，並沒有得力於經濟刺激投資計劃而復甦，甚至受到排擠：國進民退。沒有民間投資的加持，因此，當大陸於二〇一〇年初開始退出經濟刺激計劃後，經濟增長沒有依照凱因斯理論維持持續的復甦。

現代經濟體系中，從投資轉化到產出的過程中的關鍵環節是融資，包括直接融資及間接融資。因為，投資是需要融資的。金融作為儲蓄與投資的媒介，其基本任務應該是把社會儲蓄經過間接及直接融資方式轉化為有效率的投資，這是金融服務好實體經濟的核心含意。實體經濟的投資效率的下降反映了金融服務於實體經濟的效率——金融體系的效率極待提升。

中國大陸面對經濟成長速度下滑，解決辦法不能再以寬鬆的貨幣、財政政策刺激總需求。而是要從供給面著手，提高融資及投資的效率。中國經濟已由外需向內需，外貿順差已大幅縮減到GDP的二%。下一步的關鍵轉型要由國有朝向民營經濟以達到平衡的、可持續成長。

全球金融危機後，中國經濟增長率短暫復甦後持續下滑

中國模式的問題

中國最大的企業是國有企業，一百大企業中幾乎沒有民營企業。西方常關心：中國走的是國家資本主義的特有模式？我認為不是，國企的獨大應是暫時的，是一個從「計劃」經濟到「市場」經濟轉軌的一個過渡。

「改革開放」政策中的「改革」是從「計劃」經濟改為「市場」經濟。與大多數的發展中國家相比，這是中國經濟的特色。在計劃經濟中幾乎所有的企業皆為國企。因此，中國在一九八〇年至一九八四年完成農村經濟體制改革後，目標就放在國企的改革上。在此過程中，九〇年代提出並推動了「建立現代企業制度」「抓大放小」的國企改革。在上世紀又完成四大國有商業銀行的市場化改革。這些國企改革產生了所謂的國有企業為主的「國家冠軍」（National Champion），並不意外。因為，這多少也反映國企改革的效果。二〇〇八年出臺的刺激經濟計畫，又助長了國有資本的壯大。

中國的市場經濟改革仍是現在進行式，任何的所謂的「中國的國家資本主義模式」應該只是一個過渡。中共十八三中全會的《決定》已首度提出：公有制經濟與非公有制經濟都是國民經濟的基礎。大幅提高了民營企業的地位。

下一步中國大陸的經濟改革與發展前景

十八大再度確立「社會主義市場經濟」改革。李克強領導的新政府敲定了中國大陸經濟未來最大的發展動力，來自推動並深化實體經濟及金融的「市場化經濟改革」，以「改革紅利」提高生產力來彌補勞動力短缺及「後發優勢」的弱化。就是要約束並減少政府對市場的幹預，充分發揮以市場為主導的資源分配方式。社會能做的，政府不做以發展公民社會。要圍繞經濟社會發展需要，協調推進「新四化」：工業化和資訊化深度融合、新型城鎮化和農業現代化相輔相成。通過稅收、股權激勵等多種措施，促進做強研發、設計、行銷等服務環節，推動工業向中高端邁進；開發新一代資訊產品，發展電子商務，擴大資訊消費；順應以人為核心的心型城鎮化需要，增強交通、環保、養老等公共服務功能；提高農技農機等綜和服務水準，支撐現代農業發展。

中國人住在城裡大概是全中國人口的百分之五十二點多，實際是百分之三十五，因為有約兩點六億人農民工在城市沒有戶籍，無法公平的享受城市市民的公共服務待遇。從百分之三十五的城市人口走向百分之七〇的城市人口，還有一條很長的路要走。

北京市是城市化最快的地方，外地來的人口也最多，兩千三百萬市民中，有七百多萬人沒有戶籍。所以國家發展委正在發展推動「人的城鎮化」以替代「地的城鎮化」的新型城鎮化模式。這必將牽動一系列的相關配套改革：財稅體系、土地產權、城鎮戶籍制度、社會保障體系，金融體系。這將有助於當前居住在城鎮中約二億多的半城市居民的「市民化」，及未來十年間約二到三億將遷移到城鎮的農民工。這步改革、轉型的成功將大幅縮小收入差距、提昇居民消費。

民營企業的重要性日增

中國大陸清楚知道民營企業在國民經濟中應該扮演更重要的角色。因此，在二〇〇五年就頒布了「非公經濟三十六條」，以打破民營企業行業准入的壁壘，遏制國企的行業壟斷為目標。但是效果有限。在二〇一〇年又頒布「新三十六條」，於二〇一二年完成了實施細則。今年李克強領導的新政府再度強調了民營企業的行業准入，包括金融業，應該擴大放開。前陣子通過金融十條，讓民間企業能進入金融企業辦銀行這都還是現在進行式。上面已提到，民營企業的地位將大幅提高。這是大勢所趨，即使國企既得利益者仍可能形成改革的阻力。

戰後五十年很多發展中國家發展很快，但世界銀行的研究發現只有少數幾個國家能突破中等收入陷阱，亞洲四小龍跨過了，中國能否突破呢？以上分析指出中國大陸經濟成長速度下滑的壓力來源是融資及投資效率的下降，惟有通過深化市場經濟改革以優化資源配置的效率才能達到平衡的、可持續成長。在正是十八屆三中全會《中共中央關於全面深化改革若干重大問題的決定》的精髓。

十八屆三中全會《中共中央關於全面深化改革若干重大問題的決定》全面深化改革的總目標、路線圖、時間表

中共的十八大三中全會出臺下一步改革的頂層設計及路線圖。其重要性不亞於一九九二年十四大確定的「社會主義市場經濟」改革路線，並於次年舉行的三中全會出臺了改革的框架。一九九四年初開始推行外匯匯率並軌、分稅制、金融體制、國企改革等一系列的改革方案，為二〇〇〇年經濟的高速發展奠定了夯實的基礎。

《決定》兩萬字左右，涵蓋十六個領域、六〇個具體任務定位是全面深化改革。總目標：推進國家治理體系和治理能力現代化。路線圖：推進經濟體制、政治體制、文化體制、社會體制、生態文明體制「五位一體」的現代化制度建設。時間表：到二〇二〇年，在重要領域和關鍵環節改革上取得決定性成果。建立中央全面深化改革領導小組和國家安全委員會。

深化「五位一體」的現代化制度改革

經濟體制改革：是全面深化改革的重點，核心問題是處理好政府和市場的關係，使市場在資源配置中起決定性作用和更好發揮政府作用。

政治體制改革：加快推進社會主義民主政治制度化、規範化、程式化，依法治國，建設社會主義法治國

家。完善人權司法保障制度。廢止勞動教養制度。

文化體制改革：加快完善文化管理體制和文化生產經營機制，建立健全現代公共文化服務體系、現代文化市場體系。

社會體制改革：保障和改善民生、促進社會公平正義深化，改革收入分配制度，促進共同富裕，推進社會領域制度創新，推進基本公共服務均等化，加快形成科學有效的社會治理體制，確保社會既充滿活力又和諧有序。實施一方是獨生子女的夫婦可生育兩個孩子的政策。

生態文明體制改革：建設美麗中國，健全國土空間開發、資源節約利用、生態環境保護的體制機制，推動形成人與自然和諧發展現代化建設新格局。

經濟體制改革

市場在資源配置中起「決定性」作用。這本是市場經濟的基本特徵。當前經濟體制很多方面還不完善的核心問題是政府，是「市長」非「市場」，對資源配置的幹預過多，降低了資源配置的效率。這是政府「越位」。

更好發揮政府作用：清晰界定政府在宏觀調控、市場監管、公共服務、社會管理、保護環境這五項職能和作用，政府要做到不「缺位」，更要「到位」。

政治體制改革

但是經濟體制改革目標的實現，主要不在於經濟領域，主要在政府要能放權。政府職能轉變已經被歷史性地推到改革的前臺。

建立法制社會、法制中國：注重法律權威、加快完善司法制度改革、保證司法獨立、審查獨立。

政府權利應該是「正面列表」：法律不授權，政府無職權。公民權利是「負面列表」：除了法律明訂不可為之事，其它皆可為。

社會體制改革

特別強調社會公平正義，加大改革力度，關注民生、醫療、教育、社會保障等。

政府放權於社會：社會能辦好的事，政府不辦，以激發社會組織活力。正確處理政府和社會關係，加快實施政社分開，推進社會組織明確權責、依法自治、發揮作用。限期實現行業協會商會與行政機關真正脫鉤，重點培育和優先發展行業協會商會類、科技類、公益慈善類、城鄉社區服務類社會組織。這正是建設一個「公民社會」。

建設現代企業制度

首度同等對待國企、民企：公有制經濟和非公經濟都是重要組成部分，都是經濟發展的重要基礎。在保護產權、使用生產要素、參與市場競爭、法律保護、市場監管、依法監管等各方面，強調各種所有制經濟平等、公平、公正、統一。

深化國有企業和國有資產改革：發展國有資本控股的混合所有制經濟，也要鼓勵發展非公有制資本控股的混合所有制經濟。

國有企業改革

公平競爭：在競爭性行業打破讓國企壟斷，破除民企、外資准入障礙，促使國企改革。

分類管理：國企分三類：1.公用事業（水、電、交通等）；2.保障（電訊、石油、金融等）；3.競爭性。

簡政放權：投資除涉及國家安全外，一律由企業自行決定、產品價格由市場決定。

政企分離：建立職業經理人制度（兩權分離）。

支援有條件的國有企業改組為國有資本投資公司。

股權多元：國企實現股權／資本多元化，發展成混合所有制企業；民企、外資皆可參股。

國有資本收益上繳公共財政比例預期到二〇二〇年提高到三〇％。

金融體制改革

擴大金融業對內對外開放（建立中國上海自由貿易試驗區），允許具備條件的民間資本依法發起設立中小型銀行等金融機構。健全多層次資本市場體系，推進股票發行註冊制改革，多管道推動股權融資，發展並規範債券市場，提高直接融資比重。發展普惠金融。

完善人民幣匯率市場化形成機制，加快推進利率市場化。推動資本市場雙向開放，加快實現人民幣資本項目可兌換。

界定中央和地方金融監管職責和風險處置責任。建立存款保險制度，完善金融機構市場化退出機制。

價格體制改革

完善主要由市場決定價格的機制。凡是能由市場形成價格的都交給市場，政府不進行不當干預。推進水、石油、天然氣、電力、交通、電信等領域價格改革，放開競爭性環節價格。政府定價範圍主要限定在重要公用事業、公益性服務、網路型自然壟斷環節，提高透明度，接受社會監督。

建立城鄉統一的建設用地市場。在符合規劃和用途管制前提下，允許農村集體經營性建設用地出讓、租賃、入股，實行與國有土地同等入市、同權同價。縮小徵地範圍，規範徵地程式，完善對被徵地農民合理、規範、多元保障機制。擴大國有土地有償使用範圍，減少非公益性用地劃撥。建立兼顧國家、集體、個人的土地增值收益分配機制，合理提高個人收益。完善土地租賃、轉讓、抵押二級市場。

實質GDP年平均成長率, %

	美國	大陸/臺灣20年前
2000-12	1.5%	8.8%
2000-10	1.6%	10.5%/ 9.8%
2010-20	2.4%	7.4%/7.0%
2010-15	2.3%	7.9%
2015-20	2.5%	7.0%
2020-30	2.5%	6.3%/5.0%
2020-25	2.5%	6.5%
2025-30	2.5%	6.0%

中美未來潛在經濟成長率的假設：中國呈階梯式下降，美國在2%－3%之間。

總結與展望

「五位一體」的現代化制度建設是實現中國經濟復興的制度保障

現代經濟學的創始鼻祖亞當斯密（Adam Smith）認為中國王朝下經濟的長期停滯是源於中國的法制及制度上的欠缺，包括其官僚體制。他提出的建議是：多些貿易、多些小商戶的鼓勵、少些官僚及權貴資本。哈佛大學著名的歷史學家福根深（Niall Ferguson）教授認為西方發達國家在十六世紀以後能統領世界所依賴的是一套完善的四個制度：市場經濟、法制、民主、公民社會。其當前的經濟雖退的主要原因正是這四個制度的運行出了題。而中國大陸經濟過去三〇年能快速的減少與西方發達國家的差距的原因是走上了市場經濟制度建設的道路。

推進改革使大陸成為世界第一大經濟體

十二五規畫中有一個目標，如果中國大陸在二〇二〇年人均收入比二〇一〇年翻一番的計畫目標能夠實現，二〇二〇年中國國內生產總值約為美國的百分之七十五。如果中國大陸能一舉超越「中等收入陷阱」，則可能在二〇二五到二〇三〇年間超越美國成為全球第一大經濟體，恢復了中國三百年前在世界經濟中的龍頭地位。

大陸經濟發展是臺灣的挑戰、更是機會

台灣與大陸同文化，經濟發展走在大陸前，領先約二十幾年。台灣靠國際貿易，中國有很大的國內市場。台灣經濟的市場化及在市場化下的發展經驗，適合大陸借鏡，這是寶貴資產。一九八〇年代俞國華前院長為臺灣經濟發展提出的「自由化、國際化、制度化」路徑，尤其是「制度化」，不正是十八屆三中全會《決定》提出的改革方向？台灣能掌握機會前提是：汲取大陸以積極的以開放促改革、謀發展的成功經驗；台灣當前的經濟風險在經濟開放的步伐太慢。因之，改革的力度就不夠，發展就乏力。舉例來說，政府推動的自由經濟化政策可以是全方位的人、物、金三流自由經濟化政策。大陸國務院剛通過中國（上海）自由貿易試驗區總體方案「以打造大陸經濟」升級版。臺灣不若幅員廣大的大陸，何須在地理分割為示範區進行？當年的「台灣經濟奇蹟」也是緣於開放，敢以世界經濟為大舞臺，台灣其實也是自己跟自己學，只是忘記了，不開放就不需要改革就沒有發展！

要以開放及積極的態度，穩中求進的推動兩岸關係以共創和平紅利；不必看衰、責怪大陸，一切反求諸己，圖謀自身的精進；大陸經濟處於中度發展階段；有活力，但是市場經濟的典章制度仍不完備，仍在建設

中，投資環境不盡理想是正常現象。

另外，不盲目的以西方，尤其是美國的標準／尺度來衡量大陸及新興市場經濟體的發展。例如，世界銀行的《國家商業環境報告》中，中國大陸的排名墊後。但是，為何大陸吸引外資總量與排名列前的美國旗鼓相當？瑞士洛桑經濟管理學院台灣國家競爭力排名前茅，為何台灣是「悶」經濟？為何排名愈高，經濟反愈「悶」？問題在用同一把尺來衡量不同發展階段的經濟體，忽略了處於不同發展階段的經濟體有各自的特色，每一個發展階段有其獨特的挑戰及機遇，並不可比。

發展中的經濟體較發達經濟體風險大，但是，發展的餘地也大。這裡看似簡單的理由是：機會的考慮在先，風險的考慮在後。因為，有了機會，才需要考慮如何控制風險。機會與風險的關係，不僅是並存，還有先後。中國投資風險評比差又怎樣，但是有機會。不然，大陸怎麼會是僅次於美國的全球的第二大吸引外資的地方？

薩默斯：我們時代的核心議題是中國

《華爾街日報》（*The Wall Street Journa*）的阿倫．默里（Alan Murray）對薩默斯（Lawrence Summers，前美國國家經濟委員會（NEC）主任、哈佛大學校長、財政部長）的訪問中，薩默斯提到：

我想，五十或一百年後人們寫我們時代的歷史時，不太可能主要談及二〇〇八年的經濟衰退，也不太可能是有關美國在二十一世紀第二個十年面臨的財政問題。而是世界如何適應歷史舞臺向中國轉移的變化。在美國歷史最快增長的時候，我們的生活水準大約每三十年翻番，而三十年來中國人生活水準的增長速度是，每十年或不到十年翻一番。這一增長速度是人類前所未有的。儘管我認為這不可能發生，但如果未來四十年中國經濟每年以百分之十的速度增長，四十年後它將占全球GDP的百分之四十。

他們如何利用這一潛力，全球體系如何應對它所面臨的機會和挑戰，將是七十五年後書寫的歷史。對歷史長河的觀察顯示，快速轉變的全球體系之中快速轉變的經濟體所創造的歷史並不總是讓人愉快的；我們的智慧，他們的智慧，以及我們打交道的方式將最為重要。最終有一件事至關重要，這就是世界如何看待美國的榜樣力量。美國榜樣的力量和美國經濟的力量最終將構成挑戰。坦白地說，這是在這個世界上美國與中國的關係以及美國的榜樣是什麼，比媒體與美國政府的關係，甚至民主黨與共和黨關係更為重要的原因。這是未來美國面臨的主要挑戰。

臺灣的核心議題不也包括中國？

薩默斯所說的「我們時代的核心議題是中國」中的「我們」是否包括了台灣？如果答案是肯定的，他說的「全球體系如何應對它所面臨的機會和挑戰，將是七十五年後書寫的歷史」；「我們的智慧，他們的智慧，以及我們打交道的方式將最為重要。這是未來美國面臨的主要挑戰。」不也同樣適用於台灣？我寧願看到機會，有挑戰就有機會，以此與大家共勉。

主講人簡介

華而誠

美國康乃爾大學經濟學博士

現任：世新大學經濟學系客座教授、中國工商銀行首席經濟學家

曾任：世界銀行東亞太平洋地區首席經濟學家、國際貨幣基金會(IMF)經濟學家、世界銀行中國代表處首席經濟學家、全球策略投資管理公司總裁、經濟部工業局經濟顧問、中國建設銀行首席經濟學家

II 財稅金融與國民年金

- ◆ 稅收是財政永續，公平是社會正義，效率是經濟發展
- ◆ 個人所得稅、公司所得稅與遺產贈與稅改革
- ◆ 人口老化所衍生的社會保險世代公平正義問題
- ◆ 國民年金、勞保與健保、財政紀律與國債管理
- ◆ 金融改革、資本市場與全球金融萬象
- ◆ 全球化產生的效應與全球經濟思維

主題二　規劃紀實

導師　何志欽

財政的健全有三個重要的指標，分別是永續、公平、效率。永續，就是財政的收入要穩定，用最有效率的方法達到目的，並且照顧到公平，在這個思維之下，財政基本上是左手、右手的觀念，有收入然後有支出。

這個過程中，怎麼樣掌握效率和公平，使得發展能夠永續，希望從三個面向、三個關鍵來做說明。

最重要的部分就是收入，收入方式有稅收、舉債、特別捐，其他的各種收益者的規費，其中最關鍵的還是租稅，它有穩定作用。在租稅改革中，我們如何兼顧到永續、公平和效率，希望透過租稅的關鍵性改革，包含個人所得稅、公司所得稅、遺產和贈與稅的改革，這個都是直接稅、移轉稅，當然還有其他的消費稅、貨物稅等等稅賦。

二〇〇一年諾貝爾獎得主約瑟夫史迪格里茲（Joseph Stiglitz），在《不均等的代價》一書中（*The Price of Inequality*）：痛陳租稅改革失敗的過程，造成社會上所得差距的增加，貧富懸殊的擴大，對每個人都有傷害性。均等的所得分配是一個公共財，是一個很好的外部行為，當無法實現之時，整個社會都會受到傷害，所以在改革過程中，最重要的是希望能夠針對租稅的改革，做出重要說明。

第二個就是年金改革，年金改革是支出中最重要的，最新公布的國家負債有十五點六兆屬於軍公教勞之保險的隱藏性債務，所以年金改革屬於社會保險，軍公教這三種職業都屬於公部門的，其退休制度在公教的退撫制度有所規範；勞就是勞保、勞退制度的規範。

一個人的職業不是在公家單位就是在私人單元，所以軍、公、教、勞這四種保險已經涵蓋所有職業的人之退休，如果沒有職業的人，就是國民年金。

所以整個國家的退休制度就在年金裡面，這是屬於社會保險的部分，最大的意義就是當你所得變動，計劃性（規劃退休）或非計劃性（突然失業或者意外失能）的時候，所得一定會減少，所產生的問題，必須由社會保險制度來提供保障。這跟社會救濟不同，社會救濟是指經常處於貧窮的狀態。未來因為邁入高齡化社會，支出的最大部分就是社會保險，這是將來無法避免的一個原則。

德國的兩位教授貝克（Hanno Beck）和普林茲（Aloys Prinz）所著《為什麼國家會破產》（*Abgebrannt*），某種程度影射歐盟經驗，發現國民年金的退休制度之支出跟財政健全的程度，以及國債負債程度有非常密切的聯繫，他舉了好幾個國家，希臘、愛爾蘭等。

胡勝正老師是社會保險年金的權威，詹火生老師曾擔任勞委會主委、政務委員，不論是勞保、勞退、公教退撫，在理論和實務上都非常瞭解，本次重心放在社會保險和年金改革，這等於財政的左手和右手，左手進帳、右手要支出，左手進帳以後，最重要的是所得稅，具有社會意義的遺產跟贈與稅；支出的部分是結構性的，需經過長時間才會改革。

第三個部分是金融改革，請到邱正雄老師和許嘉棟老師，兩位都是中央銀行的副總裁，都當過財政部長，邱老師還擔任過行政院的副院長，現在是永豐銀行的董事長，許老師是中央研究院經濟所所長，目前擔任臺灣金融研訓院董事長，負責金融人才的培訓。

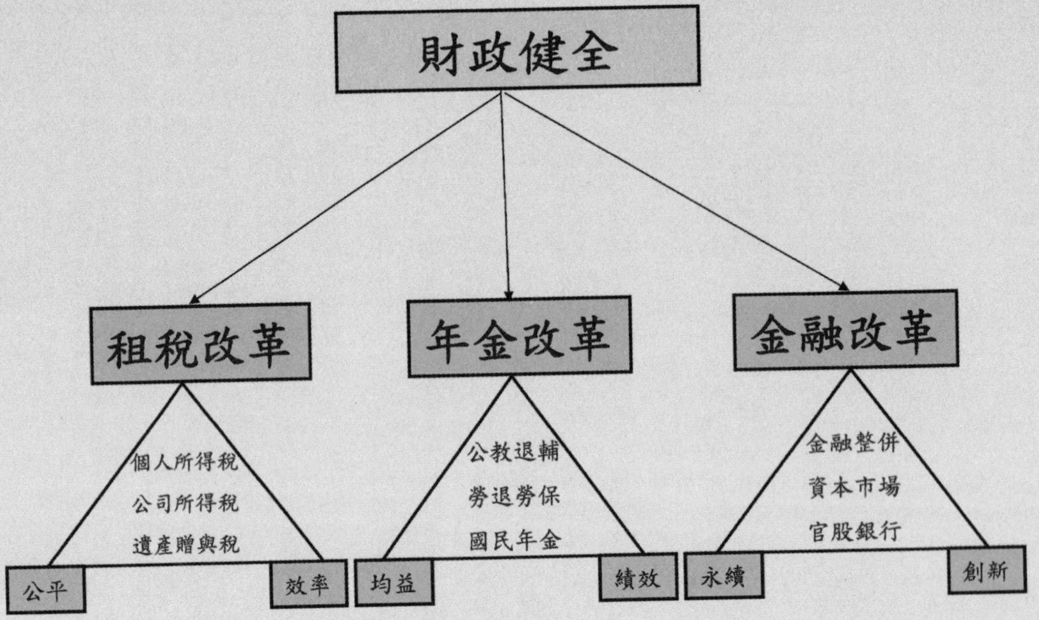

金管會自二〇〇四年七月一號從財政部分開出來，在林全部長的任內，及兩位老師擔任部長的時候，金管會只屬於財政部的一部分，所以這個部分跟前面左手、右手都有關，我們如何活化國家資產、怎麼樣穩定資本市場，或者如何因應國際，尤其全球化之後的國際金融亂象，像二〇〇八年的金融海嘯、二〇一〇年的歐債風暴，二〇一二年的美國財政懸崖，或者最近日本首相安倍的三支箭，除了美國、日本、歐盟以外，它影響到全世界，所以請到這兩位老師就這個問題，給同學們指導分析和討論解決之道。

這裡面也引了一本書，就是知名專欄作家路易士（Michael Lewis）的《自食惡果》（*Boomerang: Travels in the New Third World*）。這本書講到歐債風暴，以及第三國世界，例如愛爾蘭、冰島、德國、希臘等等，他們發生國家債務的風暴，牽涉到財政、金融，尤其財政和金融的交互關係，由這兩位老師引導討論。

這是我在這個課程規劃上的一個願景。

租稅是國家穩定的發展基石，
如何兼顧永續、公平和效率，
是租稅改革的重點。
成長不會持續，無法藏富於民。
——何志欽

第9堂課

稅收是財政永續，公平是社會正義，效率是經濟發展

——何志欽

財政的健全有三個重要指標，分別是永續、公平、效率。三者必須視為等邊三角形的三個關鍵平衡點，盡可能用靜態平和以及動態調和的方式讓這個三角形維持在均等的狀態。永續，就是財政收入穩定，用最有效率的方法達到照顧弱勢，維持社會公平的目的。在這樣的思維下，財政基本上是左手、右手的觀念，先有收入，再予支出。在收支的過程中，如何掌握效率和公平，使國家發展能夠永續，可以從三個面向來說明。

租稅改革：兼顧永續、公平和效率

國家財政收入來源計有稅收、舉債、特別捐，以及其他各種收益者的規費，其中最關鍵的還是租稅，因為它具有穩定作用。因此，如何兼顧永續、公平和效率，是租稅改革的重點。我們希望透過租稅進行幾項關鍵性的改革，其中包含個人所得稅、公司所得稅、遺產贈與稅等屬於直接稅或移轉稅的

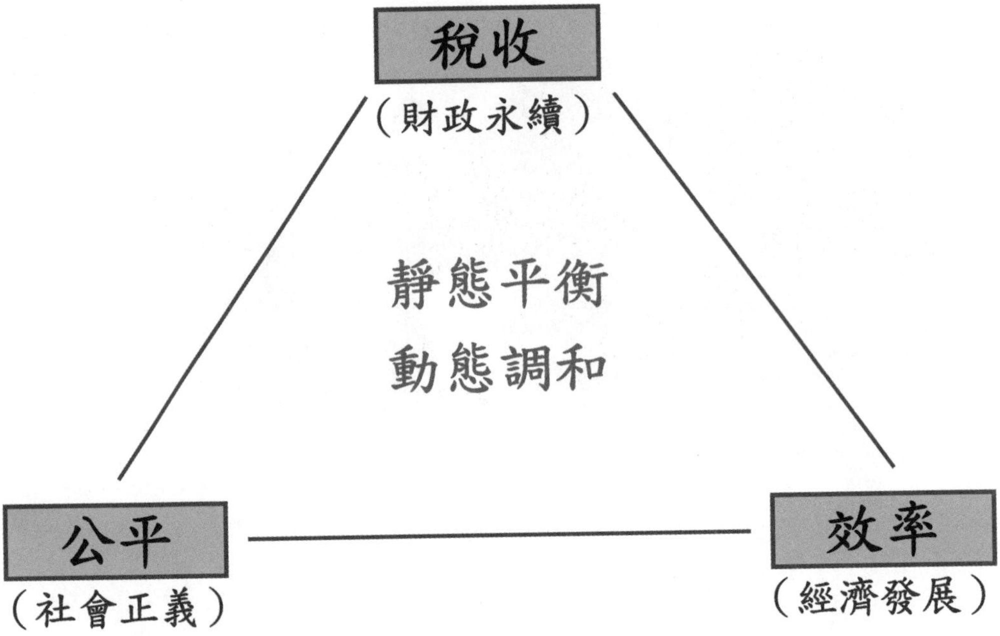

項目，當然還包括如消費稅、貨物稅等稅賦。

二○○一年諾貝爾經濟學獎得主約瑟夫．史迪格里茲（Joseph Stiglitz）在其著作中提到：痛陳租稅改革失敗的過程，將造成社會上所得差距的增加，貧富懸殊的擴大，對每個人都有傷害性，均等的所得分配是一項公共財，是一個很好的外部行為，當無法實現時，整個社會都會受到傷害，所以在改革過程中，最重要的是能夠針對租稅的改革做出關鍵決策。

年金改革：高齡化社會的必然趨勢

盱衡今日情勢，國家財政日益拮据，稅收增加不易之際，政府支出又有增無減，加上整個國家的退休制度都在年金計畫內，因此年金是社會保險支出項目中最重要的一項。台灣已邁入高齡化社會，社會保險支出將是無法避免的趨勢，因此，我們須全面檢討年金問題，從資產活化到研修稅制各方面來健全國家財政，實踐世代正義。

整個國家的退休制度都在年金裡面，這也是社會保險的範疇。社會保險最的貢獻就是當所得變動，好比計畫性（計畫退休）或非計畫性（突然失業或者意外失能）造成所得減少時，該制度可以用來提供人民基本的保障。這與社會救濟最大的差別在於，社會救濟是提供貧窮狀態族群的保障。未來，台灣因人口老化遽增，沉重的社會保險支出將成為政府財政無可避免的重軛。

兩位德國教授所著的《國家為什麼會破產》，其內容某種程度影射歐盟經驗，書中也列舉幾個國家，如希臘、愛爾蘭來說明，並同時發現，國民年金的退休制度之支出與財政健全程度及國債負債程度有非常密切的關連。

金融改革：歐債風暴的前車之鑑

第三個部分是金融改革。金管會自二〇〇四年七月一日從財政部區分出來，其業務跟前面提到的左手、右手都有關，我們如何活化國家資產、怎麼樣穩定資本市場，或者如何因應全球化之後的國際金融亂象，像二〇〇八年的金融海嘯、二〇一〇年的歐債風暴、二〇一一年的美國財政懸崖，或者最近安倍晉三的三支箭，不只美國、日本和歐盟，金融變化的影響會擴及全世界。

知名專欄作家麥克．路易士（Michael Lewis）的著作《自食惡果》講到歐債風暴，以及第三國世界，例如愛爾蘭、冰島、德國、希臘等等，他們發生國家債務的風暴，牽涉到財政、金融，尤其財政和金融的交互關係，可作為我國金融改革的參考。

「藏富於民」還是「藏於富民」？

首先，我們就租稅單元的第一部分進行說明。遺產贈與稅、個人所得稅，這兩個是以「人」為主的稅收。裡面有一個關鍵想法，改革時如何「藏富於民」？也就是要把握公平和效率。但是把握公平和效率，可能會淪於只有效率沒有公平，變成藏於富民。我們希望達到均富，必須先把餅做大，在可能的範圍內均分，而這又必須靠建置合理的個人所得稅稽徵作為起點，再透過移轉稅，也就是贈與稅和遺產稅，來作為輔助工具。

我對財政稅改的思維是：「稅收是財政永續，公平是社會正義，效率是經濟發展」。這三個部分不但在靜態上得要求平衡，在動態上也要調和。為什麼永續如此重要？收稅的目的是為了讓國家有能量從事重大建設，而這個能量必須穩定。以九年國教或十二年國教為例，不能說今天有錢就辦九年，沒有錢就辦八年，或者有錢就免費，沒錢就排富，這是沒有經過完整思考的粗糙決策。

一九六八年，台灣進行第一次財政改革，特別延請劉大中院士返台主持行政院稅改委員會，重新建置個人所得稅制，並加強租稅遵從，藉由所得稅收達成開辦九年國民教育的政策目標。在此架構之下，**唯有充沛的財源才能讓制度永續**，而制度永續就必須具備公平和效率；效率是把餅做大，公平是把它切得均勻，透過民主政治的過程切割，相似於等邊三角形，如果全部偏向公平，就是極端的社會主義；如果全部偏向效率，就是極端的資本主義。

用公平制衡效率，以效率延續公平

這裡有一個重點就是「抵換」（trade off）。有捨才有得，一邊多、一邊就少，必須做取捨，這個取捨便透過政治體制和社會民主來決定，一是用公平來制衡效率，一是用效率來延續公平。

我在二〇〇三年回國後，協助當時的財政部林全部長，最低稅賦的基本做法就是以公平制衡效率，在經濟發展前期，需要把餅做大、鼓勵投資、對所有經濟發展有貢獻的人提供誘因。到達一個程度之後，提供優惠的階段性任務需要檢討，不然就會變成極端藏於富民的社會。

當所得稅制沒辦法一步到位時，有兩個選擇，一是什麼都不做，一是先找出一致方向，局部、漸進、過渡性地，等到時機成熟後，再擴充、定位、落實，這就是最低稅賦的想法，不論公司所得稅或個人所得稅皆是如此。

當時遺產贈與稅的最高邊際稅率是百分之五十，我覺得太高，第一代的遺產稅改革是由法律學家主導，注重公平、勻稱，傾向把遺產稅提高，那麼百分之八十不是更高嗎？全部取之於社會，就還之於社會；身為經濟學家，我的看法是，遺產稅必須在公平和效率上做取捨。

過去有遺產實力的人，一定是個員外，有很大的莊園、土地、奴僕；現在則不然，只要一個隨身碟，所有的帳戶都可透過國際金融市場，跨過國界避稅。因此當時的遺產稅好徵收，現在則非常難徵收。

現在要注重遺產稅徵收的效率，太高的遺產稅是收不到的，我建議應該把遺產稅率下調，用效率來延續公平，避免過度強調公平會導致誘因喪失。如果課徵百分之九十的遺產稅，八十五歲以上的有錢婦人寧願在國道一號上撒錢，也不願意繳交遺產稅，因此造成奇怪的消費性格，這是極端例子。**太注重公平就沒有效率**，會出現很多規避稅收的方式。

在所得稅和財富稅之間，有一個動態均衡，就是針對財富高的人，透過遺產與贈與來課徵財富稅。

美國和台灣所謂的有錢人是不一樣的，美國認為有錢人是高所得的人，台灣是指高財富的人，沒有什麼所得，但是有好多土地、房子、財富。所以在制定這個動態均衡時，必須把所得稅和財富稅連在一起，換句話說，個人所得稅和遺產贈與稅，其實是所得稅和財富稅之間的動態均衡，所以改革遺產稅的時候，**要以效率來制衡公平的僵化；**在建立最低稅賦的時候，必須以公平矯正有可能的腐爛。

建立良好的資本利得稅制度

我個人在美國二十六年，四年服務於地方政府、十六年在美國中央政府，十六年之中歷經四位美國總統，分別是雷根、老布希、柯林頓、小布希總統。老布希總統在位時，我有六個月時間借調白宮，去做老布希總統的奢侈稅，對消費行為課稅，跟我們的消費稅目的不同，台灣的奢侈稅針對房地產，美國奢侈稅針對動產，例如帆船、珠寶，當時波斯灣戰爭開打，那是一個很失敗的稅改，因為是以富人的消費行為為依據。

改善貧富差距有三種方式，一是直接針對所得來處理；一是對所得的移轉來處理，如遺產贈與稅；三是對所得消費的行為：儲蓄與消費。儲蓄也包括贈與，贈與來不及就變成遺產，所以錢的來源只有兩種：自己賺的跟別人給的，國家給的是津貼；社會、慈濟、公司給的，是社會捐獻；愛你的人給的是贈與；而自己賺的，就屬賺取收入。

在這幾個總統裡，柯林頓總統推動資本利得稅，可說是美國最有功的總統，他下台後聲望還是極高，因為他在主政八年裡，把財政赤字變成財政盈餘。一九九〇年，日本非常有野心，與美國同在置高點上，包括以Toyota代替General Motors。但是九〇年到九四年歷經蕭條，九五年以後，美國生產力增加，Window 95、Internet起來，比爾・蓋茲（Bill Gates）對於提升生產力改革，是美國和日本差距拉大的重大因素。

如何將賺取的錢透過資本市場的IPO（首次公開發售）、資本利得稅，供全民分享，這就是資本利得的概念。

葛林史班（Alan Greenspan）在九六年提出「非理性繁榮」這個詞來說明產品市場，大量生產改善了競爭力，增加美國實質部門的成長，身為一個資本主義國家，怎麼讓這個成長可以透過資本市場分給全民，政府必須有良好的資本利得稅制度，不然的話，就是藏於富民，無法藏富於民。

無法藏富於民，成長不會持續，因為大部分的人沒有從資本市場得到經濟成長的落實，這樣的分配貢獻是不被認可的。

當時我借調白宮兩年，看他們做資本利得稅，將中間偏左的資本利得稅，累進稅率改為分離稅率。當然經驗不能照抄，但對於我們國內的發展有啟示作用，台灣經濟有兩塊：物流和產品市場。華拉斯（L. Walras）所說的四個市場，在物流方面是兩個市場：產品市場及要素市場。

所謂的勞動市場，就是造成產業的發展、貿易的流量，貨暢其流的概念；另外一個是金流，就是貨幣市場和債券市場，分別屬於私部門的財務跟公部門的財務，必須經由產品市場，透過生產力來增加。

所謂的資本市場就是透過資本市場的安排，藉由金融體系來運作。這中間，國家怎麼分配，就要靠資本利得稅，這才是關鍵。

為了達到永續、公平、效率，基本策略希望以三部分著手：一是個人綜合所得稅，建立一個大家都有利、可接受的資本利得稅。還有遺產跟贈與稅，最後是遵從。一個好的遵從是報稅，屬於租稅公平，如何在可能範圍增加所得稅的稽徵績效才是重點。

當時想法是利用最低稅負的方式，從事資本利得稅的過渡性處理，理論上，使用最低稅負加上具體方式，

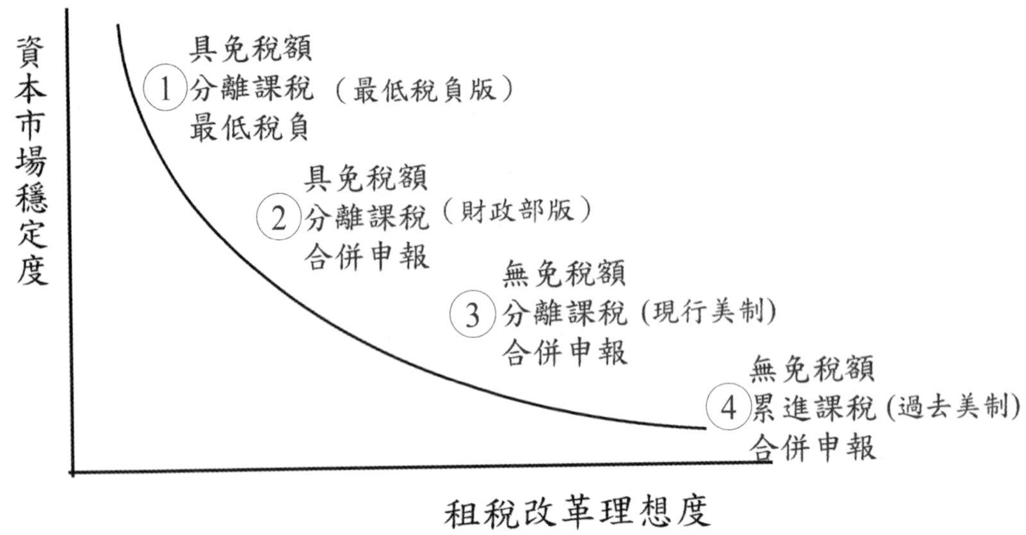

最低稅負架構下的證所稅制：資本市場穩定度 vs. 租稅改革理想度

就是林全部長時期確立的最低稅負，也實施一定基數；做個人贈所稅改革的時候，我建議把上市櫃公司的股票之交易所得，當作第六項。

其中前五項的第四項，在二〇一三年六月二十七日《中國時報》頭版：「五位留美財政部長（包括我在內），不食人間煙火」所指的就是第四項，員工分紅配股超過面額十塊的時候，拿到的時候是六百塊，所以有五百九十塊要課稅，是屬於最低稅負。真正超過最低稅負的交易是六百萬，譬如六百萬是透過員工分紅得到，超過六百萬以上才開始課最低稅負，擁有公司的股票賺超過六百萬以上才進行課稅，而且是分離課稅，因為稅率是百分之二十，並非累進稅率，不包含其他所得稅，這是我提出的涵蓋方式。

重要的是涵蓋層面只有六百萬以上，它是一個階級稅，而非大眾課稅，百分之九十八、九十九的散戶不會被課徵，要賺到六百萬以上才會被課稅。真正要課到因證交所得而產生的稅金，必須經過交易，所有交易成本的稅額從所需課徵的證所稅之中刪除，沒有被課到證所稅，就繳

最低稅負架構下的證所稅制
稽徵實務－設定有效查核系統，落實稽徵績效

資本利得租稅在稽徵實務上，最大挑戰是要防止高額利得獲取者，藉由市場假戶分散利得、逃避稅負

國稅系統應就此一策略，運用目前最低稅負的課徵平台，結合現代科技，重新設計資本利得課徵的遵從系統

用最低稅負版的證所稅符合「量能課稅」的政策方向，及「捉大放小」的稽徵策略。即先從最高所得者的市場大戶下手，而不影響中產階級的市場散戶

個人綜所稅制－落實資本利得稅機制

交證交稅；若課到證交稅，就把繳交的證交稅退還給你，這是一種實質上的兩稅分離。

可以針對長期投資，因為稅率百分之二十不動，如果長期賺了一千萬，我就算五百萬，五百萬的百分之二十和一千萬百分之四十是一樣的，所以可以得到的資本利得是十年、五年以上的投資，打個對折用這種方式進行調整。

實施初期，既要穩定資本市場，又要符合某種程度租稅改革的理想，我建議這四個版本中的第一個，改革理想度最低，要六百萬以上才課稅，但對資本市場的穩定性最高，因為具免稅額六百萬、分離課稅百分之二十、不必合併申報，就是申報時非贈所稅，只有在最低稅負特別申報才有，這個版本跟財政部當時的第一版差異在此。它的好處是散戶不必擔憂，在最低稅負制上不必跟著記帳。

第三是美國的制度，跟第二個版本差在沒有免稅額，但是美國免繳證交稅。美國沒有改制以前，它是最嚴重的一種，不但沒有免稅額、合併申報，而且是累進課稅，跟個人所得稅一起。分離課稅與其他收入做累進，這個收入是另外專門，譬如說課徵百分之二十。

最低稅負之下的證所稅改制，是資本市場穩定度最高的。我希望藉最低稅負的精神作為一個起步，進而建置一個有意義的證所稅。

遺產稅的改革：世代聯結與世代分配均等的考驗

至於遺產稅的改革，在我回國時就希望把遺產稅的稅率作結構性的改革。我曾幫小布希總統做美國遺產稅改革，進國會聽證，當時二〇一〇年最有錢的還是比爾．蓋茲，他父親講了一句話：「We should give our children enough to do anything, but not enough to do nothing」（可以給他充分的資源，去成就他們任何的夢想；但是不能給他太多，而阻礙了他們創造的動能）。換句話說，如果我們給他充足的幫忙，這些子女可以成為偉大的科學家或藝術家，或任何一種夢想的實踐者，但是如果給他們太多，就會失去奮鬥的誘因，而辜負了原有的天分。

史丹佛大學有個不成文規定，他們保留二十四分之一的入學許可，給三代都沒有念過大學的人。因為過去三代都沒有唸過大學大多來自寒門，而社會中某些問題是需要仰賴有清貧生活經驗的人才能解決。在這個意義下，史丹佛大學這樣的不成文規定，也給這些世代相傳的清貧階級一個希望，改善寒門的困境，進而能夠創造自己的一片天，讓社會階級充分移動。從另一個角度來看，這些清貧階級所產生的成就，會對社會帶來非常深刻的正面啟示（Inspiration），而這也就是經濟學所謂的正面外部效果（Positive Externality）。

遺產稅的社會意義非常重要，而遺產稅率在二〇〇九年由百分之五十降到百分之十，已無法做累進稅率的處理。同時稅率具有僵性，降到百分之十以後就升不回來了，但是資本市場是自由進出，造成兩者之間嚴重的不對稱性。

把整個遺產和贈與稅做調整，變成如同美國的終生財富移轉，贈與跟遺產，一個生前、一個身後。在做最低稅負或者設計所謂資本利得稅的適宜稅率時，當時想法是把百分之五十的遺產稅降到百分之二十。

統計學研究，一個人賺錢最多的年紀是五十五歲，大致情形不變下，有百分之九十三的機會，五十五歲是高所得者，到八十五歲時一定是高財富的人，中間只有百分之七是例外。基本上，**高所得就課徵資本利得稅，但是在高財富時歸還，這兩個是我所設計的一個世代聯結**，因為我們無法設計一個人對一個人的稅制。

我在美國長年做地方財政，借調白宮時，就在財政部管理租稅的遵從。把美國跟台灣做對應呈現：就是一百塊錢的個人所得稅，美國收到八十塊，還有二十塊是非課稅的錢，是收不到的，收不到的原因包括以下三種：一是地下經濟，沒有報年所得；一是免除，雖然有所得但不課稅；一是有報，但報得不夠，賺一百報五十，或者把費用提高，實際上沒有繳稅。

台灣剛好是美國不好情形的兩倍，有四十五塊都收不到，四十五塊有十二塊我們自己把它免除了，像證券交易所得的資本利得、土地交易所得的資本利得，都沒辦法收到。剩下沒有收到的百分之三十三，裡面有百分之十八是地下經濟，國內文化允許地下經濟，如五分埔、網路交易等；還有百分之十五是中小企業的逃稅，將所有的支出都報費用，吃喝玩樂全在公司費用裡，因此收不到稅。

其中有的是稅制問題，例如免稅所得，除非改變稅制，才可以拿回來，如果改變成遵從，建立一個智慧型查稅系統，可以讓地下經濟某種程度現形，才能達到某種程度的改善。

中央與地方的財政困境

地方財政現在有兩個問題，首先是收入匱乏，就是自有財源不夠，無法獨立自主收稅，而不靠中央或計畫型補助。其次是支出浮濫，這也是最大的問題，因為人事僵化，結構性支出太多，無法排出優先順序，好好編列預算，常淪為只是把去年預算乘上一．二或乘上一．五，這就是所謂的軟性預算（soft budget），也就是準備砍預算，你打八折，我就乘以一．二；你打對折，我就乘以二。然而，預算編列應該是建構在以地方利益為基礎，若不是以地方利益為基礎，只是編列預算待刪減，次序就會大亂，財政紀律也因此將蕩然無存。

在這個意義下，中央政府應該要檢討為什麼分給地方政府的稅金不夠？為什麼還要把幾乎收不到的土增稅或遺產稅率拚命降低？倘若中央政府自己都沒有收成，又拿什麼分給地方。同樣地，地方政府也要檢討，自己不願意開闢稅源，收實質稅，而寧願向中央開口的問題所在，若地方政府有開源能力，才能進一步審慎規劃支出。

主講人簡介

何志欽

美國密西根大學經濟學博士

現任：成功大學執行副校長

曾任：成功大學社會科學院經濟學系暨研究所教授暨院長、台灣大學經濟學系暨研究所教授、財政部部長、美國聯邦財政部國稅總局首席經濟學家及資深經濟學家、美國聯邦司法部量刑總署資深經濟學家、美國奧克拉荷馬州政府財政廳首席經濟學家及資深經濟學家

課稅不能光有理想，
它不僅是一個政策問題，
執行也是關鍵。
——楊建成

第10堂課

個人所得稅、公司所得稅與遺產贈與稅改

——楊建成

高低所得差距變大，已是全世界的共同現象，跟全球化有關，移動力、能力比較強的人就能賺到比較高的所得；另外也跟科技進步有關，是否善用工具，譬如iPad、電腦等，也會造成差距。但是跟稅制有沒有關係呢？

全球化下高低所得差異大　富人課稅的確不易

台灣的證券交易所得稅，看起來好像多方皆輸，政府輸、民眾也輸，特別像台灣這樣的一個小型經濟，課稅不能光有理想，它不僅是一個政策問題，執行也是關鍵，要怎麼做？

換句話說，富人應該課徵重稅，但是向這些人課稅並不容易。

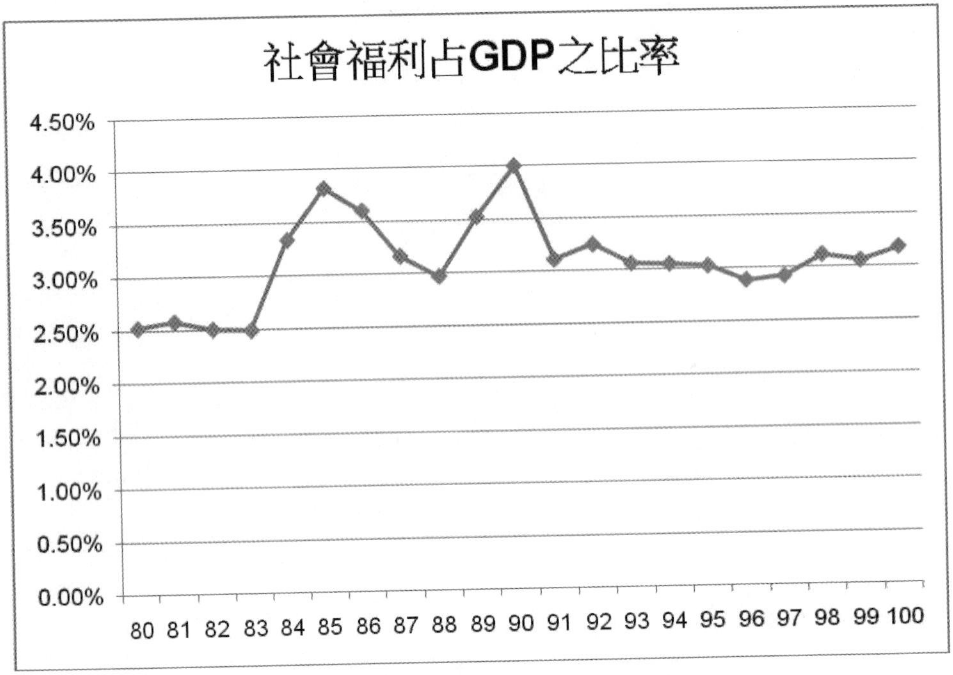

（資料來源：中華民國統計年鑑、財政部網站）

稅收有社福問題、財政赤字、報稅資料誤差

今天就來談這三個面向。

第一是社福問題。台灣社會福利支出占GDP的比重，大概在一九九四年李登輝總統執政時大幅上升。整體而言，台灣的公債比偏低，從一九八七年解嚴之後，出現一次大幅上升，跟一九九九年發生大地震有關；二〇〇七、〇八年的上升，則是跟金融風暴有關，比較大的問題是上升速率過快。

第二是赤字占GDP的比重，赤字說明每年歲收不夠支出。同樣地，一九九九年下降跟地震有關；二〇〇七、〇八年這一段的下降也跟金融風暴有關，整體而言，只有在一九九八年有盈餘，其他都是赤字。

跟其他國家比較，台灣赤字占GDP比重事實上不高，大概百分之十三到百分之十四，美國大概二十幾，法國更高，將近百分之五十，即使是新加坡都比台灣高。

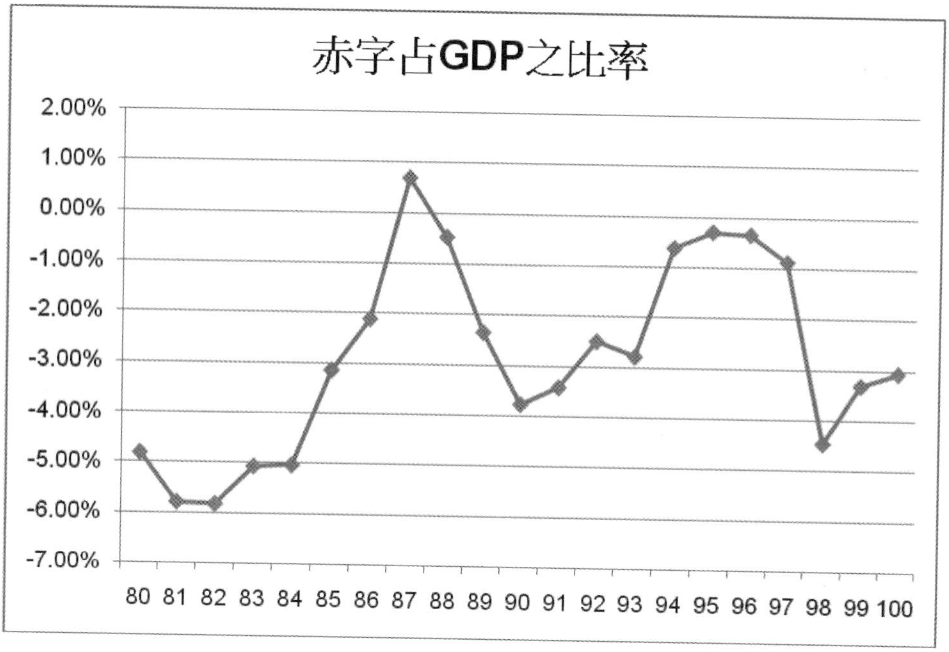

（資料來源：中華民國統計年鑑、財政部網站）

台灣比較大的問題，在於政府債務占GDP比重的上升速度太快。政府的稅收來源當中，公營事業收入約占百分之十幾，這是在規費大概占百分之六的狀況。其中，中央銀行大約占了百分之十~十二，換句話說，台灣最賺錢的國營事業就是中央銀行，這是很特殊的現象。

台灣稅賦較英美低，長期以國營事業貼補。人民的負擔看GNP、GDP的比例，台灣大概十二點多，美國大概十七點多，英國大概百分之二十，跟其他國家相較之下，台灣的稅賦算是很低的。民眾對政府的要求很高，但是需要納的稅並不高。

兩者之間有因果關係，如果政府效率不彰，納稅錢繳了也只是浪費掉；但若是發生重大事情，政府可以指派處理的人力又很少。

第三是報稅資料的誤差。根據九三、九四年的申報所得資料，大概有將近七十二點多約四分之三的報稅人口，總所得年收入小於六十萬，這是什麼意思？即**每個月收入所得少於五萬的家庭有百分之**

七十八・三，事實上台灣沒錢的人很多。是真的沒錢？還是很多錢漏掉了？這又是一大問題。

另外，根據統計資料年收入一百三十五萬，換算大約每個月夫妻加總收入十一萬，就可以成為一百名報稅人口裡的前十名。只要是尚未扣掉其他免稅所得，純年收入在一百三十五萬左右的家庭，就算是有錢人。最近教育排富的議題，收入上限即設定在一百三十四萬。

根據主計處調查報告，台灣戶數統計大概有七百一十多萬戶，報稅資料的戶數是五百五十萬戶，所以台灣將近有一百六十萬戶沒有申報，這是因為主計處的家庭收入戶數統計用的資料，跟報稅資料的戶數不大一樣。可以想像得到，報稅的戶數應該會超過家庭收入的統計報告，為什麼呢？因為國人繳所得稅是累計的，分開報稅比較划算，所以整體而言，會發現台灣有將近一百六十萬戶完全沒有申報。

觀察報稅資料就可以瞭解台灣的統計很不準確。六年前馬英九上台時，要仿造美國政策，提出「濟貧方案」，對於低所得又努力工作的人，譬如到麥當勞打工，工作辛苦時薪卻很低，所以賺一百塊，政府就補貼十塊。馬英九在競選時提出這個政見，上台後卻遇上金融風暴。

該方案由內政部主導，內政部怎麼做呢？從財稅資料中心的資料當中，挑選所得低者，主動通知可以領這筆錢。

這個政策在當時實施時就發生很大的問題，因為報稅資料不準確，所以抽選出來的很多是工廠負責人，他們很有錢，但是沒報所得或所得很低，於是被當成窮人。結果群起抨擊，當時的內政部長只簡單說明資料是電腦選的。

資料不準確，主要有兩個因素，一是高所得的資本利得沒有廢除，包含股票的交易股價；二是土地，**台灣房屋課稅用房屋坪數的現值，土地課稅是用土地的現值，跟實際價差很大，另外像是建設公司老闆蓋房子，都**

以私人名義買土地，然後跟自己開的公司合建，因此產生一個奇怪現象，公司帳上賺的錢很少，甚至虧本，但是誰把錢賺走了？公司老闆賺走了。這就是台灣土地稅出現的問題。

由於根據土地現值來評定，因此交易當中會有漲幅，但土地公告現值還是沒有調整。以至於發生明明賺很多，但根據政府公告現值的規定卻沒賺錢的奇怪現象。

台灣稅制有很大漏洞。高所得的問題就是開放經濟下價格彈性大；低所得的問題在於中小企業即使被抓到**逃漏稅，但由於很多都只是人頭，只要宣布倒閉後再另開一個公司就好。**

論美歐的稅制改革

美國的資料指出，一九一五年二次大戰之前，所得排名Top 10的人所賺的錢占全部所得的百分之四十～五十，換句話說，最高所得百分之十，就占了全部所得的百分之五十。大約一九七○年代經濟大蕭條時期，整體下降，因為戰爭期間的稅制控制非常嚴格，直到戰後才回復平穩，一九八○年代開始整個上升，二○○七年Top 10的人其所得占全部所得將近百分之五十。

來看一下這○・一%的人如何賺錢？包括capital gain（資本盈利）、capital income（資本收入）、Pension income（養老金收入），另外一個是salary（薪水），美國靠薪水累積財富的人比例越來越高，captain income在早期占很大，captain gain不多。captain income主要是利息收入、福利收入等，可以發現有錢人越來越多。captain gain是靠房地產或其他收入，也占滿多。Pension income就來自一些中小企業。

一九七六到二○○七年之間，美國平均real income per capita（平均每人實際所得）大概是一・二七五%，整個成長裡，最高所得是一・一%，其他部分是○・六七%，主要經濟成長都來自於最前面的一・一%。

再分成柯林頓跟小布希兩個階段來看：柯林頓階段的經濟成長率大概一％，經濟成長來自於有錢人的一％比重將近四十五％；但是布希時代，可以看到經濟成長率三％，其中，將近六十五％的成長比重是來自於有錢人。

所以一般美國民眾對柯林頓時期的經濟成長較有感，因為這個成長當中，有錢人的比重不高；而在布希階段，經濟成長當中有六十五％是來自最高一％的人，剩下九十九％的人分到剩下的三十五％。

若用台灣資料呈現，美國的成長曲線呈現U型，後來崩塌下來，然後再整個上去。主要的英語系國家都有一個U型現象，後來才回復平衡。有幾個歐洲國家比較不一樣，呈現L型，下去之後就沒有上升，換句話說，最高的有錢人下去之後就沒有再上升了。

這個變化跟稅制改革之間有什麼關係？跟現代化、科技進步有關

美國稅制有一個重大改革，一九八六年雷根把稅率一下子降到百分之二十，邊際稅率降到百分之二十，因此最高所得很快就衝上去。

台灣現在最高稅率是百分之四十，當時年代最高稅率可以到百分之七十～九十，等於賺十塊錢，有七～九塊錢被政府拿去。

另一個很重要人物是柴契爾夫人，柴契爾在一九八七年降低了最高所得邊際稅率，所以最高稅率的稅制跟最高所得者的變化，有極大關係，當時稅制課到百分之七十，一百塊課徵七十～九十塊。

最近因為證券交易所得稅，很多資金全部逃走，整個稅收一下子短少了五、六百億。王永慶去世後，在海

外海外留下龐大遺產，牽涉金額是一千多億。所以向有錢人課稅不是容易的事。

法國有一項稅制改革，施行後發現所得最高一%的人，下去之後就沒有再上升。而英國或美國下去之後有上升，這跟稅制有關係。用一條線畫過去，呈現一個負斜率，也就是說，**邊際稅率降得越大，有錢人的最高所得就會大幅上升**；降伏不大，上升幅度則少。這顯示出跨國之間的現象，邊際稅率調降的幅度較大，最高所得一%的人，所得上升的幅度也很大；假如調降幅度比較小，所得上升的幅度也比較小。

避稅天堂與資本流動

在金融海嘯之後，G20各國都缺錢，所以對在維京群島或開曼群島這些Tax haven（避稅天堂）開設的公司做開放，而這麼做是不是有效？是不是能終結銀行破產？大家抱持一個問號。

二〇〇九金融海嘯時，鼓勵Tax haven國家跟G20簽約，用意是透漏銀行帳戶的訊號，看有哪些人把錢存在這些銀行。

有沒有效果？結果顯示，在Tax haven國家其存款跟非Tax haven存款之間，變化非常大。

另外也顯示出存款在Tax haven的國家減少了，最重要的，發現香港有很多資金。依照Tax haven的國家來看，簽約簽得越多，錢跑得越多；簽約簽得越少，錢跑得越少。換言之，是Tax haven國家產生了重組。

雖然美國、歐洲是負債國，但統計資料看來，**錢都是從沒錢的國家流到有錢的國家**，這從經濟理論來看說不通，因為窮國表示資本少，資本少價格應該就比較高；有錢國家資本多，資本多表示資本價格低。**資本若有流動性，應該從價格低的流向價格高的，錢的流向應該是從有錢國家流到沒錢國家去，但是全世界的統計資料**

顯示卻剛好相反。主要因為發現部分富人的錢，並未出現在統計資料上。

日本是債權國，借錢給別人，但事實上，這些有錢人都把錢存在開曼群島、維京群島、瑞士銀行等，再行轉投資，這些無主錢存進去，就不曉得是誰的錢。一旦將之重新估計，歐洲跟美國事實上還是債權國。

全球化下的租稅改革刻不容緩

台灣是開放市場，錢的流動很快，全球化的移動能力強的富人稅課徵不易，個人所得、公司所得與遺產稅，這些直接稅都應在公平和效率上做關鍵性的租稅改革。剛剛談論的這些國家都跟Tax heaven簽約，但台灣連簽約都沒有，在這麼特殊狀況之下，台灣要對有錢人課稅，需要相當的決心，必須設計出一個genius的方式。又，例如規費是否應該檢討，或針對房地產課稅是否真要下猛藥？地價稅與房屋稅對財政的影響非常大，台灣應就土地價值與房屋價值分別課稅，如世界其他先進國，雖也有貧富差異，然我國卻有雙重差異的誤差，台灣稅制改革與演進真的需要認真的重新思考。

主講人簡介

楊建成

維吉尼亞理工大學經濟學博士

現任：中央研究院經濟研究所特聘研究員、政治大學財政學系講座教授

曾任：東海大學經濟系講師、維吉尼亞理工大學經濟系助教、中央研究院經濟所副研究員、研究員、特聘研究員、《經濟論文》執行編輯

活得久、活得老，你就要工作得久。
但當老人延退，就占了一個位置，
等於年輕人少了一個工作機會，
如何取得平衡，牽涉到世代的公平正義
——胡勝正

第11堂課

人口老化所衍生的社會保險世代公平正義問題

——胡勝正

我從人口老化的觀點切入，來講公平、正義，以及解決社會保險困境的方案。

人口老化是由於人口高齡化與少子女化，其所牽涉到的問題，就是社會保險的世代的公平正義，問題的解決不只是財政的紀律，更是財政的前瞻。社會保險問題今天不解決，明天不解決，明年不解決，都不會有事，但是有天當你一覺醒來，發現枕邊人是白髮蒼蒼的老先生或老太太時，就會知道事情的重要性，所以需要前瞻。

五十年前（一九六〇年），台灣人口差不多是現在的一半，那一年大家擔心人口太多，沒飯吃，第二年政府推動家庭計畫，鼓勵節制生育，用的口號是：「兩個恰恰好，一個不算少」；生育率從那時起節節下降。二〇一二年底生育率已降至低於一・〇，台灣人口已增至兩千三百三十二萬人，大家卻擔心人口太少，常聽到的口號是：「兩個恰恰好，三個不算多」；根據經建會的估計，到二〇一五年，我們的人口紅利（Demographic dividend）就

未來高齡人口占工作年齡人口比例
（扶老比）

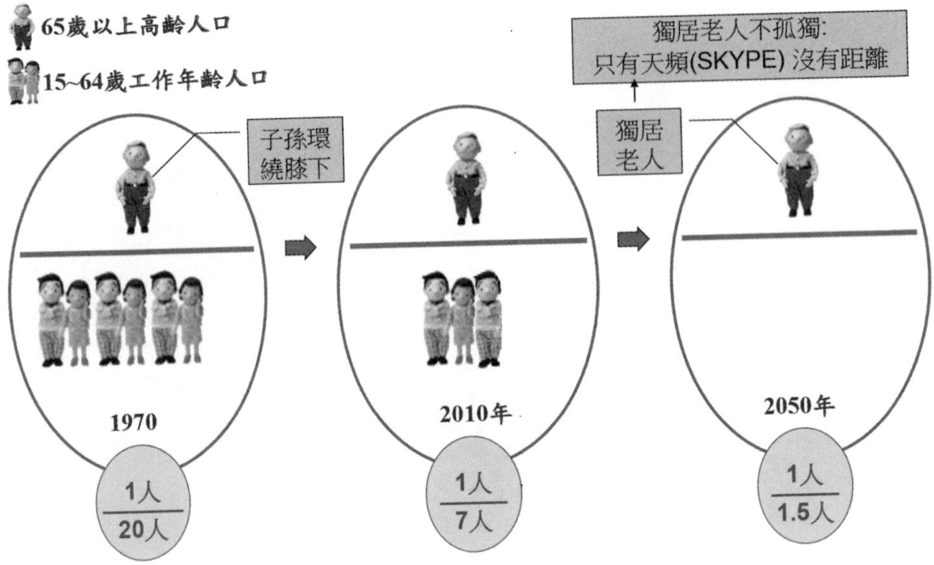

要消失了，從那一年起，勞動人口開始減少；二〇二三年，總人口數開始減少；到了二〇六〇年，台灣人口會低於兩千萬。

這裡列出兩本書供大家參考，有助大家了解，我們在人口減少時代可能面臨的社會經濟情勢。一本是日本的《人口減少經濟時代》（經濟新潮社，二〇〇六），另一本叫做《當世界又老又窮》（天下文化，二〇一三）。

在一九七〇年，一個老人可依賴二十個工作人口扶養；現在一個老人仍有七個工作人口可賴以扶養，到了二〇五〇年，一個老人只剩一個半工作人口可賴以扶養。如果轉化為社會保險的話，每位老人的年金在一九七〇年時有二十位工作人口來承擔，就是一位老人拿一塊錢，你只要負擔五分錢就可以了，但是在二〇五〇年，一位老人拿一塊錢，你就要負擔超過五毛錢，到那時候，扶養的負擔太重，社會保險的世代公平正義問題就會產生。

根據內政部估計，現在的老人有百分之四十二是靠子女供給，只有百分之十六靠（政府）退休金，不過這個統計數字有一點扭曲，低報了（政府）退休金的貢獻。很多勞工領的退休金是一次給付，他們在退休那年，因為領了一次給付，會填報所得來自退休金，但第二年以後，卻會填報說所得來自儲蓄，實際上，他們的儲蓄所得包含了退休金的孳息所得。

不少領一次給付者拿他們的退休金去投資或資助子女投資，最後賠光，有退休金不一定保證老年經濟安全，幾年前勞工保險改制，由一次給付改為年金，一個重要原因，就是要確保老年經濟安全。

「為退休而儲蓄」引發的矛盾亂象

老年經濟安全有三層，第一層就是社會保險，如果從我國勞工的觀點，就是勞工保險（勞保）；第二層是職業保險或年金，也就是勞工退休制度（勞退），舊制由雇主提供，採一次給付，但雇主道德風險太大，新制改由政府統籌辦理，並且年金化；最後一層是個人儲蓄，隨人口老化，子女人數減少，社會保險財務短絀，這層的角色愈來愈重。

社會保險基本上都是確定給付，採隨收隨付制，所謂確定給付就是先決定每期退休給付金額，再決定保險費多寡，在隨收隨付制下，當政府收了保費，轉手就拿去支付退休給付，並沒有將保費存下來孳息。職業年金，多採確定提撥制，亦即先決定每期保費，退休給付則視收益率高低而定，確定提撥制通常是採完全儲備，政府將保費拿去運用，用孳息（加本金）來支付退休給付。

隨收隨付主要是靠年輕人繳的保費來支付老年人的年金，這個制度受人口因素影響很大，當每一個老人有二十個年輕的工作人口可賴以扶養時，每位工作人口的負擔很小；但是當一個老人只有一點五個工作人口可以扶養時，負擔就太大了，支持不下去，世代公平便產生。我國社會保險的困境反映在其潛在債務，根據審計部報告，退撫基金的潛在債務為新台幣八．三兆元，勞工保險為六．七兆元，合計十五兆元。依照行政院勞工委員會估計，現制勞保保費要逐年漲到十八．五%以上（超過部分由一般稅收支付），才能維持二十五年的財務健全，如果依照國外，以維持七十五年為標竿，費率就更不得了。當勞工面臨薪資停滯，必須拿五分之一以上的薪水來繳保費，還要繳全民健保保費、綜合所得稅……等等，世代公平正義的呼聲自然出現。

現在各國為了解決這個問題，都將社會保險改為部分儲備制或完全儲備制，亦即大家盡量靠自己的儲蓄，不靠工作人口的扶養，但靠自己的儲蓄，又有新的問題產生，為什麼？因為我們都為了退休而儲蓄，就會造成儲蓄過多的現象。台灣二〇一三年的超額儲蓄高達新台幣十六兆元，或GDP的十%。文獻認為二〇〇八年全球金融海嘯，除了美國的過度寬鬆貨幣政策之外，世界儲蓄氾濫也是重要肇因，因為世界儲蓄氾濫，導致利率偏低，熱錢亂竄，利率低，引發房市泡沫，熱錢亂竄，將美國房市泡沫迅速傳染全世界，導致全球金融海嘯。

總之，老年生活不是靠世代移轉，就是靠儲蓄，在人口老化社會，我們面臨雙重困境，靠世代移轉，則隨老年依賴人口比例增加，勞動人口負擔日益沉重；靠儲蓄，則導致儲蓄氾濫，利率或資本報酬率下降，當資本報酬率下降，又需要更多的儲蓄才能維持生活，大家繼續拚命儲蓄，最後就產生這個矛盾現象。

社會保險除了受人口因素影響之外，另外一個變數就是政治因素。一九九〇年，我原本要去前蘇聯，正好他們發生了葉爾欽革命，最後沒有去成。十年之後我去，那時候俄羅斯通貨膨脹嚴重，很多老人家才領了年金，馬上被通膨吃掉，一個月的年金只夠買一天的麵包，還好政府分配給每個人一塊地，做為夏天休閒種菜的用途，最後竟然變成他們的保命資產。

老年經濟安全三支柱

	制度性			非制度性
	社會保險	職業（雇主）年金	個人儲蓄	家庭互助
家庭互助	強制	自願或強制	自願或強制	自願或強制
給付方式	確定給付	確定提撥或給付	確定提撥	
所得分配	有	少或無	無	
風險	政治	工作流動性 公司破產	投資風險	
儲備	隨收隨付	混合	完全儲備	
公或私	公	公或私	公或私	

World Bank, Averting the Old Age Crisis, 1994

個人儲蓄也有風險，在於資本市場。一九七〇年代，很多南美學生到芝加哥大學深造，受到芝加哥大學自由主義的影響，崇尚市場經濟，他們說服政府將社會保險民營化，並將確定給付制改為確定提撥制，等於把勞保轉型為勞退，在最初幾年資本市場非常好，退休帳都賺了錢，大家很高興，但幾年之後，資本市場不好了，報酬率下降，結果有些制度崩潰，政府又收歸國營。所以，職業保險或勞退受資本市場動盪影響大，如果金融不穩定，就會發生像南美的情況，無論再多的儲蓄，金融海嘯一來，所有的錢都沒有了。台灣有很多退休老人在二〇〇八年因為買了雷曼兄弟的結構債，結果血本無歸，影響到他們的退休生活。

延退機制與基金運用

台灣的勞動基金有多大？根據二〇一一年的年報，退撫基金有新台幣五千一百九十三億元、勞保有四千八百四十五億元、勞退（新舊制合計）有一兆四千六百四十一億元、國民年金有一千三百六十八億元，合計四大退休基金總額為二‧六兆元，但根據審計部估計，這些基金有潛藏債務十五兆元，顯示四大退休基金的財務困境。當人口老化衝擊世代移轉機制，兩個常用的解決方案包括**延遲退休、少領年金、與提升基金運用效率。**

就延遲退休而言，人口所以高齡化，是因為健康增進，所以就多工作幾年，不但減輕社會保險負擔，也有助促進身心健康。延退說起來很簡單，但實際上需要有前瞻性的規劃。

美國一九八○年雷根總統上任，就體驗到人口老化對社會安全制度的可能衝擊，於是請葛林史班（後來擔任美國聯準會主席）組成一個藍帶委員會（Blue Ribbon Commission），規劃了一些因應措施，其中一點就是延遲退休，從二○○二年，也就是一九八二年之後的二十年，開始每年延退兩個月，五年之後每年延退一個月，做了足足二十年的規劃，才開始執行延退。我國政府於二○一○年修訂公務人員退休制度，從七五制改為八五制（工作年數加退休年齡之總和不低於七十五（八十五）），等於將支領全額月退金年齡延後十年，七五制改為八五制也規畫了十年緩衝期來推動。

為什麼要長期規畫？因為老人延退，等於剝奪年輕人的工作機會，在高失業率時代，必須審慎。其次，若要延退，除健康因素之外，還必須要保持人力資本。台灣過去疏於提倡終身學習，工作人口的人力資本快速退化，在這種情況下，老人占了位置，卻不見得有生產力。所以從短期觀點，應該是老人要提早退休，讓年輕人有工作，降低失業率；但是從長遠觀點，活得久、活得老，活得健康，就要工作得久，減少工作人口的扶養負擔，但需要以終身學習作為配套。再者，很多人的退休實際上是長期計畫，涉及當事人的生涯規畫以及家人的居住安排，修改退休年齡，必須給當事人緩衝時間。

至於少領，政府朝降低所得替代率的方向規畫思考，美國則對總所得一定金額以上退休人員之社會保險給

台灣已是高齡化社會

· 由於生育率下降及生命期望值上升，台灣人口迅速高齡化。於 1993 年進入聯合國所稱「高齡化（aging）」社會（老人人口比率 7.0% 以上），並將於 2017 年進入「高齡化（aging）」社會（老人人口比率 14.0% 以上）：機會或挑戰？

年別	年底人口結構（%）			零歲平均餘命（歲）	
	0-14 歲	15-64 歲	65 歲以上	男	女
1970	39.7	57.4	2.9	66.7	71.6
2000	21.1	70.3	8.8	73.8	79.6
2013	14.2	74.1	11.5	77.0	83.1
2050	9.6	54.0	36.5	81.4	87.3

付課稅，充分考量退休老人的經濟狀況。

退休基金的社會責任

因應人口老化的另一策略就是提升基金的報酬率，根據世界銀行的報告指出，退休基金管理費如果增加百分之一，四十年累積下來就使得退休金少了四分之一，如果用同樣的道理來推演，如果基金運用報酬率減少了百分之一，四十年累積下來也會使退休金減少四分之一；或者有辦法把管理費下降百分之一或者報酬率增加百分之一，可以使得我們的退休金增加四分之一。最近安倍政府的「三支箭」振興日本經濟方案，第三箭就是要提升退休基金的績效，以降低社會保險的負荷，並活絡股市。二〇〇八年之後，泰國政府擔心資本市場對其退休基金的衝擊，要求退休基金必須減少風險性投資及國外投資，以增加安全性。

我國四大基金共有資產二．六兆元，如果善加利用，提升報酬率，每增加一個百分點，基金資產就增加二百六十億元，有助解決解決部分的問題。

世界銀行的研究顯示，提升基金經營績效，要從基金的任務，以及它的治理與管理來著手。首先，基金管理人必須要恪盡善良管理人的責任；其次才是提升基金的長期效益，並促進經濟發展。

基金管理人的責任，就是其所作所為都必須為所有基金所有人，亦即勞工們，的福利著想。例如，四大基金用勞工的退休基金介入護盤股市，肥了股民們，但股民的利益是否與勞工一致？如果沒有，基金管理人就未恪盡善良管理人的責任。為確保基金管理人恪盡善良管理人責任，基金應該有獨立的運作機制，現行四大基金雖有監理會，但其獨立性不足，才有護盤現象。

台灣是小型經濟，我們的金融市場經常受到國際資金快速流動的衝擊，政府確實有需要護盤股市，但是護盤應該由國安基金，而非四大基金負責。

基金操作的公平正義

其次，基金的管理要透明，避免操盤人的道德風險。管理透明化需要一套一致性的會計準則，現在各國都採國際財務報告準則（International Financial Reporting Standards, IFRS），以「公允計價方法」取代「歷史成本方法」，有助基金操作的透明化，避免「作帳行情」，虛賺實虧。

舉一個例子，基金進場股市，買了一百股A股，一百股B股，價格都是一百元，一年之後，A股價格升至一百四十元，B股價格跌至四十元，這筆交易合計虧了二十元，或百分之十，但依照「歷史成本方法」計算，股票只要不賣掉，就照原來買進的價格計算。所以，如果一年之後只賣掉A股，B股因為沒有賣，所以不算虧，這筆買賣帳面上變成賺了四十元，或百分之二十，但如果只把B股賣掉，帳面上虧了六十元，或百分之三十。換言之，號稱賺錢的交易，實際上可能是虧損的，只因為沒有賣，所以不算虧，而賺錢的股票賣了，所以算有賺，這就是作帳行情。為了避免作帳行情，會計準則必須與國際接軌，採用IFRS（國際會計準則）。

目前我們的四大基金共有二．六兆，其中八千零十七億是投資到國外，另有九千五百五十億是委外操作。相信大家還記得「盈正」委外操作案，盈正案為什麼會發生？委外操作要求的是短期績效，如果限期內績效沒有達到要求，就不再續約，所以必然會做短期操作，如果風險小，但報酬率也小，續約的機率也小，所以就買風險大、容易操作的證券，順便撈一筆。買小型股，基金就變成大戶，只要一買，股票就漲了，所以操盤人在替基金買進股票以前，自己先買，在基金要賣以前，自己就先賣，結果自己賺了大錢，但委託操作有沒有賺錢是另外一回事。所以在提升績效之餘，也應該重新檢定委外操作的程序，禁止操盤機構與操盤人自己買賣，以避免衍生的道德風險。

國外投資也是一樣，四大基金在國外主要是做財務投資，為的是謀求更大的報酬，應加肯定。但如果從社會責任的觀點出發，四大基金還應肩負促進經濟發展，尤其是有利就業的經濟發展，那麼基金的國外投資是不是有利勞工就業的經濟發展？也應列為檢視的準則。

中國大陸之主權基金的做法值得借鏡，它的財源的籌措有一部分是來自社保基金，它在國外投資的主要目的不是財務投資，而是去投資自然資源與取得技術，確保未來自然資源供給無虞，並協助產業技術升級。這個準則值得考慮仿效，因為我們最需要的也是技術與自然資源。

最近政府計劃鬆綁四大基金及保險業的投資範圍，一個值得考慮的方向是公共建設投資，這是有益於勞工就業的投資，可視為以另一種方式來達到公平正義的手段。世界銀行的報導特別提到，一般而言，這類投資與

健保衍生問題

- 健保負擔合理性與公平性
- 醫療資源配置問題：靠價格？靠其他（如時間）？
- 所得分配與健康分配的關聯性
- 道德風險（醫療浪費）問題
  - Measurement 問題？
  - 醫生問題？
  - 病人問題？（浪費？看小病防大病？）-Optimal Deduction？
- 全民健保與預防性儲蓄
- 人口老化對全民健保財務的影響
- 長期照護問題

現有證券財務投資關連性較少，有助分散風險，也應該作為基金考慮投資的方向之一。

現在行政院正在規劃如何提升基金的報酬率，首要強調必須善盡管理者的忠誠，包括護盤，然後提升資金長期穩健的運作，尋求勞工最大的經濟利益，從這個觀點來重新檢視投資的目的。

「全民健保」保什麼？保大？保小？

除了退休制度之外，全民健保也因人口快速老化發生財務困難，迫使政府推動改革，以求財務健全。原來的規劃是以家戶所得取代薪資所得作為計算保費標準，但是因為部會本位主義太重，沒有辦法實施，最後改為對兼職所得、執行業務所得、年終獎金、紅利、租金、利息及股利等所得課徵補充保費，以至於發生「所得少者負擔多，所得多者負擔少」的情況。從公平正義的觀點切入，補充保費的課徵範圍，應再加以檢討，以求合乎公平正義。

從長期、永續的觀點而論，全民健保的目的也必須重新檢視，保財務安全，還是保健康，還是兩者兼顧？在保財務安全方面，過去常發生一家人只要有一個人得了癌症或任何重大疾病，便導致全家經濟癱瘓，所以才實施全民健保。但推動實施全民健保過程中，促進健康也成為健保的一個目標。若從保健康觀點來看，就是保大（病）也要保小（病），因為看小病可以免大病、保健康。但保小病是不是真的對健康有幫助呢？有一個笑話：「張三今天沒有來看病，是因為他生病了」，說出了保小病的道德風險，不一定是保健康，在未來，社會公平正義的問題還會繼續發生。一個值得探討的問題：同樣的資源應該用來保小病？或對罹患大病者提供更大的財務安全？

人口老化逼著我們重新檢討世代公平正義的問題，不但是你我，還牽涉下一代的公平正義，這些都不易解決，不是靠今天的財政紀律就可以處理，還需要前瞻性思考，我們必須經常考慮這個問題。

主講人簡介

胡勝正

美國羅徹斯特大學博士、美國普渡大學經濟學榮譽博士

現任：中央研究院院士、中央研究院經濟研究所通信研究員、中央大學國鼎講座教授

曾任：美國普渡大學經濟系教授、美國德州農工大學（Texas A&M University）訪問教授、美國聯邦政府社會安全署（Social Security Administration）訪問學人、台灣大學經濟系合聘教授、兼任教授、中央研究院經濟研究所研究員兼所長、中華經濟研究院董事、蔣經國學術交流基金會監察人、中央銀行理事、行政院政務委員、行政院經濟建設委員會主任委員、行政院金融監督管理委員會主任委員

制度的推動跟改革，一定要有社會氛圍，
也就是社會的價值願意來支持它。
必須審慎思考如何在左跟右之間找到一
個平衡點。

——詹火生

第12堂課

國民年金、勞保與健保、財政紀律與國債管理

——詹火生

關於社會保險年金未來的發展趨勢，政府改革成效，涉及租稅制度公平與否的問題，我要談的是「錢要如何花出去」。

社會保險的來源

其實社會保險有兩個來源，一般福利服務是政府稅收支付，至於在社會保險這一塊，政府補助部分幾乎全由中央負擔，地方政府則負擔得很少。

另一個社會保險財源是所謂「**費**」，稅跟費不太一樣，社會保險稱為保險費，也就是被保險人繳納的費用。個人繳納的部分，牽涉到保險給付多寡，去年鬧得沸沸揚揚的年金改革議題，讓社會大眾對年金有了新的認識。

保險機制與決策

北歐眾所公認的是福利國家，大家都非常羨

慕，不僅從搖籃到墳墓都有保障，即使不工作也享有各項失業給付，但是瑞典稅是世界最高的，income tax（所得稅），marginal rate（邊際稅率）大概百分之九十以上，VAT（增值稅，value added tax）是百分之二十二～二十三之間，台灣才百分之五。

我問當地的企業家，為什麼瑞典人願意繳那麼高的所得稅及增值稅？這是非常有趣的問題。他的回答很簡單：因為我們有一個非常有公平效率的政府。

這個例子有很多值得省思的地方。針對這個議題，我們先來談決策。我覺得「決策」這兩個字隱含四個過程：社會氛圍、決策者、決策機制、決策結果。

「決策」若從這四個面向分別來看。首先決策前的價值或社會氛圍，即意識型態。到底政府在決策的時候是偏左或偏右，或中間偏左、中間偏右，如果講右就是效率，講左就是公平，經過近百年發展，大致說來只有中間偏左跟中間偏右這兩種。

一個民主國家裡，不同政黨對政策取向不太一樣，譬如美國共和黨基本上屬於中間偏右，強調市場機制，所以雷根上台後，就把所得稅一項一項地減少，認為國家不要干預太多；美國民主黨則屬中間偏左，所以重大社會改革都是在民主黨執政的時代推動，像是柯林頓到現在的歐巴馬，最大的例子就是醫療健保的改革。

英國保守黨是右，工黨是左，後來新工黨發展之後，保守黨還是中間偏右，工黨或新工黨還是中間偏左，這是英國的經驗。

我曾經在東京大學發表一篇文章，台灣沒有國民黨跟民進黨兩黨政策差別，只有執政跟在野的差別，這就是我們的特色。

勞工保險的保險費與給付失衡

我國已有國民年金、勞工保險年金、公教人員保險等的社會保險保險費率偏低、提撥率不足、給付條件優厚，潛藏負債壓力龐大。

	國民年金	勞工保險	就業保險	公教人員保險(含私校教職員)	全民健康保險	農民健康保險	軍人保險
開辦時間	2008.10	1958.07立法 2009.01年金	1999開辦 2003立法	1958.01	1984.08立法 1995.03開辦	1985.10試辦 1989.06立法	1953.11
納保人數	373萬	966萬	622萬	59萬	全民	145萬	—
年金	是	是	—	養老	—	無	無
保險費率	法定6.5~12% 現行7.5%	法定7.5~13% 現行8%	法定1~2% 現行2%	法定4.5~9% 現行8.25%	現行4.19% (補充2%)	法定6~8% 現行2.55%	法定8~12% 現行8%
保費負擔結構	被保險人60% 政府40% 經濟弱勢及身障人口由政府補助55~100%	被保險人20~80% 雇主70% 政府10~40% 職災(雇主100%)	雇主100%	被保險人35% (公教)政府65% (私校)學校、政府各32.5%	分6大類被保險人，每類被保險人負擔比例不等	被保險人30% 政府70%	政府100%
平衡費率		27.84%					
基金餘額	1,364億元	4,677億元	842億元				
收支失衡年度		2018年					
基金用盡年度		2027年					

為什麼年金需要改革？

M型社會時代的來臨，引用大前研一的說法：「第一、房貸造成很大的壓力嗎？第二、你不想結婚，更不想養兒育女嗎？第三、你為小孩未來的教育經費憂心嗎？」大前研一提到，如果上面三個問題中，有一個以上的答案是肯定的，代表你已經在經濟浪潮的全球化當中，被淘汰在中低階層。

為什麼年金需要改革？有兩個原因。第一是勞工保險，保險年金制引發社會對世代不公、職業不平的改革聲浪，成為二〇一三年十月下旬開始的一波社會年金改革浪潮的起因！第二是如何提供維持最低生活所需的年金給付水準，實現社會保障老年經濟安全的目標。

台灣目前的年金制度大概可以分成幾個層面：第一、軍職，軍職只有二十萬人，因為比較特殊，所以人數不多；第二、公教人員，公教人員目前大約五十九萬人，包含私校教職員；第三大塊就是勞工，約九百七十萬人左右；再來是一般國民，繳交國民年金，約三百八十萬人左右；另外一個比較特殊的是農民，即老農津貼，約六十七萬人。

我討論的焦點會把軍職人員和農民省略不看。老農津貼是一九九二年以來所發展出的一個非常扭曲的津貼制度，從那時候到現在，大概已發出將近三、四千億新台幣。

一般而言，一個國家裡面，對高齡人口的經濟安全保障分為三個層面，第一層叫做法定的社會保險年金，像是勞工保險、國民年金；第二是法定的職業年金，譬如勞退新制或者勞退舊制，還有包括公教人員退撫金；第三才是私人保險年金，這部分很少談到，一般除非在金融機構才會有這一層。這裡要談的重點都牽涉到一個主軸，就是國家的角色在哪裡？政府的責任在哪裡？

保險概念 確定給付與確定提撥給付

在保險概念中有一個最簡單的概念，即所謂ＤＢ跟ＤＣ：

ＤＢ就是Defined Benefit（確定給付制）。什麼叫確定給付制呢？就是可以計算拿到多少。參加勞工保險者，可以算將來服務二十年、三十年或四十年，能拿到多少，在現行制度沒有改革之前，能夠很清楚地計算出來。

ＤＣ就是Defined Contribution（確定提撥制），就像勞退新制，雇主每個月替勞工繳交薪資所得的百分之六，存到勞工個人帳戶裡面，這是勞工可以拿到的，所以ＤＣ制就是確定繳費的部分；ＤＢ是確定拿得到的部分。基本上，法定的社會保險比較屬於ＤＢ制。

另外還有所謂的保險繳費與保險給付失衡的問題，最主要是勞工保險，當然公教保險也引起討論。國民年金在二〇〇八年十月一日開始施行，仍屬於年輕的年金制度，財務基本上沒有問題，至少到目前為止，不過若按照現行給付水準，將來還是會出問題，因為當參加國民年金保險的人越趨近高齡化之後，會到達一個高峰，將造成很嚴重的問題。

現行勞保年金制度不符合社會公平正義原則

一、投保薪資愈高，政府補助愈多

目前勞工保險面臨的問題在於，基金餘額只有四千六百多億，根據精算結果，按照現行條件不變之下，到二〇一八年就會失衡，也就是五年之後，支出會大於收入，並於二〇二七年基金用盡。目前法定保險費在百分之七．五～十三之間。被保險勞工負擔百分之二十，雇主負擔百分之七十，政府貼補百分之十；針對職災，雇主則負擔百分之百。

但公教保險的問題就更大了，目前公務人員包含私校教職員保險，被保險人負擔百分之三十五，政府包括學校負擔百分之三十．五。若是私校的話，則由教育部貼補百分之三十二．五，如果在公立大學，政府負擔百分之六十五，這是保費結構。至於全民健保則因為制度設計，跟未來財務給付沒有太大連結。

所以真正影響最大的兩大塊：勞工保險跟公教人員保險，正是目前主要推動改革的項目。

現在公務人員保險給付沒有年金，跟勞保不一樣，勞保從二〇〇九年一月一日已經年金化；公保第二層叫退撫，它已是年金化，但當初忽略整個財務結構的設計，所以一九九五年以前，公保給付是給百分之十八的優惠存款，一九九五年以後則沒有；後來進行第二輪退撫制度，這是另一套，退休金有兩類，一是來自退撫，另一個是來自於服務機關或學校所給予的公教退休金。

基本上，公保是沒有年金化的，所以最近希望把公保年金化，取代政府機關給的退休金，公務人員當然討論得沸沸揚揚。

主要討論重點還是勞保給付，我必須強調一個事實，過去勞保還沒有這麼多問題，因為當時勞保是一次給付，但從二〇〇九年一月一日改為年金化後，會發現勞保比私校的教職員保險要好。

最重要因素就是投保薪資，還有雇主、勞工的費率分攤比例。目前產業勞工僅負擔保險費占百分之七，職業勞工是百分之六十。勞工退休年金計算則是投保薪資由加保前最高六十個月的月平均計算，以基本工資為下限，現在上限是四萬三千九百元，投保費率為百分之八，這是兩者的計算方式。

現行勞工保險的年金給付，比百分之十八的優惠存款還要好，計算過本益比，個人只繳一塊錢，政府要負擔五毛錢，然後雇主要負擔三塊五，組成了繳到勞工保險基金的錢。等到服務二十五年或三十、三十五年退休，個人投保的一塊錢就可以拿回十六塊錢。從公式上可以看得出來，包含雇主繳交與政府補助的部分，等於個人的成本拿回十六倍。

其中有一個核心概念：錢從哪裡來？我繳一塊錢，將來可以拿到十六塊，以現在的保險支出，我繳的錢將來可以拿六倍回來。問題是，錢從哪裡來？只有三個解決辦法，第一是提高保費；第二是延長退休年齡；第三是現在繳的保險基金，經營效率非常好，每年都有百分之六以上的收益，就像一般民間保險公司的收益。除了這些，沒有別的辦法。

二、收入愈高　政府補助愈多

再來談另一個核心問題，現在是雙年金保險，亦即政府要補助國民年金及勞工保險，必須透過所得稅和其他稅收，將收進來的稅金再補助這些勞工保險和國民年金保險。

國民年金有很大比例來自政府的補助，占了百分之三十六～四十二；而勞工保險合計約有百分之十九．四來自政府保費的補助；身障者比較特殊，幾乎補助百分之百；其餘就是個人被保險所繳的保險費，以及雇主負擔的部分。

勞工保險年金制度在保費結構裡面，目前勞工負擔大概百分之二十八．八三，資方負擔百分之五十．七六，幾乎是一倍，政府補助差不多百分之二十。這裡可看出資方大概負擔百分之五十一，個人被保險人負擔百分之二十八．八三，為什麼不是百分之二十呢？因為有些是自營作業者，例如律師、醫師負擔的比較高，所以把數據拉高了。

至於政府補助為什麼不是百分之十或百分之十九，是因為政府還補助其他更多的身心障礙者、低收入所得者。這就是整個保費的結構。

公平正義的概念

關於現行勞保年金制度不符合社會公平與正義原則的問題，我推薦兩本相關著作給各位參考，一是邁可．桑德爾（Michael Sandel）的《正義：一場思辨之旅》，談論什麼叫公平、什麼叫正義，從市場機制強調個人的自由選擇，到國家該干預的，和所謂右派跟左派之間。還有約翰．羅爾斯（John Rawls），哈佛大學談正義問題最有名的學者。羅爾斯在著作中提出兩個再簡單不過的概念，我加以詮釋，一個是「普遍原則」，另一個是「選擇或差異原則」。所謂「普及原則」或「一般原則」，就是你有、我有、他有，大家都有。

在國內可以看到大致上有兩個制度符合，一個是教育制度，基本上我國教育制度還算是所謂的普及原則，就是每人都能夠接受到十五歲的教育。第二個是全民健保，雖然繳交保費不一樣，可是去醫院看病時，基本上得到的醫療照顧大致上一樣。

可是這時候有人又會挑戰，詹老師你這樣講也不對，台北市的國民教育跟台東的國民教育，是不是一樣呢？當然不一樣。台北市的各種教育師資好、設備好；台東的各種教育又偏遠，師資不佳，台北市比較好。這時第二原則就出現了，叫做差異原則，就是對於比較差的，社會應該給予更多的資源、更多的照護。我這是最簡單的詮釋，當然約翰・羅爾斯開展出來的論點還要更複雜。

一般來說，我們希望高所得者繳更多的稅，讓低所得者可以得到更多照顧，這是所謂一個公平或正義原則的展現。但是我要說明一下，除了國民年金以外，勞工保險是剛好顛倒過來。很多人不太瞭解現在勞工保險年金的改革，出現反對聲音，我必須強調，現在的勞保年金制度非常不符合社會的公平與正義原則。從稅制上來說，剛好倒過來，以保險費來說，不符合公平原則，因為年金跟投保薪資相連，投保薪資越高，政府補助保費越多；但投保薪資低者本來就是低收入者，卻得到比較低的年金給付。

因此又引發另外一個問題，投保上限是四萬三千九百元，最近有人提議應該把上限拉開，就實務運作來說，我是反對的，因為把四萬三千九百元往上拉開之後，事實上誰得到最大的利益？是高收入者。政府貼補更多，可是個人只交百分之二十。我認為制度可以改革，薪資四萬三千九百元以上的人，他的保險費及負擔比例要另外設計，而不應該依據現有制度，我覺得這是開社會正義的倒車。

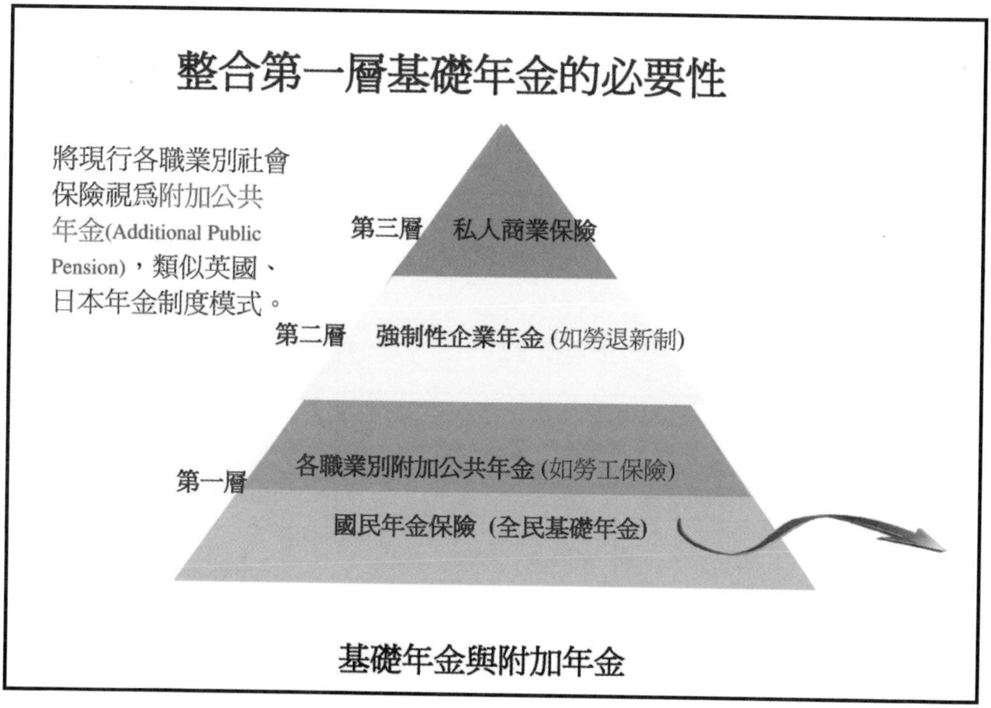

再提到企業功能，尤其雇主要負擔百分之七十的勞工保險，基本上有點壓抑勞工薪資正常的成長性，影響到工資的正常增長，這裡有很多價值面要去思考。事實上，勞工保險年金可以超過百分之十八優惠，檢視資料就知道，的確比百分之十八優惠。

制定符合公平正義的年金制度

最後要談到一個問題，國家的角色在哪裡？如何制定符合公平正義的年金制度？我認為政府的近程規畫，可以從投保薪資替代率、給付條件、基金效益，甚至保險費等面向著手改革；就中程來說，建立一個更符合社會公平正義的年金制度，開始思索：政府的責任在哪裡？政府對於社會上每一個國民的責任在哪裡？

在這裡要提一個概念，以補助勞工保險的保險費率為例，政府應該思考從現行的定率制轉為定額

基礎年金整合模式思考

1. 基礎年金的涵蓋範圍
2. 給付年齡的一致性
3. 給付水準調整機制
4. 軍公教退休人員所得替代率合理化
5. 軍保退伍給付、公保養老給付儘速年金化

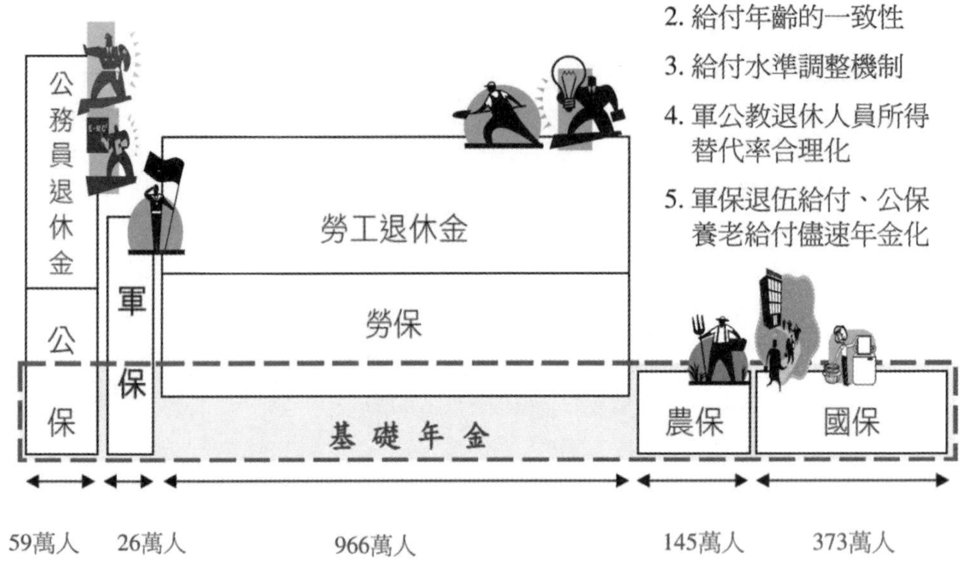

制。所謂定率制就是每一個人補助百分之二十，這叫定率制，換句話說，所得越高的，補助越多。因此我建議改為定額制，就是對所有兩千三百萬參加勞工保險的人，甚至將來公教保險也納入，每個人補助數額都一樣，這就比較符合公平原則，基本上政策理念可說是中間偏左。

再來思考基礎年金的可行性，過去在一九九五年行政院經建會其實也在思考這個問題，關於社會保險基礎年金，在基礎年金之上，政府對每位國民的保險補助是平等的，不因職業別或所得高低有所差異，以符合普惠均等的公平原則，同時政府對弱勢人口應補助全部或部分保費，以符合差異的公平原則。

制度改革不是一朝一夕可成功，以現在所有社會保險制度來看，第一層的除了公保外，還有軍保、勞保、農保、國保。換句話說，在這個層次的每一個國民，政府的補助都是定額的，至於再加上去的部分，我個人認為可根據個人所得高低而有所

差別。

制度的設計其實並不難，把公保這一塊切過來，勞保這一塊切過來，讓國保跟它相對齊，這個第一層補助的，我們叫做基礎社會保險年金，在這一層上，國家對每一個人的責任都一樣；至於第二層的部分是雇主的責任；第三層就是屬於個人的責任。

我認為在未來高齡人口社會來臨之後，能夠讓年金制度的永續發展，是我們在理念上的倡導。去年，年金改革的潘朵拉盒子（Pandora’s box）被打開之後，大家才發覺，原來政府對每個人的補助都不太一樣，對軍人、公務人員、私校老師、勞工都不一樣。這就是我們最後談的，政府的責任在哪裡？這個東西必須長遠地去思考和改革才有可能。

制度的推動跟改革，一定要有社會氛圍，也就是**社會的共同價值願意來支持它**，如果社會太著重個人利益，制度就沒有辦法推動，當然社會也不希望大家都齊頭平等，這樣會影響到每個人工作的意願，所以我認為，現階段就必須審慎思考如何在左跟右之間找到一個平衡點。

主講人簡介

詹火生

英國威爾斯大學社會福利博士

現任：總統府國策顧問、弘光科技大學老人福利與事業系專任教授、
國家政策研究基金會社會安全組召集人、兩岸共同市場基金會董事長、
台灣高齡服務管理會理事長、行政院社會福利推動委員、內政部國民年金監理會委員

曾任：台灣大學社會學系暨研究所所長、行政院勞工委員會副主任委員、行政院政務委員、
行政院社會福利推動委員會委員、內政部國民年金監理會委員、
台北縣政府長期照顧推動、勞動政策諮議

國家創新的政策及高素質的人力資源，
要有科技發展及效率高的金融支應，
也要有能力維持匯率動態平衡，開拓亞太區域市場，才能使經濟再度起飛。
——邱正雄

第 13 堂課 金融改革、資本市場與全球金融萬象

改革的範圍很廣，包含金融自由化、增加投資，以及台灣參與亞太區域市場。

——邱正雄

赤字風暴：歐元的危機

從財政政策關點看，二〇一〇年歐元區財政赤字風暴後，二〇一〇年五月起到二〇一二年間，歐元區周邊國家希臘、西班牙、葡萄牙及義大利等國曾採財政「撙節措施」（austerity measures），希望減少財政赤字，包括政府裁員，並希望避免因政府巨額財政赤字而增加公債倒帳風險。但該措施結果並未能降低市場上對公債倒帳風險的疑慮，故仍引起利率上升，不利歐元區周邊國家當地投資，亦不能吸引外國人到這些國家作直接投資。諾貝爾經濟學獎得主史蒂格利茲（Stiglitz）二〇一三年曾指出：「我們現在更了解撙節措施這個曾經是歐元區的核心政策，對引導歐元區經濟體脫離景氣蕭條一事從未發揮作用。」

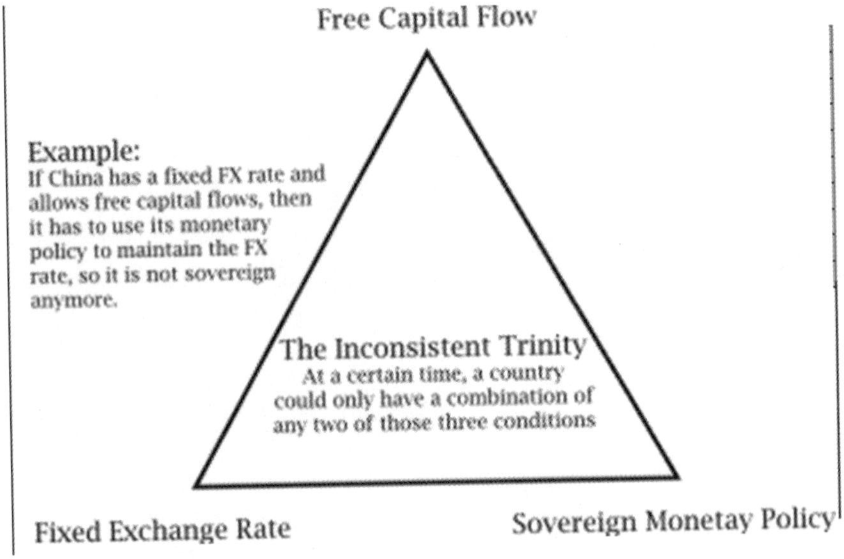
Free Capital Flow
Example:
If China has a fixed FX rate and allows free capital flows, then it has to use its monetary policy to maintain the FX rate, so it is not sovereign anymore.
The Inconsistent Trinity
At a certain time, a country could only have a combination of any two of those three conditions
Fixed Exchange Rate
Sovereign Monetay Policy

Impossible Trinity 三元悖論

另外，從解決歐元危機的貨幣政策觀點看，亦屬不易。著名諾貝爾獎經濟學家蒙代爾（Robert Mundell），是歐元之父，他有一個理論叫做「不可能的三合一政策」，中國大陸翻譯成「三個悖論」，意思是指，就理論而言，一國要同時達到以下三個目標是不可能的。此三個目標係指(1)固定的匯率，(2)自由的資本移動，(3)獨立的貨幣（利率）政策。

從實務來看，讀者亦可了解上述三個目標亦不可能同時存在。例如，就固定匯率而言，把歐元區的問題拿來跟香港做比較，很有意思。兩者之間的共同點是什麼？第一，香港是採港幣與美元間的固定匯率制度，港幣跟美國貨幣連在一起，永遠都是七元多港幣兌一美元，就像希臘的歐元兌德國的歐元採一比一固定匯率。港幣兌美元匯率制度，與歐元區內各國彼此間匯率的固定匯率制度，這兩個制度完全一樣。又如二〇一二—二〇一三年整個歐元地區周邊國家，如希臘、西班牙、義大利都有大量逆差，可是在歐元區裡，一國不能單獨採降低匯率增加出口，故無法減少貿易逆差來降低失業，因其採固定匯率制。

第二個相同點就是，兩者都可以自由移動資本。香港的資本可以對外自由移動，歐元區也是一樣。

第三個共同點是歐元區周邊國家對內都沒有獨立的貨幣（利率）政策，這點變得特別重要。什麼叫沒有獨立的貨幣政策？通常貨幣政策是用利率來作代表，也就是說在上述第一及第二情況下，港幣與美元之利率須相同。同理，歐元區內各國利率亦須均相同。好比一九九七年香港失業人口飆升，該怎麼辦？香港政府沒辦法獨立地去降低利率，因為港幣利率一旦降低，在港幣兌美元匯率不變下，香港的錢會跑到美國去，香港就會發生大問題。

又因為上述希臘、西班牙、義大利這些國家一旦降低利率，想增加在該等國家投資，但他們的錢卻會反而外流到德國等地去。因為他們施行固定匯率，因此個別國家沒有辦法採用降低利率的貨幣政策，這是一個重大的問題。

最後歐元區祇能用Outright Monetary Transactions（OMT），即買斷性貨幣交易，這個方法來解決問題。所謂OMT是在二〇一二年八月二日由歐洲央行總裁德拉吉提出，在次級市場大量購買債券，數量未予限制；債券滿期期間以一至三年為限；歐洲央行買入此種債券之受償順位與一般投資人相同，央行並無優先受償權。本文著者以為，OMT政策發揮重大效果得原因之一是，OMT使歐洲央行敢承受赤字財政公債的倒帳風險，故能安定債券投資人信心。消息發佈後市場反映良好，西班牙、葡萄牙十年期債券立即下滑五〇基準點，發揮了政策效果，也讓過去歐元區邊緣國家（希臘、西班牙、葡萄牙等國）「撙節（austerity）計劃」未能解決的高利率問題獲得紓解，使金融市場趨向安定。

一九八六年至一九八八年新台幣升值風暴

一九八〇年代初期美國採強勢美元及高利率政策，國際資金快速流向美國投資金融市場工具，那是國際民間資本流動開始超越進出口商品流動的時期，此期間美國貿易鉅額逆差，失業率大增。美國為改善此一情況，一九八五年九月二二日美國與日、德、法、英等五國在紐約簽訂「廣場協議」，宣布美元大幅貶值政策，使日本、台灣開始面對日本幣、台幣升值風暴。當時台灣中央銀行為維護中小企業生機，匯率政策是一方面緩慢升值，另一方面向廠商買入遠期外匯。新台幣匯率一九八五年為四十元兌一美元，一九八六年八月升到三七元，然後一直升到一九八九年年底二五元。

這些政策使一九八六年七月到一九八七年六月會計年度內，央行外匯損失達新台幣二四〇〇億元以上。當時央行對其外匯資產價值不採市價評估法，即不採mark-to-market，而是把它看作長期投資在處理。此一匯率升值風暴，在一九九七下半年到二〇〇五年新台幣匯率恢復到三〇元到三五元區間內而獲得解決，上述央行外匯損失亦獲解決。

在一九八六到一九八九年間，新台幣升值近百分之四〇。當時台灣是很辛苦的，一九八六至一九八九年間政府用緩慢升值及買入遠期外匯幫助中小企業，不然中小企業大概無法繼續發展，因為匯率從四十元變成三十元兌一美元，又變成二十四元五角，出口中小企業經營處境固然可想而知。

為何台灣中小企業部分出走？

台灣當時處境是很困難的，因為台幣升值幅度那麼大，相對勞工成本就很高，本來一九八五年初台灣生產賣一元美金的東西賣給外國人，可以得到四十元台幣；但一九八九年底生產賣一元美金的東西，只能得到二十五元台幣，再加上本地上升的成本，企業幾乎沒辦法經營下去，所以台灣企業只有兩條路可以走。

一條可走的路就是部分勞力密集中小企業開始到大陸去投資。一九八六年新台幣開始升值後，加上一九八七年政治上解嚴及開放大陸探親，故台灣中小企業自一九八七年開始已與大陸透過香港作三角貿易，其後到一九八九年匯率升值穩定後，部分中小企業開始有較多的大陸投資，因為在台灣匯率快速升值下，大陸的工資比台灣便宜很多，部分中小企業當時在大陸投資更符合企業成本需求。

高科技業可否再次讓台灣經濟起飛？

但是留在國內的企業與勞工怎麼辦？一九八〇年代，日本跟我們一樣非常有錢，「錢淹腳目」，但是台灣從一九九三年以後就蓬勃發展，日本一九九〇年代及二〇〇〇年代二十年間的經濟成長幾乎都是下滑的，是接近於零成長的經濟停滯期，到現在二〇一〇年代才開始發展。反觀台灣在一九九〇年代，經濟成長年平均大概都有多百分之六．五到百分之七。為什麼差別這麼大？

當時日本為什麼沒辦法成長呢？很多研究報告指出，第一個問題出在日本貨幣升值得太多、太強，因為在一九八五年初，日圓的匯率是兩百四十五日圓兌一美元，可是到了一九九四年左右，大約是日幣七十八日圓兌一美元，以此看來，日本經濟要成長下去實在很難。

第二個主要原因是科技的發展。日本的科技化沒什麼進步，而台灣的科技化因為跟著美國進步，做美國的代工，這一點要謝謝張忠謀先生，帶給台灣一個重要代工業，使部分全球設計晶片可以由台灣代工廠來做，所以台灣在一九九三年後才得以發展。

第三個主要原因是台灣股票市場的發展。科技發展對台灣的幫助只是一部分，另外還有政府的租稅優惠與股票市場幫助。台灣的股票市場為什麼幫助很大呢？因為在一九八〇年代後期，台灣外匯大量累積，一九八〇年外匯存底是七十六億美金。到了一九八七年，我們的外匯存底是七百六十億，增加十倍，短短十年增加了七百億，平均每年增加差不多七十億。到了一九八九年台灣外匯存底在全球國家中占第二位，顯示台灣累積很多財富。

一九八〇年代後期，在資金過多的情況下，因當時資金沒有其他路可走，許多人會買房地產、買股票，造成嚴重股票及房地產價格膨脹。當時股票漲到一萬兩千四百點。本來在一九八五年時，股市差不多五百點到六百點，約從一九八五到一九八九年，只五、六年的時間就漲到一萬兩千四百點。但在一九八〇年代後期，當時政府、央行的匯率緩慢升值對物價並無衝擊。

一九九〇年代美國高科技企業開始發展，一九九一到九四年美國股票大漲，初次上市股（IPO）非常多。在台灣，一九九四年台積電上市，鴻海一九九三年上市，一些大型公司也都上市了，民間因一九八〇年代後期央行匯率緩步升值及買入遠期外匯，致中小企業及民間部門財富未受損，故一九九〇年代能支持股市購買上市股，當時通行的一句話就是「以股票換鈔票」。

在台灣，較顯著的新創高科技企業在一九八七年初才較多出現。那時候，在一九八八、八九年之間，很多

中國大陸現代服務業發展大有可為
兩岸應加強金融的合作

1985年-1992年間新台幣升值，由39.9元兌一美元到25.2無兌一美元。

2011年台灣消費占GDP比重為60%，2010年服務業占GDP比重64%。

中國大陸服務業GDP占整體GDP的比重，由1986年的29%持續上揚到2010年的43%，台灣1986處服務來比重為45%，與中國大陸目前之43%相當，中國大陸現代服務業有極大的發展空間。

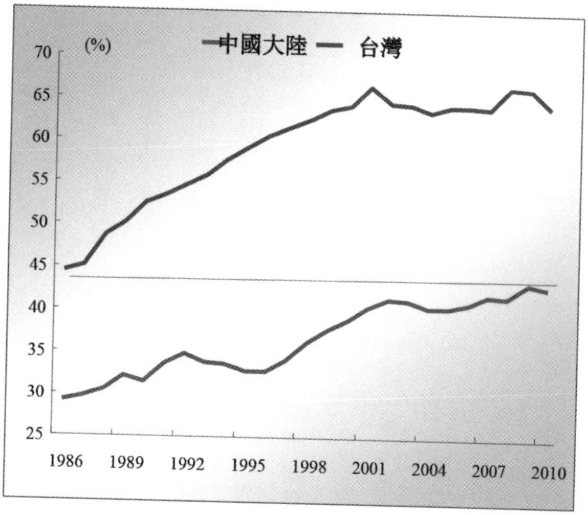

Source:台灣資料來源為主計處，中國大陸為CEIC

在美國公司任職的科技留學生回來設工廠，倒閉了不少，為什麼？因為他們不大懂得經營，只知道科技，不知道怎麼抓市場，風險高，在銀行是借不到錢的。但一九九〇年代起，在台灣是股市提供了科技及其他企業發展資金。

所以我們可以看得到，台灣在一九八七到九四年有科技的發展，然後一九九〇年代有股票市場的發展，因為新科技公司賺錢，吸引許多人投資股票，股票一漲，企業更能順利籌資。換句話說，一九九〇年代股票市場是促使台灣經濟能夠變成國際科技大國的原因。

與台灣情形相比較，日本在一九八〇年代後期企業向銀行大量舉債大幅擴充業務，故其財務指標：負債對淨值的倍數極高，一九九〇股市泡沫破裂，一九九〇年後日本企業財務大量緊縮，此外，也沒財富餘力向美國購併獲得新的高科技，致其經濟長期停滯，可見股市與科技對一國發展至為重要。

當前及未來台灣經濟展望

在台灣經濟發展過程中，促進經濟發展要看「每人（勞工）所可用的資本存量」這個變數，及生產力的成長（包括對外貿易獲利來增加GDP（國內生產毛額）的效率及技術創新的成長）。台灣現代化經濟發展大概從一九七〇年就開始進入勞動密集中小企業工業、鋼鐵及石化業，每人（勞工）可用資本存量大幅增加，但到了一九八〇年到一九八三年間因進入全球經濟成長停滯、物價膨脹階段，台灣當時該每人（勞工）所持資本存量的比率大幅下降。一九八六年開始起，台灣科技業發展，到二〇〇〇年止，該比率的年增率均成高幅成長，即累積資本存量大幅增加，但到了二〇〇〇年以後，每人的資本存量比率成長就呈持續下降，因為投資量減少了，這是台灣將來經濟發展最大的隱憂，當然現在台灣的經濟成長並不是這麼令人滿意，假如未來能夠繼續投資的話，國家、產業就會提升。

如何解決這些問題呢？一九九五年美國eBay網路購物興起，目前台灣正比照在推動第三方支付及電子金融，將來應當會在兩岸購物市場占重要地位。另外《經濟學人》（*The Economists*）在二〇一三年四、五月時的專文及其他未來學者指出，將來的工商業創新發展主要有四項：3D立體印刷、機械人、自動化、雲端計算。這些項目的前二項雖然不會吸引高科技業的大量投資，但是對中小企業的發展有利。假如兩岸服務貿易協議通過，兩岸市場可更增加兩岸服務貿易，例如未來隨著大陸對其人民外匯逐步開放，很多中小企業的商品買賣就可以透過網路作交易。另外，自由經濟示範區必能拓展海外及大陸市場，對台灣經濟成長應有甚大幫助。

主講人簡介

邱正雄

美國俄亥俄州立大學經濟博士

現任：永豐銀行董事長

曾任：行政院副院長、財政部部長、中央銀行副總裁、安泰商業銀行董事長

大華證券（股）公司董事長、台灣證券交易所董事、華南商業銀行總經理

台灣大學經濟系（所）兼任教授

> 全球經濟的連動，資本自由移動下，對開發中國家金融的穩定，包括央行政策的自主性都會造成重大的影響。全球化有助提升經濟效率成長，但不利所得分配。
>
> ——許嘉棟

第 14 堂課

全球化產生的效應與全球經濟思維

——許嘉棟

首先來談為什麼會出現全球化。大家都瞭解全球化的成因很多，不過我想最重要的應該是兩部分，一個是一九八〇年代雷根和柴契爾夫人推動經濟自由化、金融的自由化，對全世界影響很大；另外一個不能忽視的，就是一些原本是管制經濟、封閉經濟的國家，開始走向市場經濟，像金磚四國、東歐、越南等等，增加跟國際社會之間的往來，貿易或投資關係。由於金磚四國的人口、經濟規模都很大，這幾個經濟體加入國際經濟社會，整個貿易量、投資量相對也擴充很多，所以這是最重要的關鍵因素。

全球化的衝擊與效應

全球化有一些正面的效益，但也導致了不少衝擊，問題很多，尤其是在金融面。事實上，全球化對各方面的影響都滿大的，首先是跨境交易增加得很快，根據統計數字，全球的生產總值在一九八〇年到二〇一〇年這三十年中，生產總值增加了二．六倍，但是貿易量幾乎達到五．八倍，直接投資更是二十二．八八倍，由此可知，全球化之後，貿易、投資的成長速度遠超過生產速度。外匯交易也是如此。

產品的配置效率

全球化帶來哪些正面的好處呢？經濟學家強調，它會提高產品的配置效率，提高要素的配置效率，還有提高生產的效率。什麼叫做產品的配置效率，譬如生產一個東西出來，究竟要給誰來消費，才能達到最高的效率？經濟學的講法是，誰能出最高價格的，把東西給他就對了。意思是說你願意花多少錢來購買這個東西，它一定是能給你帶來同等價值的滿足水準，所以你才願意付那個價錢。如果有個人只願意付比較低的價錢，就表示那東西能為他帶來的效用比較低，願意付高價錢的，其效用比較高，所以給高價格的人就對了。貿易正是如此，東西總是從價格低的往價格高的地方賣，這樣就可以提高產品的配置效率。

要素的配置效率

要素的配置效率又是什麼？比如說你願意付一個勞工22K或者40K，其間的落差在於，如果在生產上帶來的增益值是40K，你就願意付40K的月薪，如果只帶給你22K的價值，就只能給他22K。在全球化之下，勞工、資本都一樣，都是報酬低的往報酬高的地方跑。好比你原本待的公司薪水低，另一間公司薪水高，當然在薪水高的公司，對生產上的貢獻要比薪水低的地方來得高，所以可以提高要素的配置效率。

生產效率的增高更是必然，在全球競爭之下，效率低的大概都會被淘汰，只剩下效率高的，所以全球化也可以提高生產的效率。

價格的均等化

除了效率面，也經常提到全球化會帶來價格的均等化，包括產品、原材料的價格，也包含要素的價格。商品跟原材料可以進行貿易，貿易一定會把它們在各地的價格拉平，譬如說中國的產品價格比較低廉，賣到歐美國家去，中國的價格就會往上，歐美的價格就會往下，價格會拉平。這個拉平事實上可以提高產品的配置效率，不過也不能夠忽視它帶來的副作用。

在一九九〇年代到二〇〇四年這一段時間，中國商品已經充斥全世界的市場，它的生產成本比較低，所以把全球的商品價格都拉下來了。這本來是一件好事，只是附帶產生的副作用是之前大家沒有想到的，這就涉及到中央銀行的政策問題。通常央行的首要任務就是穩定價格，一旦價格穩定就可以兼顧經濟成長，用擴張性的貨幣政策來促進經濟，在那樣的環境之下，世界的價格很穩定，所以中央銀行的職責主要就在協助經濟的發展。事後檢討，正因為全球物價很穩定，歐美政府就用一個強力的寬鬆貨幣政策來協助經濟發展，但寬鬆到太過分，所以引發了次貸風暴。

另外，原材料的價格也會隨全球景氣起伏：景氣差時，原物料的價格就比較低，一旦景氣上來，原物料價格也就跟著漲。譬如說在次級房貸風暴發生之前，當時原物料價格正在往上爬，次級房貸、全球金融海嘯之後，原物料價格又跌下來了。

勞動報酬的均等化

此外經常會提到的，就是要素價格的均等化。這裡包含勞動的報酬，同質的勞動在全球報酬大概都會趨於一致，就跟商品一樣，所以台灣的薪資為什麼不上去的原因，最主要就是因為全球化之影響。所以，在已開發地區，報酬趨於一致，意謂資本的報酬率往上，勞動的報酬率往下；反之，在發展中地區，薪資會往上，就業機會增加。

要素報酬的變化，也可就全球的要素供需來看。在全球化下，得利者是稀缺要素，也就是供給比較少、需求比較旺的那些要素，大抵上包含供給比較有限的自然資源、創新的技術、專利、特殊技能的擁有者，還有資本。相對而言，勞動是比較充裕的，所以資本主會比勞動者站在更有利的一方。而不利者主要是沒有特殊技能的勞動者。

最近常常在講國內所得分配趨於不均，背後主要原因之一是資本所得經常無法課稅。因為資本的流動性高，若對資本要課稅，資本就會往外跑，不願意留在國內投資。現在各國為了發展經濟，都想吸引外資去設廠、投資，於是就用資本所得的減稅來吸引外資，這已經是一個趨勢，台灣也沒辦法避免。

當然就公平正義的角度來講，若主要都是受雇者的勞動所得被課稅，但資本所得卻沒被課稅，民眾的心理感到很不平衡。但如果要對資本所得增稅，課得到嗎？你想課，他就往外跑，不僅課不到稅，還徒然損失了國內的投資與就業，這就是要付出的代價。所以目前最常面臨的困擾，就是在公平正義跟效率之間如何取得平衡。

資本自由移動產生的金融衝擊

這幾年來的經濟變化都是屬於全球經濟的連動，台灣經常受到影響。在資本自由移動之下，對開發中國家金融的穩定，包括央行政策的自主性都會造成重大的影響。在全球化下，套利、投機的熱錢在各國之間跑來跑去，哪裡的錢比較好賺，有高獲利，就往哪裡去。

錢一旦進到該國家，首先衝擊到的就是匯率。比如台灣一旦有很多這種外資熱錢進來，新台幣大概就會升值。若不想升值，唯一能的做法就是由中央銀行把那些外匯買進來，新台幣匯率就可以穩定，可是貨幣供給就會增加，因為央行買外匯一定是用新台幣買。因此，在資金可以自由進出的情況下，若想穩定匯率，貨幣供給就很難控制，進而對物價、利率都會造成影響，也會衝擊金融的穩定。反過來說，如果不想貨幣供給受到影響，唯一的做法就讓匯率去反映，央行不買，貨幣供給就不會變動，但央行如果不買外匯，新台幣就會升值。所以當資金可以自由進出時，央行對匯率跟貨幣的供給之控制，兩者只能二選一，一個控制住，另一個就沒辦法控制。

「大到不能倒」的道德風險

另外，從全球金融海嘯也經常看到「大到不能倒」的現象。在次貸風暴、全球金融海嘯、歐債問題的處理過程當中，大家都擔心系統性的風險，所以遇到「大到不能倒」的金融機構、金融商品或是一些國家，雖然我們不是很樂意，但也不得不施以援手，幫助它穩定下來，以致肇事者沒有得到該有的懲罰。用國內納稅人或是其他國家的錢，去協助這些製造事端的肇事者，當然會產生不公平的問題。

除了不公平之外，還有一個道德風險的問題。這是經濟學家常常會提到的，常舉的例子就是，一旦你有保車險，開車就可能比較不小心，因為肇事的一方會有人來善後。同樣的道理，如果「大到不能倒」已經變成普遍的現象，大家都想把事情弄得大一點，反正後果別人會承擔，這就是所謂的道德風險，不是好的現象。

生產與消費失衡所導致的「貿易事故」

再來談總體經濟的思維與貿易的思維。關於貿易的思維，我想大家都清楚，過去一段時間，東亞國家大致都是貿易順差，美國以及一些其他國家則是貿易逆差，而且長期都維持這種現象。

這就涉及到順差國的儲蓄太多，儲蓄太多才會形成順差；逆差國則是因為國內的消費太多，儲蓄不足，所以形成逆差。這也說明為什麼會形成「貿易事故」的原因。

事實上，過去這幾年，中國用貿易順差提供了很多產品讓美國消費，所以中國有順差、美國有逆差。然後中國賺得了這些外匯，又去買美國的公債，可以說中國對美國提供了雙重的服務：我提供商品讓你消費、投資，另外也對你的政府赤字提供金援，公債我來買，讓你政府的赤字可以維持，公債能一直持續賣下去，最後中國成了美國的金主。

布列敦森林體制與東亞金融風暴

另外還要提到國際貨幣體制的問題，我使用BW2（Bretton Woods 2 System；布列敦森林體制2）來說明。什麼叫做布列敦森林體制？就是在第二次世界大戰之後，全世界透過協議，大家都盯住美元採取固定匯率，因為該會議是在Bretton Woods舉行，所以文獻上命名Bretton Woods System，簡單講就是盯住一個貨幣採取固定匯率。

為什麼會有Bretton Woods 2 System呢？在東亞金融風暴之前，東南亞國家的貨幣相對美元也許是高估，所以持續呈現貿易逆差。投機客認為這些國家的匯率遲早會貶值，因此進行投機攻擊。一開始這些國家也不願意讓貨幣貶值，所以都是拿自己的外匯存底出來捍衛匯率，直到外匯存底快耗完了，發現撐不住了，只好放手讓貨幣貶值，最後引發了東亞金融風暴。

從東亞金融風暴，東亞國家自認為學到了幾點教訓，第一個教訓就是，匯率不能高估，寧可低估不要高估，匯率儘量低一點，然後可以出口、出超；第二個教訓，要多保有一些外匯存底，面臨投機攻擊時，才有子彈跟武器可以與之對抗。那麼，要如何達成這兩個目的？事實上，只要低估匯率，兩個目的都可以達到。Bretton Woods 2大概就這樣形成的，東亞金融風暴之後，東亞各國普遍低估自己的匯率，盡量盯住美元，不輕易升值。

Bretton Woods 2的運作，事實上不太符合經濟效率的原則。正常情況下，對外投資或資本移動的方向，應該是已開發國家往開發中國家跑，因為在已開發國家的報酬率比較低，開發中國家則有很多好的投資機會。資金也是如此。但現在方向好像倒過來了，中國生產的東西往美國賣，讓美國去用；換得的外匯資金也是去買美國的公債，資金都往美國跑，這種狀況並不符合效率原則。

其中隱含了所謂的Pseudo fiscal cost[1]。簡單來說，中國的出口商品原來可以運用在中國國內從事投資，但自己不用卻拿去給美國用，然後換到外匯存底。那麼外匯存底帶來的報酬是什麼？是美國公債的利息，這些商品如果留在國內投資使用，報酬率通常會遠高於美國公債的利息，所以把這個資源拿去給美國使用，對國家而言是不利的，也就是說國內資本的生產力高於外匯存底的報酬率。

1 Pseudo fiscal cost指國內資本生產力與沖銷利率＞外匯存底報酬率。

全球經濟失衡－總體經濟失衡

- 貿易失衡：1997-98亞洲金融風暴導致東亞諸國貨幣大幅貶值。風暴過後，這些國家多採取以低估匯率遂行出口帶動成長的模式，導致經常帳（貿易）持續順差，其貿易對手國（尤其是美國）則呈現持續貿易逆差。
- 另由總合供需的層面觀察，超額儲蓄與內需不足是形成大陸鉅幅貿易順差的主因；而美國的民間儲蓄率太低與政府財政赤字，則是導致貿易逆差的主要原因。
- 東亞各國經由經常帳順差累積的外匯準備多用以購買美國公債，故在融通美國經常帳赤字與政府財政赤字兩方面，皆成為美國的大「金主」。
- 東亞各國大量融通美國，使美國長期利率維持低檔，推動房市泡沫，最終導致次貸風暴與金融海嘯。

總體經濟失衡說明

失序的國際貨幣體制

二〇〇九年以來，國際貨幣體制的失序的另一個層面，就是美歐日的強烈量化寬鬆，一方面帶來全球的競貶，另一方面它所形成的資金浮濫，也引發了所謂資產的泡沫。錢太多的話，一定會造成物價上漲。過去大家通常都會想到商品價格，CPI的消費者物價指數，不過別忘了，還有一個資產的價格。

過去二十年來，國際上已有不少案例顯示當貨幣供給增加很多時，若未影響到消費性商品的價格，很多資產價格都往上跑，例如股票、房地產。次貸風暴就是一個例子。

金融海嘯之後，有幾股力量造成了全球資金的過剩。一個就是全球金融海嘯之後，各國都施展寬鬆的貨幣政策要救經濟；歐債危機引發二次衰退疑慮，大家又再次實施寬鬆貨幣政策。除了先進國家這兩股力量之外，也不要忘記開發中國家，當他們

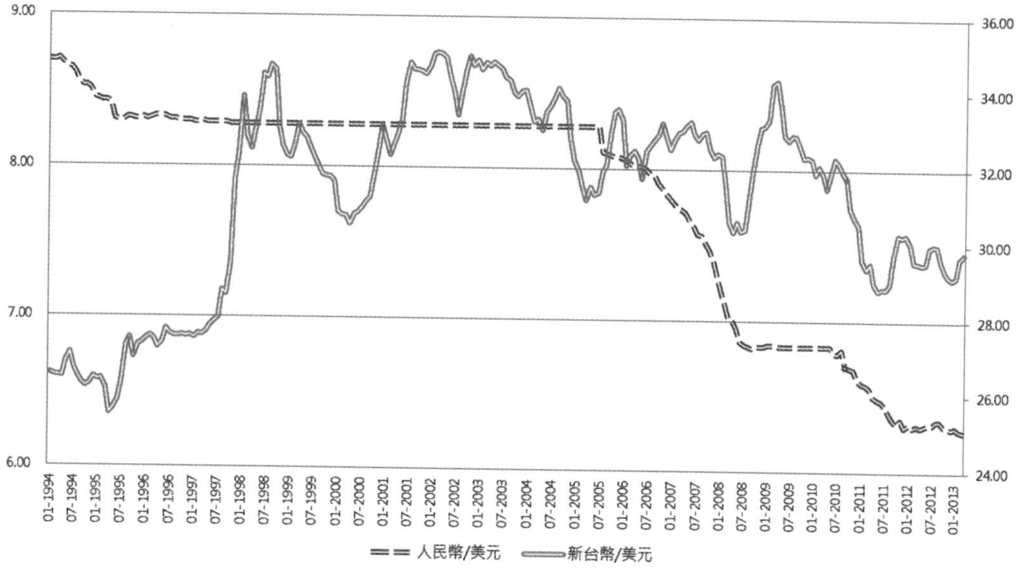

人民幣與新台幣兌換美元之匯率（資料來源：中央銀行、人民銀行）

累積外匯存底的時候，自己的貨幣也一樣在增加。三股力量匯流的結果，到處都是錢，所以房地產和股票的價格就是這樣撐上來的。

再來是美國的量化寬鬆，現在一直在談它什麼時候要退場，怎麼樣退場，大家都很關心這個問題。這個問題可能很難處理，因為量化寬鬆是過去沒有的做法，所以怎麼樣退場目前還沒有經驗，沒有先例可循，沒有過去的經驗可以效法，這是很麻煩的一件事。

歐盟的未來

至於歐債跟歐元的問題，目前歐債幾個國家的債務流動性問題短期內好像得到了紓緩，但通常歐盟或是德國要協助這些國家，都附帶一個條件，必須改善財政的赤字，一旦政府減少支出，就看到失業、裁員、政治動盪等問題接續爆發。縮減支出對國內與國際的景氣都很不利，甚至會引發一個新的問題：縮減支出是否真的能夠改善財政赤字？因為這麼做會導致經濟往下，稅收減少，如果稅收減少得比支出還更多，財政說不定更惡化。

此外，即使這些流動性的問題都解決了，還有會員國不同質這個根本的問題，事實上是最難處理的。這裡引述歐元之父蒙代爾（Mundell）的論點，他在提出共同貨幣使用時，對成員國提了四個條件，其中第一個條件就是各個成員國最好是性質接近一點。為什麼？因為使用共同貨幣時，各國就沒有獨立的貨幣政策和匯率政策可以用，只能用同一個貨幣、同一種匯率，所以最好大家性質、體質差不多，才比較適合這種制度。那些歐洲國家是不是都同質性呢？好像不怎麼同質。

第二個條件就是工資、物價要有調整的彈性。意謂一旦使用統一貨幣、同一個匯率，有些國家像義大利、南歐，它的貿易逆差、失業的問題很嚴重。在這種情形下，以失業問題為例，如果工資會因失業嚴重而在市場機能運作下自己往下滑的話，問題在某個程度也可以解決，但是這些國家的工資能不能降呢？好像也不太可能，所以失業的問題難以處理。

再來第三個條件就是勞工要有移動性，像南歐國家如果沒辦法處理國內失業問題，而勞工願意前往德國、法國等就業機會多的地方工作，失業問題就可以解決，但是他們勞動的移動性好像也沒有那麼高。

最後還有一個，如果以上的條件都不符合，總還是要有個補救機制，也就是狀況比較好的國家要用財力、財政來補助這些狀況差的國家，這是財政的移轉，就是會員國之間彼此協助，這是第四個條件。

所以我們就看到在歐元架構之下，同一個匯率，德國是有順差的，一些國家是逆差的。現在的問題是：未來怎麼辦？會往哪個地方走？不外乎兩個可能，一個是形成一個所謂的超級國家，另外一個是重組。歐盟跟歐元事實上是德國跟法國長期努力的結晶，這兩個國家一向希望能夠繼續把它維持下去。

那麼走向超級的國家或者說歐洲化，意謂像美國一樣。美國是由五十個州組成聯邦共和國，如果把這些歐元國家想成每個國家就是美國的一州，然後有一個中央聯邦政府來統籌，把他們的貨幣政策、財政都整合起來，像美國那樣成為一個歐洲聯合共和國，就是所謂形成一個超級國家的做法。

所以歐元區現在正在研究要金融整合、財政整合。但是話說回來，整合不是那麼容易的。如果財政、金融的政策都要結繳到所謂的歐洲中央，各國政治上能否做到這一點？此外，共同貨幣區的第四個條件－財政移轉也一樣不容易，因為有所謂民族性的差異，還有道德危機的問題。

如果說超級國家不可行，只能重組了。我認為若從比較長遠來看，大概不重組也不行，即使短期內可把現有問題處理掉，但成員國不同質的根本問題沒有解決，未來還是會重複發生類似的問題。當然到目前為止，德國、法國還是希望歐盟能夠維持下去。德國、法國為什麼想成立歐盟，主要是歷史因素，兩個國家打了幾百年，難得能夠和平，希望能夠永遠和平下去。

所以，歐元何去何從？目前歐債的流動性和財政改善的問題，還有很漫長的路要走，未來還很可能終須面臨是否要改組與如何改組的問題。**我個人認為，現在全球化所產生的這些亂象，在可預見的未來，還是會持續。**

【結語】

■ 全球化之效益

□方便性

□提升經濟效率、經濟成長與經濟福祉

□促進金融創新與金融市場發展

■ 全球化不利所得分配

□各類生產要素（勞動、資本、技術、自然資源）的相對供需各異，使勞動者在所得分配上處於最不利的地位

□要素報酬均等化，使已開發國家勞動者的就業機會流失、失業增加、薪資下滑

□各國對投資活動與資本所得進行減稅競賽，相對加重勞動所得者的租稅負擔

□影子銀行與投機熱錢在平時可輕易賺錢，風暴發生時則受到「大到不能倒」之庇護，苦果由一般民眾承擔

■ 開發中國家以競爭性貶值促進出口、發展經濟，不利全球平衡發展

■ 價格（匯率）機能失靈，造成全球貿易失衡、順差國易發生資產價格上漲與通貨膨脹現象、逆差國易釀成主權債務危機，以及匯率戰爭等問題

■ 歐債問題難解；歐元區終將面對成員是否重組的難題

■ 在全球化下，缺少一個公正的世界性政府或國際組織，來制定各國須共同遵行的經濟金融運作規範，並扮演監督全球市場運作、彌補市場失靈的角色，以致問題叢生

■ 全球化相關問題應透過國際協商來解決

□約束各國對資本所得之減稅競賽與競爭性貶值

制定全球失衡的監控機制；引導匯率價格機能運作

- □制定適度監管國際資金移動之措施，強化對衍生性金融商品、投資銀行，以及避險、私募基金的監理
- □各國平日應講求經濟政策協調與合作；在重大國際經濟問題或金融風暴發生後，更應儘速協商、合作，解決問題、消弭風暴，以免風暴蔓延、擴散

■ 現有國際組織與協商機制多因受制於少數大國，或參與國私心自用，致未能形成可順利解決全球化相關問題之共識。然而，國際組織與協商機制之改革或重組，事涉國際政治角力，故難度極高。因此，全球化下之亂象在可預見的未來仍將持續

主講人簡介

許嘉棟

美國史丹福大學經濟學博士

現任：余紀忠文教基金會董事、台灣金融研訓院董事長

曾任：中央信託局股份有限公司董事長、中華民國對外貿易發展協會董事長、財政部部長

中央銀行副總裁、中央研究院經濟研究所所長、台灣大學經濟系兼任教授

III 能源結構與環境永續

- 環境生態、能源、永續
- 國土規劃的理論與實踐
- 氣候變遷調適與行動
- 能源與綠能產業的展望
- 全球化下新城鄉危機之因應

主題三　規劃紀實

導師　葉俊榮

全球氣候變遷是影響當代人類最大尺度也是最深遠與最迫切的課題之一。當IPCC的報告斷然指出全球暖化是不爭的事實，不是來自自然因素，而是肇因於人類大量使用化石燃料導致二氧化碳濃度增加（IPCC, 2001; 2007），氣候變遷與人類的道德性以及決策的關聯性才被正式確立。在史登報告（Stern Review）發布之後，氣候變遷的經濟影響與財務基礎更是被高調呈現，除了提出氣候變遷對於自然環境及人類自身產生嚴重衝擊，且會直接反映在GDP上之外，更強勢地建立起氣候「治理」（climate governance）的制度理性基礎。

相對於氣候變遷課題的急迫性與嚴肅性，台灣從政府到民間，卻用一種「虛無因應」的態度在面對。所謂的「虛無因應」是指「很多華麗的口號，卻很少看到實際的行動；會開的很多，政策卻很少；表面的儀式很多，深層的思維卻很少。」事實上，從對世界應有的責任，以及本身地理條件的脆弱來看，台灣是最沒有權力和資格用這麼「虛無」的態度來面對這問題的國家之一。

台灣政府長期以來對於經濟與產業政策的強勢角色，對於台灣因應全球氣候變遷以及國土規劃造成嚴重的衝擊。首先，在整體產業政策規劃上，政府刻意壓低能源價格以及水價，希望降低產業成本以促進投資誘因。但是，台灣自身沒有蘊藏產業發展所需的能源，超過九成能源均來自於國外進口。同時，由於地理環境的特性，導致台灣的水資源頗為缺乏。扭曲的能源價格以及水價，一方面造成全民補貼產業發展，另一方面誘使鋼鐵工業及石油化學工業等高耗能、高耗水及高排碳產業的常態延續發展。

台灣許多污染密集或高耗能耗水產業以及電廠多設於海岸地區，更由於長期縱容的超抽地下水造成沿海地帶的地層下陷，將使得氣候變遷潛藏的不利影響更為嚴重。全球暖化造成海平面上升，使得海島環境的台灣，國土面臨流失與威脅，伴隨著將是許多現存堤防功能的失效，工業區、濱海道路、港灣設施都將面臨嚴重破壞。

以現實的角度來說，如此重視經濟發展的台灣，難道不應該想辦法在未來的綠色經濟、綠色產業卡到一個好位置嗎？這裡的商機最大，可惜不見台灣企業和政府部門改變既有的模式，未能把全球必須走向的節能低碳模式視為轉型發展的契機。面對這樣的「虛無因應」，連只關心「經濟」發展的人，也都該如坐針氈。

永續、環境、國土、能源、城鄉等課題在全球化和全球暖化的催化下已成為相當複雜、環環相扣的問題，無法藉由單一的知識與專業來解決，必須透過多元、跨域、開放、參與的過程來形成決策。政府除了必須積極面對承受因應氣候變遷所帶來的財政擔負及災害衝擊外，也應將氣候變遷視為發展的機會，不能消極應付，沉溺於空泛口號與連自已都沒有信心的形式規劃。相反的，政府應積極整合內部不同部會，中央地方連結、加強民間參與。尤其台灣在面對氣候變遷課題上，已經飽受災害，加上國土利用上所產生社會正義的矛盾與困境，更不應坐視「虛無因應」的情境發生。誠實且積極地面對氣候變化與環境變遷，減緩與調適台灣國土、人民權益與財產的損害、給土地和產業新的機會，「更具有凝聚社會意識的力量。」

「余紀忠講堂種籽營」就當前台灣環境永續問題作檢討，具有高度的切時與切題的意義。「永續發展」是一種大格局、大想法，如何改變制度、改變人類思考、改變國家治理的方向、發展型態，亦即整體決策模式的調整。但這樣的宏觀在近年來已經越來越被忽略，反而逐漸零碎化，永續發展似乎成為妝點環境保護的代名詞。在這次講堂主題中，以大家矚目的核四公投辯論問題為切入點，引導出國土規劃，災害防救以及氣候變遷的調適政策，分析台灣國土發展的形貌，檢討中央與地方政策發展的走向，並聚焦災害防救課題。接著，更進一步聚焦台灣因應氣候變遷的調適，呈現當前政策方向並進行檢討。透過台灣對氣候變遷的因應，導引出能源結構與綠能產業的發展，掌握台灣的整體能源現況，並從產業衝擊與能源產業的角度呈現台灣的能源選擇。最後，從能源政策形成與公共辯論，討論台灣所面臨的能源選擇課題，尤其從都市、地方與公民的角度探討環境永續的量能建構。

「永續發展」是一種科學機制、研究課題，更是一種生活哲學，也是一個企業倫理、全球價值。華人社會早就有「富不過三代」的警語，而《孟子梁惠王篇》更清楚地指出：「斧斤以時入山林，林木不可勝用也」，這些都是在強調時間與節制的觀念，也是永續發展的體現。

——葉俊榮

第 15 堂課

環境生態、能源、永續

——葉俊榮

對於生長在天災頻繁的海島台灣的子民，反省環境生態、能源、永續這類的課程特別有意思。

我們大概已經學過教訓，每一次都覺得我們好像因此得到一點反省、啟發，但社會很快又遺忘了那種感覺。不是只有台灣，也包括日本福島在內，福島那一次很多人都刻骨銘心，但最後反映到現實世界裡，會發覺我們真的有在回應嗎？如果有，是虛應故事，還是玩真的？是屈服於現實民主政治或民意政治下，做給人家看的，還是真的為了台灣長遠的生存和發展，以及環境的永續而做？我們必須拿出一把尺來。

海島國家的環境限制

先來說台灣今天所處的是怎樣的局面，而我們又是用什麼態度來面對，到底有什麼政策、做了什麼好事、壞事。有多少人真正體認到台灣是個海島？海島自己的特色，政府官員，尤其是總統，是否真的重視一個海島國家所必須面對、治理的特殊課題。

全世界百分之六十五的海島都至少被殖民過一次，有些甚至於被殖民多次，殖民者占領之後，配合自己的需求去改變當地原來的生態、人文、地貌，甚至於改變原來的人口，進行人口大遷移，以致海島時常面臨人文、政策、社會和生態之間的衝突。海島生態其實都相對隔絕，它的物種、植被、地貌之所以變成現在的樣子，要經過多久的淬鍊？但是外來的力量一進來，就在上面種棉花、種蔗糖，改變了原來的地貌與植被。

台灣不只是個海島，還是一個很動態的海島，包括颱風、地震等天災頻仍，在東西一百公里狹帶中，有非常高聳的中央山脈橫貫，最高的玉山還成為東亞之最。由於地質相對年輕，地表與地底都還很活躍，構成也非常豐富、複雜。

在一次探勘台灣海岸的路途中，台大地理環境資源學系的張石角老師曾有所感慨的對我說，大自然有兩股力量，一股力量就是造山運動、斷層運動，自變越來越複雜、分歧，有時候我們會稱之「災難」、「天災」，但是它卻創造了更多地表上的美景。我們時常說山坡地二十八．五度以上就不能利用，好可惜，但是這些斷層、高山創造了很多美景，創造很多台灣人習以為常，隨便都看得到的高山、河流、地景、海面和海岸。另一股力量則是透過侵蝕、沖刷、堆積，不斷地把分歧很多的地景慢慢弭平。這兩股力量一直在交替進行，過程當中，生活在其中的人，能不能好好地處理這兩股力量？

我不斷地用張石角老師所說的這兩股力量在觀察台灣，不只大自然，也包括社會現象、政治系統。我發覺這兩股力量確實無所不在，問題在於個人和整個社會怎麼去面對？台灣是一個天災頻繁的海島，發展路徑的過程中一直沒有處理好環境問題，我想大家都跟我一樣非常憂慮。做得好不好，絕不是只看台北市的空氣品質是否改善而已。我們面臨的課題是，台灣這樣一個動態的海島，整個發展模式是往對的方向走，或是大體還可

台灣不只是個海島，還是一個很動態的海島

以，有一些要注意，又或者是完全是錯的？

國土規劃的邏輯：「雜亂漸增」？

除了環境污染的問題一直沒有做好之外，現在又來一個氣候變遷。這一、二十年內，整個社會對於氣候變遷的重視、討論，以及政策的形成，真的認真面對了嗎？是否瞭解這座我們賴以維生的海島生態資源所面臨的困境呢？

氣候變遷的因應可以分兩方面，一個是減量，一個是調適。然而，台灣在減量方面並不認真，應該可以說不及格。那調適呢？提到調適，很多人都會想到是因為減量作不好，無法避免氣候變遷的影響，只好透過行為或態度的改變來減少損害。姑且不論這樣的看法是否正確，問題是我們連調適都沒有認真去做，不論是政府或企業，甚至還有很多懵懂敷衍的情形。

其實氣候變遷的調適，最重要的就是國土規劃問題，整個土地怎麼利用？但是每次講到這句話，我都覺得非常困難，原因在於那裡好像有一條鱷魚的尾巴，好長好長的尾巴，很難對它怎麼樣。可以肯定地說，國土規劃是台灣最需要檢討的課題。

既然國土規劃與氣候變遷的調適有這麼大的關連，但回顧台灣過去國土發展的路徑，卻是一個「雜亂漸增」（disjointed incrementalism）的過程。漸增是漸進主義，漸進主義有些是好的，先做這個，再做那個，並適時檢討調整，但如果漸進主義是個「雜亂」的漸增，突然這樣又突然那樣，只靠臨時決策，沒有一套完整章法，更不會隨時調整檢討，那問題就很大了！

很不幸的，雜亂漸增正是我們過去國土發展的邏輯。在地方與中央的劃分不清，淺牒的民主政治、選舉制度、利益團體的運作之下，許多發展變成是雜亂漸增的。在雜亂漸增的國土發展模式下，如果真要認真反省，必須要能擺脫慣性？因為，在此不只是反省，還是強勢反省。在強勢反省之下，不是有反省，而且要是社會真正的有決心下的反省，還要有想法，在這樣的基礎之下，才能繼續看後面一個更大的問題——「能源」。

能源與經濟發展間的矛盾

能源是環境與發展很大的諷刺，事實上，永續發展的模式裡面，有一個叫做承載量能模式（carrying capacity model），強調能在自然與社會的承載範圍內從事活動，才是永續的實踐。我們時常在講有多少能力做多少事，但是社會在成長的驅使下，為了經濟發展常常喜歡用槓桿原理，亦即用很少的資本做很多的生意。

具體的例子是，台灣本身擁有的能源少的可憐，但是為了發展貿易經濟、提升生活品質，我們用盡全世界其他地方的能源，有百分之九十七的能源倚賴進口。可以說，我們充分利用了海島國家的特色、國際貿易、人

楊日昌、葉俊榮、李永展（左起）與學員們就永續環境面向，從能源政策到公共辯論，討論台灣所面臨的能源選擇課題，尤其從都市、地方與公民的角度探討環境永續的量能建構。

力、科技，在全球的經濟貿易系統裡創造了我們的利基。這個「美麗的創造」背後的大功臣是誰？就是這百分之九十七從國外進口的LNG（液化天然氣）、原油及核燃料棒等進口能源。

能源是經濟發展的主角，百分之九十七的能源是進口的，這樣的能源結構，不論從能源安全或環境永續的角度，都必須反省檢討，不是嗎？然而，反省時怎可只是聚焦在油價要不要漲？核四要不要蓋呢？當然不是。我們在過去二十年來，除了對核四不斷爭辯以外（到現在還沒解決），到底對台灣能源政策做出什麼樣的決策？我們的出路到底何在？能源要如何與台灣的產業能夠連結？

能源並不是負面的東西，它本身也是個一個產業，問題在於產業內容是什麼？例如，能源產業是否能創造就業機會？核能比較能創造就業機會，還是分散的再生能源？我們當然不能只計較於那一種能源的價格較高，那一種較低而已。該如何解決當前能源結構的問題，又能讓產業發展起來，這就是我們能源根本的問題，也是連動到台灣永續發展的核心課題。

台灣是全球脈絡下的一環，不只是經濟，在各方面都是如此，所以全球化所帶動的流動，包含人、經濟、資訊、各種資源等之流動，都有台灣的影子。中國快速崛起之後，所產生的影響，更快速地對台灣造成波動。例如，崛起後中國所產生對物料的高度需求，既影響全球，更以相當大的幅度影響台灣。在這個基礎之下，中央與邊陲的關係因為全球化的帶動產生了極大變化，如果關注台灣和中國之間的關係，忽略了全球化所產生的中央與邊陲的整個流動，就無法掌握台灣的利基。

打破虛無因應

在這一個基礎之下，更能看到台灣內部的城鄉關係與變化。例如，五都崛起（加入桃園成為六都）之後，的確造成資源配置上更多的問題。該怎麼樣才能從城鄉關係裡看出我們對環境、氣候變遷的因應力量。如果依照我們的慣性，什麼事情都是從中央去看，任何事情都等著中央最高官員去做，而忽視了經營地方或社區，就忽略了全球化流動所產生，邊陲變成中央的可能。

例如，美國很多州結盟起來要對抗聯邦政府對氣候變遷的敷衍與拖延。這些州不只連結起來，還訴訟到法院，逼迫聯邦政府採取更積極的行動。美國最高法院最有名的一個案子就是麻薩諸塞州訴訟環境保議局（Massachusetts vs. EPA）。包含麻州等七個州，再加上民間團體共同控告美國政府不把CO2納入進空氣污染的管制項目，並在法院獲得勝利。歐巴馬政府最後在哥本哈根會議之前宣布決定把溫室氣體放入空氣污染排放項目，就是受到這個判決的驅使。七個州連結起來對抗虛無因應的聯邦政府，在司法途徑上獲得了勝利。由此可知，透過地方串連的力量，「打破虛無因應」，可以改變結局。

Worldwatch Institute（世界研究中心）每年都會有一個State of the World（世界現況）的報告。二〇一三年報告的主題是：Is Sustainability Still Possible? Yes or No?這樣的一個問題，我也要問：Is Sustainability Still Possible in Taiwan? 在這個大格局下這樣問，是不是Still Possible？二〇一三年的Worldwatch Institute透過這個報告，對永續的未來提出一個大問號，對台灣而言，這個問號是否更大？

我們的問題很多，但是我特別要提到網寮國小最為聚焦。網寮國小在嘉義縣東石鄉。我特別去東石鄉鄉公所的網站看過，上面有這樣的內容：「勤奮與海為伍的村民在颱風肆虐、鹽田廢棄後，展現出不向命運低頭的強韌生命力，但在生活資源日益匱乏之下，環繞村莊外平靜無波的水塘，似映照著村民對大環境無奈的心情。」

一個鄉公所的網站寫了這麼詩意的文句，這是非常特殊的，仔細去看這個鄉公所的網站，講到一段「網寮國小作育英才」的內容：「網寮國小為村內唯一一所學校，一九五二年創設為龍崗國民學校網寮分校，一九六〇年才獨立創校。內政部社會司副司長蕭玉煌、桃園地檢署檢察官戴文進為其傑出校友。」還講了很多：「隨著防波堤的完成，儘管地層下陷的問題還在，水災的陰影還未散去，村民還是過著昔日捕魚、養蚵採蚵、與海爭鬥的生活，整個網寮村到處可見如小山丘般高的牡蠣殼堆。」裡面寫到採牡蠣的過程，最後一段話：「網寮，就像環繞在村莊周圍那片無際的台鹽水塘地，平靜無痕。但在這平靜的背後，地層下陷、台鹽地的荒蕪、地下水抽取等問題，甚至人口外流，是網寮村民無奈的心酸。」

在台灣某一個地方如此描繪他們當地的國小。氣候變遷之下，網寮國小會怎麼樣？這叫做「脆弱性分析」。在一個國家裡面，有些團體或族群最容易受到氣候變遷的衝擊，損害相對較大。這些人變成為面對氣候變遷最脆弱的一群（most vulnerable group）。聯合國不斷地在氣候變遷的調適制度之下，要求各國做報告，包

嘉義縣東石鄉網寮村地層下陷嚴重，十分容易遭到水患

含脆弱性分析，並且去尋找脆弱的一群，但台灣一直沒有機會做這樣的報告，我們的政府也沒有承受過這樣的考驗。未能參與國際並與國際同步的代價在此！

德國觀察（German Watch）基金會曾經把各國做調適的報告拿出來檢視，發覺百分之五十～六十的國家竟然沒有做好脆弱性分析，並呼籲正視此一課題。這些國家沒有做好脆弱性分析，而我們連報告都沒有做，這就是台灣的悲哀。所以要問什麼叫「做真的」、什麼叫做「做假的」，我們還看不清楚嗎？

永續發展如同無人駕駛的飛機

什麼叫永續發展？講好聽的嗎？剛剛才提到的Worldwatch Institute正式指出永續發展已被濫用、被零碎化。永續發展的大格局、大想法，如何改變制度、改變人類思考的方向、改變國家治理的方向、發展型態，這樣的宏觀越來越不談，結果變成一種流行，反正政府做不來，至少從民間自己做起，呼籲環保媽媽做這個、呼籲環保爸爸做那個……越來越多這樣的事情。沒有人管大方向，就好像一架沒有人駕駛的飛機，不知道要把大家載到哪裡。

所謂制度保王，Business As Usual，他們說很多制度都在那裡，直到有一天崩潰之後，才說「人為因素」，總是要等問題發生了才做反省。

「永續發展」其實是一種科學機制、研究課題，更是一種生活哲學，也是一個企業倫理、全球價值。華人社會早就有「富不過三代」的警語，而《孟子梁惠王篇》更清楚地指出：「斧斤以時入山林，林木不可勝用也」，這些都是在強調時間與節制的觀念，也是永續發展的體現。如果政府不往永續發展的方向走，人民是否有權利要求政府走對的方向？問題是在行使這個權利時，人們是否有能力指出真正對的方向？這將變成公民社會的一個很大的課題。

主講人簡介

葉俊榮

美國耶魯大學法學博士

現任：余紀忠文教基金會董事、台灣大學講座教授

曾任：國家永續發展委員會委員兼執行長、行政院研究發展考核委員會主任委員、行政院政務委員、台大法學院副院長及教務分處主任、台大法律學院環境永續政策與法律研究中心主任

送給大家三句話：「正向思考」，不正向思考，一天都活不下去，永遠要看到事情的正面；「跳出框框看問題」，跳出框框看問題就能看懂，看台灣的問題，要把中國大陸、日本、韓國、新加坡都看進去；「對話（dialogue）」，跨部會的對話、與民眾的對話、人與自然的對話。

——李鴻源

第 16 堂課

國土規劃的理論與實踐

——李鴻源

現在整個世界是非常動態的，每天碰到的問題幾乎都不一樣，但是都有同樣的挑戰，而大概歸納就是兩個keywords，分別是global warming和globalization。在這兩個挑戰之下，台灣人要思考什麼？台灣人自己的identity是什麼？我們的capacity和limitation是什麼？這必須先弄清楚。

我覺得台灣人最大的問題在於，找不到自己的identity和limitation，也不曉得我們到底有多大的能耐，這就是全球化的挑戰、亞洲的布局、兩岸的競爭。我們在華人城市裡面該扮演什麼角色？有兩個很好的example：新加坡和香港，當然還有一個更大的是中國，我們如何在這裡面找到自我定位？這都和我今天要講的主題非常相關。

氣候變遷下的台灣國土危機

根據世界銀行（World Bank）的資料，地球會更熱、更貧、更擠，糧食安全（Food Security）是

九二一地震、莫拉克風災破壞的植被至少二十年才能恢復

我們必須要面臨的問題，如果沒有能源，要吃什麼？森林砍伐、水污染、缺水，我們的能源要從哪裡來？汽油和液化石油氣用完了以後，該怎麼辦？北歐的瑞典在二〇〇五年的國家政策就規劃，到二〇二〇年全國不用一滴汽油。

傳染病、貧窮、金融風險、國際衝突，大概都是從上個世紀末，幾乎每天上演的問題，台灣的狀況和他國不一樣，河川是人家的一百倍，中國大陸一個洪峰兩個禮拜，台灣只要六個小時。我們的溫度上升是世界平均值的兩倍，現在不是旱就是澇，沒有所謂的風調雨順，過去每十九年會發生一次嚴重水災，現在每兩年就一次，而且大概每九年會發生一次嚴重的旱災，所以我們的都市設計、國土規劃，所有東西都要跟著改變。可是都市還是在這兒，人還是要生活，我們要如何在這麼一個變動的範圍裡面，找到自己？

台灣是非常年輕的地質，山還會長高，地質是破碎的，開一條路從這邊經過，總認為工程師可以

台灣水庫面臨的水土保持、淤積問題，

已不可能徹底清淤，我們未來要喝的水在哪裡？

解決這個問題，但其實沒辦法解決。九二一地震，山上的vegetation cover（植被）全部被破壞，要多久可以恢復？莫拉克災區的樹多久可以長回來？至少二十年。可是在二十年之內，該怎麼辦？我們還生活在這兒。

碧湖水庫現在淤滿了，裡面有一億立方米的泥沙，怎麼清？光用砂石車載走，假設有地方丟的話，清理就要一千億新台幣。一億立方米的泥沙有二．六億噸，一輛砂石車大概可以載二十噸，需要多少砂石車？砂石車連起來可以繞地球七圈半，走過的路全部斷了，所以很遺憾地告訴各位，台灣的泥沙沒有「清淤」這兩個字，因為根本做不到，這些泥沙全部都留在山上。

從日據時代到現在幾十年來，台灣陸續蓋了五十座水庫，因為自然與人為因素，現在大概只剩下三分之二的水庫容量，到二〇三〇年，水庫容量可能只剩下一半。告訴各位，我們沒有水了，清淤已經不可能，再蓋水庫也不可能，因為所有能蓋水庫的地方都已經蓋了，在這樣的氛圍裡該怎麼辦？

台北到底能住多少人？

我曾問營建署一個問題，到底台北能住多少人？有沒有人想過這個問題？我們把所有人都集中到台北來，高房價、堵車、水污染，一堆問題都因為這樣而衍生。事實上，台北市不應該住八百萬人，因為淡水河的洪水流量比黃河還要大，不要小看這條一百八十幾公里的河，它的兩百年平均洪水是兩萬五千秒立方米，黃河也才兩萬三千五百立方米。現在最擔心的是這個地方上一次大地震是康熙三十三年，所以我們腳底下都是地下水。最近國家地震中心給我們一個預警，六．三級地震若發生在台北，要倒四千棟房子，台灣大概就差不多了，但是怎麼辦？不能只坐著等。

石門水庫在民國五十三年蓋好，它的溢洪道容量大概一秒鐘必須排出一萬一千立方米，才可以確保大壩的安全。一萬一千立方米是三條基隆河的流量，石門水庫要排出三條基隆河的流量才可以確保安全，所以我們現在碰到的問題是**「當極端氣候已經變成常態」**。

以前水庫溢洪道的設計降雨是「最大可能降水」（probable maximum precipitation），當時根本不可能會有最大可能降水。而莫拉克颱風就是一個最大可能降水，從來沒法想像台灣會發生這麼大的降雨。想想看，我們頭頂上有一個淤掉剩下三分之二容量的水庫，底下這邊住了八百萬人，風險很高，這就是我們所碰到的問題。

再來是地盤下陷，屏東佳冬、林邊，低於海平面三．二公尺，我常常講這是一筆糊塗帳，當地人養魚、養石斑，賺很多錢，但是賺再多錢，跟社會成本還是不成比例。第一，颱風一來就淹水，一淹水就破產，政府就要賠償損失；第二，最麻煩的是二十多年來長期超抽地下水，所以在離開海岸線五公里的地方，地底下抽出來的已經是鹹水，因而什麼東西都不能種，只能種黑珍珠蓮霧，因為它是唯一的耐鹽作物，所以再過幾年，很可能只能吃黑珍珠過日子。台灣的穀倉彰化、雲林、嘉義，都發生地盤下陷。我們現在試著要解決這問題，光從單一方面是無法克服的，必須要從國土計畫、都市計畫、土地使用的手段才能解決，工程技術也解決不了。

國土規劃是鬆散的概念

所以治水的問題不在工程技術，在於「國土規劃」，何謂國土規劃？國土規劃和永續發展一樣，是一個 loosely define concept（鬆散定義的概念），其實工程問題是最簡單的，**麻煩的是法令、制度跟社會價值觀**。我覺得台灣最麻煩的是社會價值觀，什麼是對的、什麼是錯的、什麼是政府該做的？政府該做對的事情，還是應該去做討好民眾的事情，我們永遠看不清楚。

國土規劃其實要從能源、漁業、林業、生態各方面一起著手，不是一個部門的事情，甚至不是行政院能解決的事情，因為裡面牽扯到法律與制度，這才是最關鍵的要點。做國土計畫的第一步，需要一個龐大的資料庫，沒有資料庫就做不了，所以我在內政部時就想把這個基礎建立起來，記錄全台灣所有的測量資料，以及所有的人口資料，從警政、戶政、民政、社政等所有的資料，全部建立起來。

第二步要做data mining（數據挖掘），要把資料挖出來，然後做出決策測驗系統，讓我們的領導知道有多少個方案？所以需要一個決策支援系統，才會有模擬情境分析（scenario analysis），才會有政策（policy），有政策才有行動方案（action plan），才有project allocation（項目分配），但是台灣永遠談project allocation，前面這一塊從來不談。

不能說的祕密：台灣風險地圖

我請水利署畫出易淹水地圖，經濟部中央地質調查所做出坡地災害圖、土石流風險地圖，然後請營建署把這些地圖套疊起來，呈現出台灣的風險地圖。下一步要做的是根據這張風險地圖來做國土計畫，但第一件事必須先給它一個法源。交通部建設道路，要避開這張圖；經濟部做重大工程，要避開這張圖，才不會發生類似北二高走山問題，那天無風無雨，山就崩下來了，幾個人就冤枉地死掉，這是因為道路開過一個不應該開的地方，可是沒有製作這張圖，如何知道？很諷刺的是這張圖不能公告，怕影響房地產。好比最危險的地方房價一坪值一百五十萬，該怎麼辦？

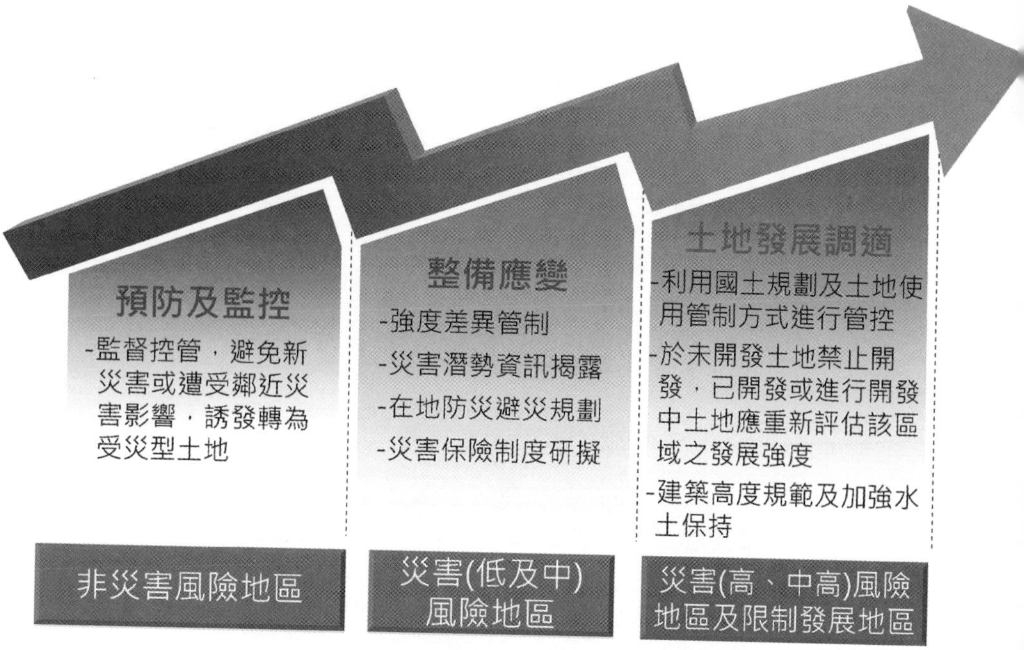
預防及監控
-監督控管，避免新災害或遭受鄰近災害影響，誘發轉為受災型土地
整備應變
-強度差異管制
-災害潛勢資訊揭露
-在地防災避災規劃
-災害保險制度研擬
土地發展調適
-利用國土規劃及土地使用管制方式進行管控
-於未開發土地禁止開發，已開發或進行開發中土地應重新評估該區域之發展強度
-建築高度規範及加強水土保持
非災害風險地區
災害(低及中)風險地區
災害(高、中高)風險地區及限制發展地區

面對不同等級災害風險地區之土地發展調適

瞭解台灣的風險所在後，下一步必須要做防災，要開始想辦法，如何有一個長期的目標、中期的目標，讓住在高危險地區的人慢慢搬出去？根據不同的等級，我們在非災害地區、災害地區，從防災、救災、預警的角度開始做土地發展的調適，包括法令、空間規劃、設計、審議、開發、管制，都要跟著改變，改變速度必須非常快。過去審都市計畫，委員都是建築、都市設計的專家，現在的委員除了原先的成員以外，還要加上防災、水利的專家，要把風險的概念放在審議過程之中，因為台灣的問題在於永遠用道德勸說，這是沒有用的，只有建立法源依據，才有可能實踐。

我們策劃防災策略的重點地區，推動防災型都更，加強防災審議機制，把資訊提供給中央、地方政府，告訴他們該怎麼做，但是目前不傾向把它公開，因為可想見會有一堆人跳腳，再者會有一堆質疑，因為這其實是很專業的，但是這資訊一旦公布，就會**把一個專業問題變成政治問題，最後模糊**

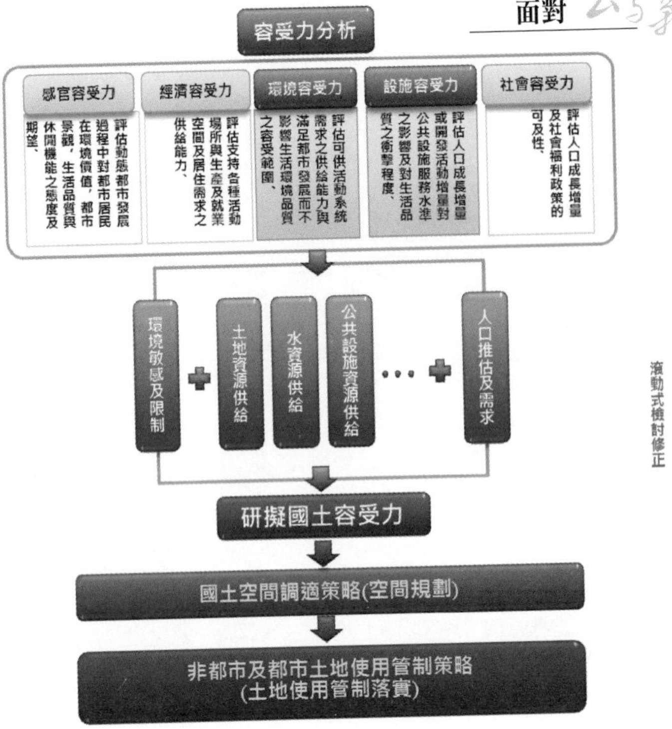

台灣國土容受力分析與調適

了焦點。

現在所有的政府單位都可以在這個平台裡找到需要的資訊，也會把這些資訊提供給學校老師使用。兩年之內，共做了七千八百三十五幅防災地圖，每個村里都有一張圖告訴他們遇到颱風時該怎麼辦、該怎麼躲。因為這樣的一個運用（exercise），讓颱風的人命傷亡降低至大概三、四個人，這就是深耕計畫，最基層都可以做到，不過，這只是消極的防災、避災，積極的做法，是整個土地使用都要一起改變。

接著再算土地的容受力。從來沒有人真正可以告訴我們，台灣需要多少科學園區，它們都應該在哪兒？優良的農田、都市應該在哪兒？台北能住多少人、台中能住多少人、台南能住多少人，這叫做「土地的容受力」。

營建署已經開始在做規劃。我們現在開始改變，改變什麼呢？就是建商在開發土地時要忠於一件事情，不可以從這塊基地多流一滴水出來，每一滴水都要留在基地上面。

為了這件事情，我們找了很多國外專家，全世界所有的先進國家都在做這件事情，也不是什麼了不起的大學問。我們傳統的都市設計概念是，水進來後就流到排水溝排掉，所以都市越蓋越大，排水溝也越做越大，但是淹水問題卻越來越嚴重。

現在給它開的藥方是什麼？小的綠點。這個小綠點就是所謂的滯洪池、公園、綠地、停車場，我們用都市設計的角度來解決淹水問題，水先流到小溪，小溪流到中溪，中溪流到大溪，概念完全不一樣，但是這件事情有什麼最大的難處呢？在於中央跨了兩個部、在一個市政府裡面跨了五個局，這不是技術問題，最麻煩的是政府運作的方式和法令的改變。

大家到國外去，這做法有什麼稀奇嗎？國外哪個東西不長這個樣子，但是為什麼台北就不是長這個樣子？所以我們開始在規劃。你可以想像改變以後，其實兩旁的房價會漲的，環境變好以後，很多的附加效益會出來，所以我們在提倡「總合治水」，過去都在談「總合治水」的手段，事實上最麻煩的是行政和立法，這兩塊常常被忽略。

水資源：開源節流回收，一滴不能浪費

我們永遠談開源、從來不談節流，開源是技術問題，節流是政治問題，我們是一個「多雨的缺水國」，每個人可以用的水比沙烏地阿拉伯還要少，台北人一天用三百五十二公升的水，西歐的人一天用一百二十公升的水，我們的用水是人家的三倍，所以台灣人根本沒有資格談缺水，我們還有太多的節水空間，但是「水價」這

兩個字絕對不能談，只要談到水價就變成政治議題，我們的水價是全世界第四低的國家，比我們低的幾個國家是馬拉威、南非、賽爾維亞，中國大陸的水價都比我們貴。水價不是個議題，然而當有一個合理的水價，它才能變成一個driving force（策動力），才有辦法變成engine，才有辦法真正節水。

做完防災地圖以後，下一步就是把缺水的地圖放上去。哪裡最缺水？桃園是全台灣目前缺水最嚴重的地區，因為石門水庫只剩下三分之二的庫容，所以桃園沒水了，但桃園要蓋航空城，卻從沒想過桃園沒水，可是航空城的箭已經射出去了，怎麼辦？就趕快將靶移到箭要去的地方，所以要開始思考水從哪邊來。因此開始推另外一個政策。

過去營建署負責把水丟掉，水利署負責把水收回來，這兩個署過去幾乎不會坐在一起談這件事情，所以我把兩個署長找來，說要把丟掉的水交給水利署做回收再利用，事實上新加坡、以色列都已經在做水回收（water recycling），我們有多少水的回收容量，假如真的要做的話，目前為止一天可以回收兩百八十五萬噸的水，新北市四百萬人一天使用一百二十萬噸，兩百八十萬噸是一千萬人的用水量，水的回收再利用，這就是我們接下來要推的。

負債需解套：試算保留地解編

再來談到「公共設施保留地」。我們有這麼多防災工作要做，內政部一年把九百億拿去做社會福利，中央政府、地方政府全都舉債一堆，從來沒有人想過那錢在哪裡？全台灣有兩萬五千公頃的公共設施保留地，二、三十年前的都市計畫假設台北市有四百萬人，但台北市現在只有兩百六十萬人，所以有很多學校、市場、機關預定地，全部都被保留起來。我要求營建署在四年之內全部解編，也因為少子化的關係，根本不再需要學校預定地，解編；現在也沒有軍事用地，越來越少，解編；機關理論上應該要瘦身，解編；大家都到超市買東西，哪還要更多傳統市場用地，解編。

把整個區域計畫重新檢討，假設可以解編兩萬五千公頃土地，這代表的含意是？第一，地主的財產全部被保障；第二，譬如還地兩公頃，可是如果還叫做學校預定地，那什麼事也不能做，所以就重劃，把學校預定地變成住宅區、商業區，但根據遊戲規則，地主拿一半、政府拿一半，所以地主拿回一半高價值土地，政府手上也有一半高價值土地，但營建署必須跟地方政府講好，當新北市拿了三千公頃土地，要把部分的錢拿去還債，先把債先還掉，然後用剩餘的籌碼把都市變漂亮。

我希望利用這個政策可以解決台灣的債務問題，二來確保民眾的財產權，第三地方政府手上有籌碼，可以把都市變得更安全、更漂亮。我認為這個project可以一次解決很多問題。營建署已經編了一億九千萬的行政經費，很積極與六都協議，開始讓他們解編這些保留地。換個角度來看，這個計畫不僅可以讓整個社會改變，還能解決國家的債務問題，但是我要求到院裡面做報告，他們不願意聽，只好我們自己做，做得還不錯。

三個關鍵：整合（integration）、協調（coordination）、執行（governance）

政治其實是非常專業的，所以第一件事情，就是把需要的資料庫、決策資源系統建立起來，然後從法律、國土規劃、都市計畫、區域計畫，從中央到地方一路落實下去，這需要跨部會的整合，需要很強的協調（coordination），要改變舊思維，創造我們的夥伴關係，不僅是中央部會的夥伴關係、也是地方政府的夥伴關係。

很遺憾的是，integration和coordination不是我們的文化，整合、協調、執行，我一直強調，不是改組，而是政府的運作方式要改變，送給各位三句話：**「正向思考」**，不正向思考，一天都活不下去，永遠要看到事情的正面；第二個**「跳出框框看問題」**，我要是站在內政部的角度，剛剛講的所有問題沒有一樣有解，跳出框框看問題就能看懂，要看台灣的問題，要把中國大陸、日本、韓國、新加坡都看進去；最後是**「對話（dialogue）」**，跨部會的對話、與民眾的對話、與鄰居的對話。

主講人簡介

李鴻源

美國愛荷華大學土木暨環境工程系博士

現任：內政部部長

曾任：行政院政務委員兼公共工程委員會主任委員、台灣大學土木工程學系教授

台北縣政府副縣長、台灣省政府水利處處長

台灣面對氣候變遷環境議題，和全世界都一樣，要從兩個角度著手：「調適」和「減緩」。不能僅由自己的角度來解決環境問題，必須全面檢視、一次解決。頭痛醫頭、腳病醫腳，無法真正徹底防止問題發生，甚至會創造新問題。

——黃萬翔

第 17 堂課

氣候變遷調適與行動

「環境」有幾個重要的關鍵，第一是每個人都與自己的環境息息相關，不會有任何人可以免除環境的影響；第二是個人的動作言行，都會造成環境的衝擊，無論直接或間接；第三則是自己的力量抵擋不了環境，一定要成為團隊才能對抗改變環境。

——黃萬翔

全球氣候變遷衝擊　災害接踵而來

氣候異常會怎樣？我們可以看到最近二〇一三年六月捷奧德的水患，人在路上行舟的畫面令人印象深刻；二〇一二年的珊迪颶風侵襲紐約；泰國、韓國、歐洲、大陸在二〇一〇到二〇一二年間也避免不了相關的侵襲。台灣也是不可避免，二〇〇四年的艾利颱風到二〇〇九年的莫拉克颱風，尤其後者的強度、創傷、復健幅度都最大、影響最深，造成非常大的損害。這些印象與衝擊，不但正在我們身邊發生，也沒有因為我們的關切而馬上停止。

全球氣候變遷衝擊、災害接踵而來

氣候異常的程度超過環境的負荷，災害就接踵而來。那該如何因應？我們往往看到的多是結果，但要解決問題，是要從原因下手。台灣面對氣候變遷環境議題，和全世界都一樣，要從兩個角度來著手：一個是「調適」，一個是「減緩」。每個人都可以看到一方的問題，但下手處絕不能只從一方開始，因此，不能只由自己的角度來解決環境問題，環境問題需要全面檢視一次解決，假如只是頭痛醫頭、腳病醫腳片面解決，不僅無法真正徹底防止問題發生，甚至會創造新的問題。

氣候變遷的定義從政府間氣候變遷專門委員會（IPCC）到《聯合國氣候變化綱要公約》（UNFCCC）對氣候變遷的定義，可以歸納為三點特徵：第一，這是長期性的；第二，造成氣候變遷的原因可分為直接、間接；第三，造成的結果自然、人為都有。

IPCC觀察的幾個資料大家都聽過，像是全球平均溫度升每百年上升〇．七四度；全球平均海平面高度每年升高一．八公釐；十年內的北半球冰雪覆蓋面積每十年減少二．七％；過去大部分陸地的劇烈降雨有增加趨勢，大部分地區乾旱情形越來越嚴重。所以，像馬尼拉、北京、曼谷遭受的衝擊大家都可以理解。

而未來到了二一〇〇年，如果不採取有效的因應方式，推估增溫二．八度，那是非常可怕的情境。北半球的極區溫度上升較顯著。降雨型態也是會改變，高緯度地區雨量增加，副熱帶陸地地區雨量減少。東亞地區雨量夏天增加、冬天減少。全球乾溼季越趨明顯的趨勢在二十一世紀將持續維持。當然，台灣地區出現降雨兩極化的機率也偏高。

台灣的衝擊必須生產生活生態全面調適

直接、間接的全球氣候變遷影響從橫切面看，就是社會、經濟與生態的關係，這就是所謂的「三生」（生產、生活和生態）極為重要，會全面受到影響，因此在調適的策略上一定要全面考量到。

氣候變遷不是全世界都受到一樣的衝擊，不同的時間、地點受到不同的侵襲。像是台灣在氣溫方面，一百年來全台平均氣溫上升了〇．八度（全球是〇．七四度），都會區增加一．四度，山地增加〇．六度，西部增加〇．九度，東部增加一．三度。鄰近區域的海溫增加〇．九到一．一度。過去五十年熱浪發生頻率及持續天數明顯增加，且北部溫度變化比其他地區高。

降雨與海平面方面，降雨日數在四季均明顯減少，時雨量兩公釐以下的「小雨」天數大幅減少，單日降雨量增加，豪大雨日也增加，整體降雨型態在過去一百年中有極大改變。台灣海平面年平均上升速率為二．五一公釐（全球是一．八公釐），台灣西南部地層下陷速率每年為七．八九公釐。

未來台灣氣候變遷的推估，以最可能發展情境（A1B）分析，可以看到二十一世紀末氣溫上升相對於二十世紀末，將介於二．〇至三．〇度之間，其中北臺灣較南臺灣的增溫幅度略高，春季較其他季節略低。多雨期間（夏季）的雨量增加，而少雨（冬季）季節雨量減少。颱風個數減少，但颱風增強的機率與極端降雨的強度可能增加。

台灣因應氣候變遷衝擊八面向的規劃與因應

從國家的角度來看氣候變遷的衝擊有八個面向，分別是災害、基礎設施、水資源、土地使用、海岸、能源供給及產業、農業及生物多樣性和健康。

1. 災害包括降雨強度增加，提高淹水風險及導致嚴重之水土複合型災害；侵台颱風頻率與強度增加，衝擊防災體系之應變與復原能力等。
2. 維生基礎設施指的是能源供給設施、供水及水利系統、交通系統、通訊系統等，因區位不同，所受災害類型及損失亦不相同。
3. 水資源則是降雨型態及水文特性改變，提高河川豐枯差異及複合型災害風險，氣候及雨量改變，影響灌溉需水量，生活及產業用水量，使得水資源調度困難，河川流量極端化下，河川水質亦受影響。
4. 土地使用在極端氣候下使環境脆弱與敏感程度相對提高，突顯土地資源運用安全性的重要性。

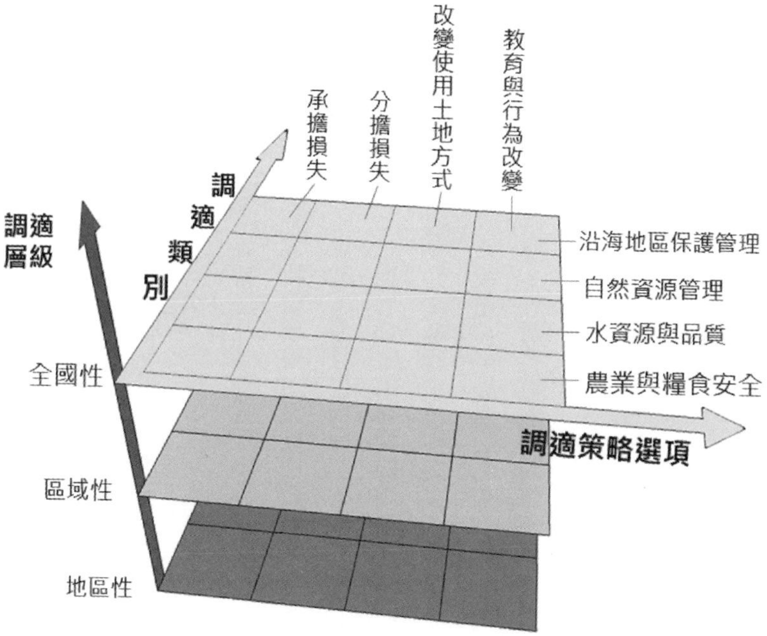

推動國家氣候變遷調適策略層級分析

5. 海岸是指海平面上升，原有海岸防護工程、景觀及資源遭受破壞，並造成國土流失等。

6. 能源供給及產業則是能源需求發生變化，可能無法滿足尖峰負載需求；各產業之能源成本與供應受衝擊。企業之基礎設施受氣候變遷衝擊，引發投資損失或裝置成本增加。

7. 農業及生物多樣性，溫度升高降雨量不足等，打亂作物生長期，農產品產量及品質面臨不確定性，危及糧食安全；漁業生產利益受影響等；環境變化亦影響生態系原有棲地，造成生物多樣性流失等。最後健康方面，溫度變化，升高傳染性疾病的流行風險，亦增加心血管及呼吸道疾病死亡率，加重公共衛生與醫療體系負擔。

推動國家氣候變遷調適策略

我們的做法分為三個層面：中央政策、地方推動和全民。

中央政策部分包括國家氣候變遷要有調適政策

綱領以及國家氣候變遷調適行動計畫。接著推動地方調適計畫，建立經建會（二〇一四年組改後與其他部會合併為國家發展委員會）、縣市政府與專家的推動平台。全民則是著重在全民教育、網站及資訊平台的建立。

實際建立調適計畫時，將面對各種迥異之規劃空間尺、領域情境與權責單位，導致產出之調適計畫將會包羅萬象，因此在規劃調適計畫之初，若能釐清各種調適策略選項，進行概念性分類，將有助於調適計畫擬定之全面性與系統性。而推動氣候變遷調適政策綱領與行動計畫都要設立目標、指標，若有指標沒有策略也全然落空，因此，目標、指標、策略，以及後面還要有行動方案才完整。

所以，國家氣候變遷調適政策綱領推動過程，先確立了政策綱領內容，像是分析臺灣氣候變遷情況及未來推估，並據以訂定政策願景、原則與政策目標；分災害、維生基礎設施等八個調適領域，詳細陳述各領域受氣候變遷的衝擊與挑戰，並且提出完整的因應調適策略。

再來從九十九年七月開始召開四場區域座談會廣徵各界意見。九十九年一月到一百年十二月，總共召開了十三次專案小組及九次審訂小組會議完成「國家氣候變遷調適政策綱領」草案。一〇一年二月陳報行政院，經依據環保署就國家永續發展委員會幕僚機關立場，會商有關機關研提意見，重新檢討。六月初舉行「全國氣候變遷會議」，依據各界意見再做檢討修正。六月底行政院核示：「同意照辦」。

整合推動氣候變遷調適政策綱領及行動計畫的規劃重點在於，專案小組將所有有關係的人都盡量納進來。所以，經建會邀請相關部會、專家學者、NGO及產業界代表成立「規劃推動氣候變遷調適政策綱領及行動計畫」專案小組，做為推動平台。

因此，我們看到的《國家氣候變遷調適政策綱領》的願景是期望建構能適應氣候風險的永續臺灣，政策原則包括政策與機制之整合、預防、安全與效率並重、前瞻思維與無悔策略、調適與減緩兼顧、調適應以生態系統為基礎、人人有責、夥伴參與及合作、考量弱勢族群與不同性別之需求、全民素養與能力之提升，和國際合作。藉由政策目標提升，及健全台灣面對氣候變遷的調適能力，以降低台灣的脆弱度。而這個政策綱領是中央級的架構，我們更希望能落實到縣市鄉鎮地區，並做跨領域的共同策略，為各調適領域共同遵循的優先策略。

調適策略的二大思維與細項計畫

各領域調適策略的擬定，**基本有二大思維：避開風險和降低風險**。避開風險指的是優先避開高風險區位或行為，免於遭受氣候變遷的衝擊影響。這就是說，如果今天有人打我，我就閃開降低我的風險，最好是能避開，避開又有兩種：原因避開或結果避開，這都和個別的狀況有關係，要見招拆招，這就是調適。降低風險主要透過提升能力來降低風險，且可分為強化及預防兩種角度思考，以降低氣候變遷的衝擊。

在上述的兩大思維下，各調適領域分別擬定出細項策略。例如，災害部分，總目標設定為經由災害風險評估與綜合調適政策推動，降低氣候變遷所導致之災害風險，強化整體防救災調適能力。最後在規劃之前把災害都找到，規劃之中盡量不要去碰到，若非碰到不可，就要想辦法減低災害。

維生基礎設施為提升維生基礎設施在氣候變遷下之調適能力，以維持其應有之運作功能，並減少對社會之衝擊。台灣兩千三百萬人其實只居住在一．五%的土地上，所以台灣問題不是土地不夠，而是不均衡的問題、使用的問題，不是量的問題而是質的問題。很多人認為台灣地小人稠，是用台北的眼光來看問題，地不少，人稠是各地區有差異的。

水資源的調適，主要是在水資源永續經營與利用之前提下，確保水資源量供需平衡。用水要用得少，水不夠要調度，這都是調適。由供給面檢討水資源管理政策以促進水資源利用效能，建立區域供水總量資訊，並由需求面檢討水資源總量管理政策以提升水資源使用效益。

土地使用的調適，指各層級國土空間規劃，均須將調適氣候變遷作為納入相關的法規、計畫與程序。若對環境不瞭解，土地的傷害不瞭解，是不會曉得該怎麼規劃。比如說將一張地圖標示三個顏色，一個顏色代表風吹了都會痛，一類顏色是你打它才會痛，第三類是你打它，它也不會痛。這代表，如果土地夠用，就以第三類土地為主，無論如何都不要用到第一類，若一定要用到第二類土地就要有調適策略，避免降低災害。再加上，台灣土地是私有的，同時應考量到會有哪些人受益、有哪些人受到損害，也需要有平衡合理的機制來調和。

海岸調適是在於保護海岸自然環境，降低災害潛勢，減輕海岸災害損失。

能源供給及產業的調適則為發展能夠因應氣候變遷的能源供給與產業體系。建構降低氣候風險及增強調適能力的經營環境；提供產業因應能源及產業氣候變遷衝擊之支援；掌握氣候變遷衝擊所帶來的新產品及服務；加強能源與產業氣候變遷調適之研究發展；甚至要設想能源短缺時，要怎麼因應。

農業及生物多樣性的調適是發展適應氣候風險的農業生產體系與保育生物多樣性。健康的調適則為有效改善環境與健康資訊彙整體系，以提升全民健康人年比例，希望降低氣候變遷相關之失能調整人年比例。

整合調適的機制，除了策略外，相關政府組織也要作調適。強化政府組織再造後，有關氣候變遷政策的主要機關包括負責政策規劃與協調推動的行政院國家發展委員會，及負責氣候變遷政策執行的環境資源部及相關部會之功能均應適度調整。短期處理事情有四項原則：不修法不定規定、不增稅不加捐、因地制宜和沒有人受害。在這四個原則之下，不需要等立法就可以完成，長期則仍待修法建立永續制度優先選項，但現在可以動的就先做。

氣候變遷影響的層面廣泛，除必須落實各領域的調適策略外，還需要相關共同的配合措施，如研究發展、教育宣導與全民參與等皆為不可或缺的重要工作。此外，成立我國氣候變遷調適研究的整合平台，調適研究發展的方向。同時，著重教育宣導，推動「我國氣候變遷調適全民教育計畫」，讓全民都能參與其中，整合倡議公私部門與全民參與的調適決策與行動。尤其地方氣候變遷調適之推動，我們只有觀念沒有用，要透過宣導把觀念傳遞出去，真正落實在地方上。

我們不能以不變應萬變的想法，心和觀念要能隨時移動，要能把綱領化作行動。因此，**國家氣候變遷調適行動計畫（草案）以五年為一期，持續進行「滾動式規劃」**。並且在八個調適領域行動計畫中共提出四百四十五項行動計畫，進一步篩選七十一項優先行動計畫。

規劃要從整體的狀況來看，並求取均衡，包含人、土地、活動，往下細分可分別畫成樹狀圖。人的整體若從橫斷面去看，像是原住民、客省族群，縱斷面去看則過去的人稱之為考古，未來的人叫永續，再細分是畫不完的圖，像是所得、男女……等。土地也包含了地上、中間層和看不見的土地。活動則是過去的活動要留下來移植，現在的活動未必全部涵蓋，未來的活動尚未發生，如何做因應及準備，再做整體的思考，基於責任共擔，成本、利益共享的原則下，求取永續平衡，是一大課題。

總體調適計畫之推動

氣候變遷具有高度不確定性，在整體氣候變遷風險評估尚待完成前，調適應以無悔計畫為優先，即選擇調適效益明顯大於成本的行動計畫，作為跨領域共同的總體調適計畫。接著建構氣候變遷調適優質基礎制度，儘

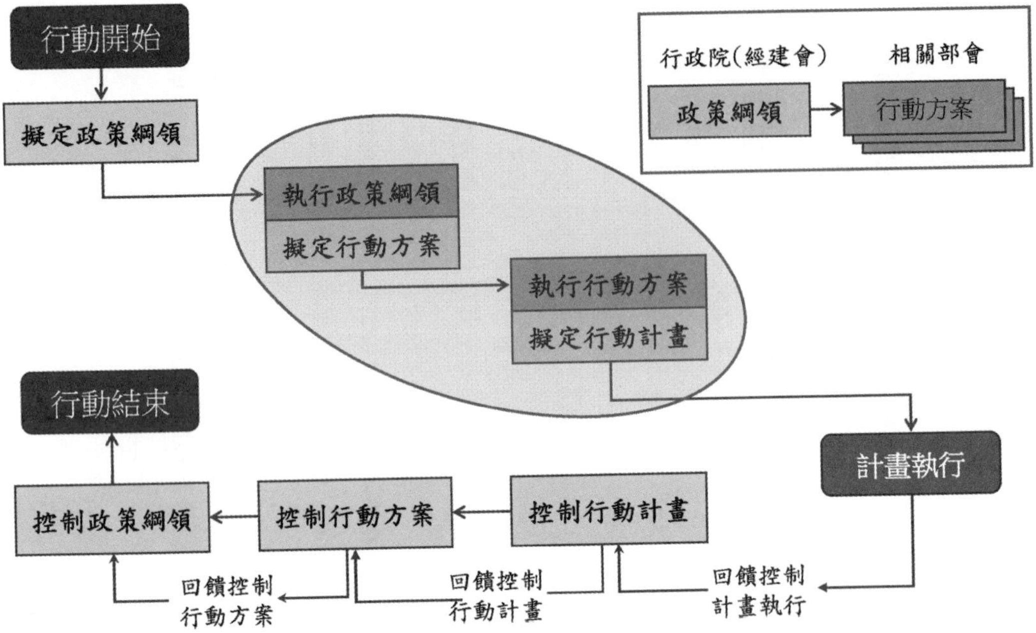

總體調適計畫之推動架構

速完成評估台灣的氣候變遷風險並落實調適計劃，針對高風險地區優先執行氣候變遷調適工作。三大項總體行動計畫可進一步細分為二十項個別行動計畫，將指定主辦機關做進一步細部規劃。

深入地方與全民調適

我們深切體認到唯有全民共同參與及投入因應氣候變遷的調適，方可避免氣候變遷衝擊所可能引發的生存危機。所以，我們也補助引導各縣市政府，進行規劃地方調適行動方案；地方各縣市在做政策方案時，我們也會派專家到地方去幫忙，協助推動地方氣候變遷調適計畫，以及建置氣候變遷調適資訊平台和全民教育與宣導推廣。像是臺北市氣候變遷調適示範計畫、屏東縣氣候變遷調適示範計畫都是已完成的地方氣候變遷調適計畫，目前接受補助且規劃中已有十多個縣市。

最後以嘉義東石為例，說明整體與衝突的觀

念。東石全區屬雲嘉南濱海國家風景區，經管範圍七百六十六公頃，土地使用現況多為聚落、養殖漁塭、農地、水圳溝渠與閒置地，少部分為原有植被與防風林。非都市土地使用分區以一般農業區最多（四十四%），次為特定專用區（四十二%）與鄉村區（五%）。非都市土地使用編定以養殖用地最多（五十四%），次為農牧用地（二十六%）。東石是地層下陷地區，抽地下水是地層下陷的主因，而抽地下水背後是因為養殖業所需。為了改善下陷情況，要求當地居民不要再抽，就得輔助改變居民職業，職業改變之後生計也會改變，這必須付出成本，必須能夠讓他們可以平衡維生，才能順利圓滿推動。而這個地區治水方法包括整合引導及滯洪池等各種方法，但這不只是治水計畫，無論哪一種方法，都不能忘了考量「三生」，經濟要考量、生態要考量、生活也要考量。因此，我們就嘗試做出一個整體的綜合計畫，是各部會、民眾、地方都接受的規劃。透過土地使用規劃與利益的均衡，讓財務可以儘量平衡，這個案例的構想也可以讓大家參考。

不可迴避與漠視　加強調適能力及恢復力

總結來說，全球氣候變遷已是進行式且不可能被迴避漠視，對於氣候變遷調適的正確認識應是：加強事前的衝擊調適能力，以及在災害過後，能夠儘速回復正常。

推動「國家氣候變遷調適政策綱領」是要積極回應挑戰、發展圖存策略，進一步轉化成臺灣的競爭優勢。後續將透過各部會及所屬機關進行調適行動方案與計畫的規劃、執行及控制，以具體落實綱領及行動方案。並將透過滾動式檢討回饋，由各部會及地方政府擬具有效因應作為，逐次納入未來調適策略。

調適與減緩工作密不可分，除了致力因應氣候變遷衝擊之調適，也應積極推動溫室氣體減量的工作，雙管齊下，才能有效因應面對。未來臺灣也將逐漸朝綠色經濟及低碳社會之願景發展，希望把環境保育整合成為一個新的產業模式，做為永續發展的基石，使我們的地球環境成為適合生活的淨土。

主講人簡介

黃萬翔

政治大學地政研究所博士

現任：行政院國家發展委員會副主任委員

曾任：行政院經濟建設委員會副主任委員、立法院參事兼院長辦公室主任

台灣省政府建設廳副廳長、台灣省住宅及都市發展處市鄉規劃局局長

能源效率不是天天提醒關電燈、冷氣開小這些道德勸說。達成具體能源效率的提升要靠誘因，獎勵的錢要花得下去。

把效率當成能源的一種是極重要的觀念。供應能源的目的在於滿足能源的需求。有效的降低用電需求，其效果等同於實體能源的供應增加。

——楊日昌

第 18 堂課

能源與綠能產業的展望

——楊日昌

能源對人類生活和世界發展的重要性是不言可喻的。沒有化石能源就不會有我們今天的文明。但是，我們快速擴大能源耗用現在卻開始帶來了一個攸關人類存續的重大難題：氣候變遷。

台灣在能源這問題上的挑戰比大部分國家都大。不只節能減碳的困難度和成本都很高，即使連穩定的供應經濟發展與民生福祉所需要的電力都已經開始變得很不容易了。

以下我們就針對全球能源與節能減碳的大趨勢，綠能產業和綠能科技，以及台灣獨特的能源挑戰這三個主題來向各位介紹這個大家都需要更瞭解的題目。

能源

我們人類最早的能源是木頭。到了十三世紀，歐洲遇到了第一次的「能源危機」——因為樹快要不夠砍了。還好當時發現了煤炭，所以經濟發展才得以持續。到了十八世紀中葉，我們在煤炭的充沛供應之下，科技開始精進，帶來了工業革命，經濟開始快速穩定的成長。十九世紀末，石油開始大規模的開採與生產，更是徹底改變了我們這個世界。其實石油的第一個大規模應用不是汽油和汽車，而是柴油（kerosene）。有了大量生產而且愈來愈便宜的柴油之後，大部分人家才開始都能點燈，使得夜晚不必在黑暗中渡過，等於生命被延長了三分之一到二分之一。等到汽車發明以後，充沛的汽油又把人類生存與生活的空間大幅擴大，所能享受的「自由」也就大大的提升。石油當然它也徹底的改變了戰爭的武裝和型態。掌握石油、取得石油從第一次世界大戰以來就已經成了交戰國勝敗的關鍵。到了一九五〇年代石油第一次超越煤炭成為人類能源的最大來源，可以說是如日中天。直到一九七〇年代在石油輸出國組織（OPEC）的導演之下，我們經歷了第一次和第二次的能源危機（其實是石油危機）之後，大家才開始有了要取代石油，要節約能源，要開發再生能源的觀念，逐漸的進入了今天這個石油、煤碳和天然氣三足鼎立的時代（各占人類耗能總量的百分之三十二、二十七和二十一）。核能則是在一九六〇年代開始興起。在一九七〇、八〇年代許多人都甚至以為它會成為未來電力的主流。但是安全性考慮和民眾的反對使它的發展慢了下來。新式的再生能源，像太陽能、風力則到今天的占比都還是只有百分之一左右，不過它們的成長是最快速的。

回顧從一九七三年第一次能源危機以來的過去四十年，我們人類的能源耗用量大約成長了一倍（每年百分之二）。最主要的趨勢是石油的取代。四十年來它從總能源的百分之四十六降到了百分之三十二。化石能源總量則從百分之八十七降到了百分之八十一。這下降的六個百分點則主要是由核能補上。

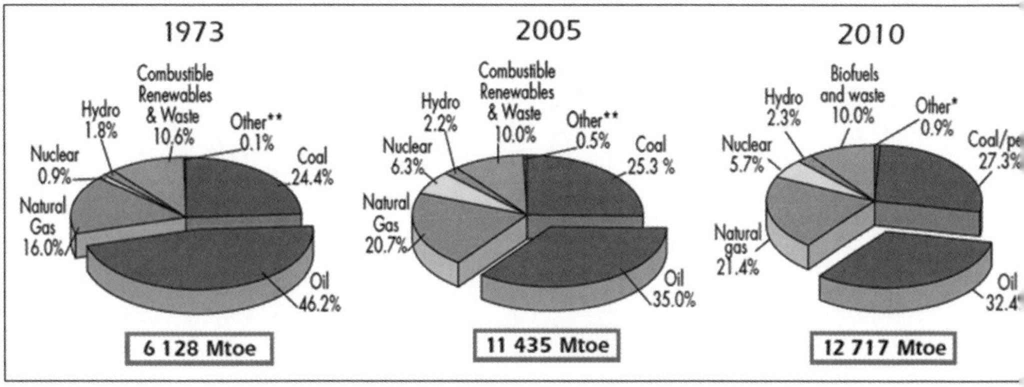

Mtoe: Million tons oil equivalent, 等同百萬噸石油

全球初級能源的組成及其變化（1973～2005～2010年）
資料來源：IEA Key World Energy Statistics 2007,2012

頁岩油氣的發展

如果我們要說今天世界能源有一個重大的趨勢的話，這個大趨勢不是節能減碳，而是頁岩油氣（shale oil and gas）。

利用液壓技術（Hydraulic fracturing, or fracking）使得原來鎖在頁岩層裡的油或氣能夠被開採出來其實美國早在十九世紀就已經開始嚐試。一九八〇年間搭配了水平鑽井技術以及數值模擬的大幅精進它漸趨成熟。過去十年裡因為油價的大幅上揚而帶動了天然氣價的大幅上漲，使得頁岩氣的生產成為經濟可行，開始大幅躍進。到了二〇一〇年頁岩氣已經是美國天然氣總年產量的百分之二十三。美國能源部的能源資訊署（Energy Information Administration, EIA）預測到二〇三五年頁岩氣將會占美國天然氣總產量的百分之四十六。由於頁岩氣的大量生產，美國天然氣的價格已經從二〇〇八年每千立方呎十三美元降到現在大約四美元的低點。除了在經濟面與整體能源面上所產生的重大影響之外，便宜的頁岩氣使燃煤在美國發電的占比從二〇〇七年的百分之五十降到了二〇一二年的百分之三十七。這個轉變也使美國這個不願意加入京都議定書而飽受國際撻伐的國家一躍而成了全世界各國從二〇〇五年以來減碳幅度最大的一個國家。

最近，美國頁岩氣革命的熱點又從頁岩「氣」（產量過剩，價格低落）開始轉向到利潤大得多的頁岩「油」。因為頁岩油的生產，美國本土的石油生產量已經從二〇〇八年的每天四．九五百萬桶，成長到二〇一一年的五．七百萬桶。美國能源部預測二〇二〇年美國的產量將會達到七．〇百萬桶。許多專家和智庫都認為美國有一天會達到一〇．〇百萬桶，跟今天沙烏地阿拉伯的產量差不多。

頁岩油氣的開採目前還只侷限在美國，但是這個資源卻是廣布在世界各地。美國能源部的全球調查顯示美洲、歐洲和亞洲各大陸都有豐富的頁岩氣儲量。這中間又以中國的一千二百七十五兆立方呎（tcf）為最大（美國第二，八百六十二 tcf）。**這事實正在開始顛覆美國、中國和歐盟在能源安全以及全球地域政治（geopolitics）的策略性思考。**

頁岩氣的革命當然也是個幾家歡樂幾家愁的事。在美國，頁岩油氣不但在能源自主（energy independence）和節能減碳方面都有巨大的貢獻，天然氣價的大幅降低更帶動美國製造業的回流和復興，使整個國家的經濟甚至以前沒落的地區都活絡了起來。中國是世界的製造中心，能源需求孔急，開發的需求與意願都高，雖然在開採的技術與步伐上都還落後美國很多，但是它擁有的全球最大的儲量，有一天在頁岩油氣上成為舉足輕重的國家是指日可待的。相形之下，像台灣、日本、韓國這些沒有頁岩油氣資源，天然氣必須倚賴昂貴的液化天然氣（LNG）進口的國家，處境可就是很不利的了。現在北美（自產）、西歐（俄國管線）和亞洲（LNG）的天然氣價格大約分別是每千立方呎四、九和十五美元。未來我們的石化業以及一些高耗能產業的競爭力，以至能否根留台灣都會因為頁岩油氣的革命而令人憂慮。

節能減碳行動的主要選項（options）

	IEA 450 Policy Scenario（2020）	IEA 450 Policy Scenario（2030）	IEA BLUE Map Scenario（2050）
Efficiency	59.3	51.6	36.0
Fuel Switching & Gen. Eff.	6.1	5.3	8.0
Renewables	19.3	22.9	21.0
Nuclear	12.8	10.0	6.0
CCS	2.5	10.2	19.0
Other	-	-	10.0（EVs, etc.）
Total	100.0	100.0	100.0
Reductions from BAU	10.4 %	34.3 %	77.0 %

資料來源：
International Energy Agency（IEA）, *Energy Technology erspectives 2009*
International Energy Agency（IEA）, *World Energy Outlook 2009*

節能減碳

節能減碳的重要性和必要性是很明顯的，但是它的進展（或缺乏進展）卻讓我們愈來愈憂慮。在過去二十年裡，我們已經很明確的知道地球確實在暖化，這暖化是人為造成的，而且無法抑制暖化的後果會是非常的嚴重。我們也已經設定了節能減碳需要達成的目標（在二〇五〇年把常態發展（business as usual）會造成的溫室氣體排放降低百分之八十；從而把本世紀末的暖化控制在攝氏二度以內），也已經歸納出有哪些減碳的選項（options）以及各個選項必須發揮到什麼程度。這些東西其實現在早都是老生常談，滾瓜爛熟的東西了。一大堆人在開一大堆的會，不斷的一而再，再而三說我們「應該做」；但是，**真正重要的事情——我們要「怎麼做」，要透過什麼樣的過程（process）才能把這個大工程做出來卻是到現在都還是很模糊，很片面，而且很缺乏共識和定見。**

要談「怎麼做」，首先讓我們來看一下二〇五〇年那年如果全球的節能減碳真的做出了「2℃」的成果，到時候我們人類的能源系統會是長得什麼樣子。以下是國際能源署的描述：

- 全球的能源密集度（每元GDP所需要耗能的量）比今天降低百分之六十。
- 全球的電力系統絕大部分達成「非碳化」。再生能源達到總供電量的百分之四十二，核能百分之二十三，剩下來還須要倚賴的化石能源則大部分裝置了碳捕獲與封存（carbon capture and storage, CCS）系統。
- 在交通運輸方面，百分之五十的交通運輸達成非碳化，汽油絕大部分被取代。四分之一的交通運輸能源來自電動或燃料電池車輛。
- 這些改變百分之七十是在包括中國、印度在內的開發中國家發生（二〇五〇年人口：開發中國家八十億，OECD國家十億）。

相對這些需要達成的巨大改變，世界各國現在的行動卻是非常的緩慢。這其實並不該令人驚訝。因為節能減碳必須仰賴像新能源、高能源效率設備和製程這些綠能科技，但是絕大部分綠能科技的成本現在都還是過度的高。在我們這個以競爭為遊戲規則的全球經濟（globalized economy）大環境之下，綠能科技過高的成本使有心減碳的國家必須顧慮到競爭力削弱，產業外移，以致國民福祉遭受危害這些相當嚴重的衝擊。這使得大部分國家對減碳的承諾都躊躇不前。難怪UNFCCC的COP大會開了十九年之後，都還只達成了「要在二〇一五年達成協議，二〇二〇年開始付諸行動」這樣一個還不知道會協商出什麼結果的未來協商目標。蹉跎掉的寶貴時光，事實上已經快要使得「2℃」這個目標變成不可能的任務了。

那麼，我們要怎麼做才能改變這個現狀呢？尋求這答案我們需要先建立兩個重要的認知：

第一，人類的執行力絕大部分是蘊含在「企業」裡。像全球節能減碳這麼巨大的一個任務，我們提出的政策如果不能符合企業經營的法則與模式，使企業界有足夠的誘因去扮演一個積極的角色，甚至領導的角色的話，是根本沒有可能被成功推動的。

第二，節能減碳是個需要帶動百兆美元投資的大工程。這百兆美元一方面是個巨大的成本，另一方面當然也是個巨大的市場和商機。我們不論是想要提供誘因，使企業願意積極的投入，或是塑造環境，使綠能科技能夠快速的創新，成本大幅的下降，最主要的動力來源，恐怕都非這潛力巨大的市場和商機莫屬了。

綠能產業

上述企業、市場和商機的討論告訴我們，未來全球節能減碳的執行過程（execution process）需要包含三個重要的環節。**第一個是減碳目標和政策**。有了積極的目標和政策才開創得出需求、市場和商機。**第二個是綠能產業**。它們因市場和商機之運而生、而壯大。我們需要達成的節能減碳必須透過它們在市場的運作才會發生。**第三個則是科技**。政府的科技預算固然會做出某種程度的貢獻，但是經驗告訴我們科技快速創新的主要動力是來自產業蓬勃發展所形成的高度競爭環境。**這三個環節之間不但有互為因果的關係，而且會周而復始的運行**：當綠能科技的成本下降到某個程度，減碳的目標就可以調高調快，綠能產業就可以再進一步的成長壯大，而科技就會更日新又新，成本也就會更往下降……整個節能減碳的大工程就在這周而復始的運作之下逐步的被完

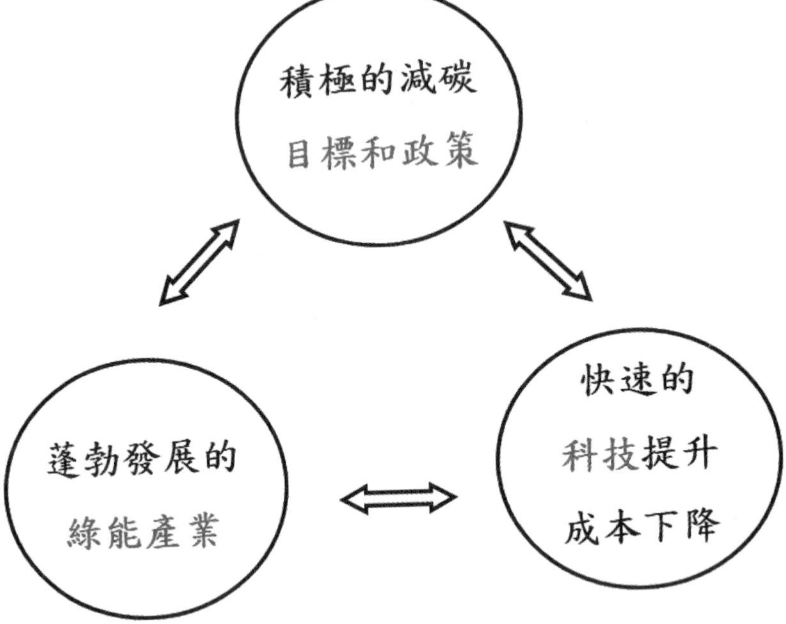

全球節能減碳的執行架構（How the「Wheel of Execution」Turns）

成。

在這個執行過程裡，積極的減碳目標是起點，綠能產業是主要的推動力，而綠能科技則是整個過程所追逐的最後結果。政府制定節能減碳政策的要點是要把減碳的目標轉化為綠能科技的商機。訂了目標之後如果沒有能創造市場需求的法規和誘因政策跟上來，目標就都是白訂的。做了這些事，如果科技不能持續創新，成本不能持續下降，那麼綠能產業再發展也恐怕都只是讓一些公司賺到了錢，對節能減碳卻不會有多大的意義。

以上描述的這個節能減碳的execution process是一個很困難的process。但是除了它我不認為還會有其他什麼跟它很不一樣的方法。

綠能科技

綠能產業之所以存在是要提供高效能、低成本的綠能科技。什麼是綠能科技？簡而言之，任何能導致節能減碳的科技都可以稱之為綠能科技。在能源的供應面包括太陽能（太陽光電、集光太陽能發電等）、風力能（陸上、離岸）、生質能和生質燃料、碳捕獲和封存（CCS）、先進發電機組、次世代核電等。在能源的需求面（使用面）包括智慧綠建築、先進冷凍空調、先進照明、先進能源管理系統、智慧家電和電子設備、各類低能耗工業製程、高效率內燃機、電動車輛、先進儲能、氫能、燃料電池等。在這個廣泛的範疇裡，又以下面幾項可以說是「關鍵裡的關鍵」：

- 夠廉價的儲能技術：太陽能和風力能這些再生能源都是時斷時續的能源（天氣不好風不夠大都發不出來）。電力是需要穩定供應的。沒有廉價的儲能系統再生能源就不可能在總發電量裡占多大一個比例。電動車輛沒有夠廉價的電池也是即使有了政府的獎勵和補貼都還是賣不出去。這成本需要至少下降十倍。
- 真正廉價的太陽能：理論上最豐沛的再生能源，但是也是最昂貴的再生能源。所需要的補貼也是最高的。至少有比現在便宜三到四倍的必要。
- 更高效率、成本更低的大型風力機：風力是在生能源裡最廉價，也是發展潛力最大的再生能源。它的未來發展趨勢是在海上（離岸），發展的方向是輕量化和大型化。能夠輕量化和大型化它的成本才能更大幅度的下降。
- 比現在便宜很多的碳捕獲和封存（CCS）技術：它是國際能源署預期的各類節能減碳選項裡貢獻潛力最大的「單項」技術（大於太陽能、風力能和核能）。這技術現在還未完全成熟，成本也需要大幅下降才有大規模商業運轉的可能。
- 先進的省能建築相關科技：建築在許多國家都占到總能源耗用的百分之四十上下。節能減碳的成本也要比工業和交通運輸這另外兩個大耗能領域為低。可以說是從能源需求端推動節能減碳的最大市場。從建築節

• 供應面（Supply side）	• 需求面（Denmand side）
• CCS（碳擷取與掩埋）	• 高效率建築
• 燃煤發電（USCSC、先進淨煤技術	• 高效率家電與電子設備
• 核能發電技術（III、IV）	• 智慧電網與基礎建設
• 太陽能（PV、CSP）	• 高效率內燃機
• 風力能（陸上、離岸）	• 電動車輛（Plng-in、全電）
• 次世代生質能	• 工業用CCS
• 次世代生質燃料	• 太陽熱能

綠能產業（科技）一覽（占IEA BLUE Map情景所需科技的87%）

能設計、建築外殼、材料、隔熱設計與材料，節能窗戶、屋頂太陽光電、建築整合太陽光電、冷凍空調、除濕、暖房、照明、家電，各類電子設備和器具，建築能源監測、管理…充滿了科技創新和綠能產業創業的機會。

科技能不能夠快速的提升，減碳的成本能不能夠足夠的下降，對節能減碳來說不是一個選項，而是一件必須要達成的事。不然的話我們的節能減碳目標是不可能被達到的。

台灣獨特的能源挑戰

以上是全球大事。下面我們來看一下台灣的情況。我們要討論台灣的能源，首先需要瞭解它有兩個很大的罩門。一個是地窄人稠，一個是我們過度倚賴工業的經濟發展型態。因為這兩個罩門，台灣是全世界單位面積耗能最大的國家。我們每平方公里的需電量高居世界第一，是韓國的一．四倍，日本的二．三倍，德國的四．〇倍，美國的十四．五倍……（而且我們只有三分之一是平地）。

這是因為台灣的老百姓都是極度浪費能源的壞蛋嗎？當然不是。我們比較直接「屬人」的住宅、商業和交通這些部門的人均耗能量都比大部分的已開發國家和新興工業國家來得低。這顯示我們的老百姓其實是很節省的。但是**我們工業的耗能占總耗能的百分之五十幾。跟全世界的百分之二十七和OECD國家的百分之二十三相比都要高出很多**。工業天生就比較耗能。從能源密集度的角度來看，化材業每生產一塊錢GDP的耗能量是服務業的三十倍，基本金屬業是十八倍，即使附加價值最高，耗能最低的電子業也是服務業的三倍。再加上我們是一個地很窄的國家，卻要承載這麼多量的工業。這問題當然就變得非常嚴重了。

我們這種不理想的產業結構現在不但沒有在改善，而且還在持續的惡化中。服務業在我們GDP裡的占比從二〇〇〇年的百分之七十一下降到了現在的百分之六十二。即使在製造業裡，耗能最高的化材業的GDP成長率也高於國家的GDP成長率。

永續瓶頸

這種高度倚賴工業的發展型態事實上已經使我們開始面臨未來經濟持續發展的瓶頸。我們每平方公里的高需電量使我們各類能源設施（電廠、LNG接收站、輸電／氣管線等）的密度也特別高，遭受民眾與地方的抗拒也就愈來愈嚴重，興建這些設施也就都變得愈來愈曠日廢時。這個狀況使台電的電源開發計畫嚴重落後，從二〇〇九到二〇一六年這段時間裡沒有一個新的火力電廠可以上線供電，而且未來的整個電源開發計畫裡，在可見的未來都沒有一個新的廠址，只能在已存的廠址上拆掉舊的蓋新的。

這種新建電廠「部部」維艱的狀況已經是我們國家未來經濟發展的一大隱憂。在正常的情況下，國家需要蓋多少個新電廠是由我們的經濟要成長多少來決定。但是當新建電廠的困難度和不確定性高到某一個程度的時候，國家的經濟能成長多少就是反過來是由每年能蓋出多少個新發電廠來決定了。我們國家過去兩年經濟成長率都在百分之二以下。如果將來發展都是持續的這麼慢，電應該都還會夠用，絕大部分的老百姓也就都不會感覺到我們面臨的供電瓶頸。但是如果我們的經濟發展一不小心復甦了，回歸到了幾年以前的百分之四的話，很快就要進入缺電的狀況。這種局面不是現在悶經濟，反正不會缺電，我們就可以一直漠視的。

扭轉這個局面我們需要做下面兩件事：

第一，我們國家的產業結構必須要往高附加價值、低耗能的方向調整。事實上這絕不只是能源的議題，這種調整如果不發生的話實在看不出來我們國家未來的經濟發展、競爭力和民生福祉要怎麼走下去。因此它現在已經是我們國家未來發展的最大重點了，但是它也是一件做起來困難度很高的事，而且任何改變都需要相當長的時間。

第二，我們必須要盡最大的努力，不斷的提高我們國家的能源效率。這件事也不容易，但是比調整產業結構容易得多，而且見效也會快得多。但是它需要我們在觀念上做一些突破。**能源效率不是天天提醒老百姓關電燈、冷氣開小一點這些道德勸說就做得出來的**。先進國家的經驗告訴我們達成具體能源效率的提升主要靠提供誘因。獎勵的錢要花得下去，效率才上得來。國際上能源效率的best practices的實績不斷的證明省一度電的成本要比發一度電便宜很多，因此提供獎助是件賺錢的事，沒有不做的理由。不只如此，效率提升了，需求自然就降低，需要新蓋的電廠就可以少很多，不但提升供電安全，而且省下大筆蓋電廠的費用。這對地窄人稠，開發電源困難得要死的台灣來說，意義尤其是重大。

台灣的能源選項

供電不是我們在能源方面唯一的難題。地窄人稠，工業立國這兩個罩門也同時使我們在「綠色」能源的選項（options）上處處捉襟見肘。

再生能源

先讓我們來看一下很多人心目裡最綠色的能源——太陽能。我們國家最新的太陽能發展目標是要在二〇三〇年達到六．二 GW（Gigawatt）的裝置量。這到底是多還是少呢？世界再生能源的領先國是德國。德國二〇三〇年的太陽能發展目標是六十六 GW。他們的土地面積是台灣的十倍。因此從「單位面積裝置量」這個很符合邏輯的衡量指標來看，台灣在太陽能這個綠色能源的積極度已經是跟世界標竿的德國差不多了。不幸的是我們是個工業立國的國家，每平方公里的需電量是德國的四倍，因此即使我們發展太陽能做得跟德國一樣積極，它對整體供電的貢獻度卻只會是德國的四分之一（他們百分之八，我們百分之二）。這是我們需要面對的一個「不方便的現實」。

再讓我們來看一下風力能。風力能有兩種——陸上和離岸。因為地窄的關係，我們陸上風力的總開發潛能只有一．二GW。再加上人稠，我們陸上風力的開發已經開始面臨跟大型電廠一樣強硬的居民抗爭。因此即使在這一．二 GW的總潛力裡，除了已經開發了的〇．七 GW以外，還能再開發多少其實還是一個很大的疑問。在離岸風力方面，淺離岸（水深二十米之內）的總潛力只有一．六 GW，而且很多地方都有中華白海豚游過，能開發出多少也令人很難奢望。

我們國家真正能夠令人興奮的再生能源是深離岸風力（水深二十米以上）。我們在雲林彰化外海的「雲彰隆起」地帶擁有品質在全世界屬一屬二，而且開發潛力豐沛的風場資源。可以開發潛力應該在十GW以上。這種最前瞻的深離岸風力現在在英國、德國這些先進國家已經開始有大規模的開發計畫，但是它的成本還是偏高，而且由於離岸風機的技術提升與成本下降都正在快速前進（目前已經有一支風機可以發出七MW電力的技術，預期到二〇二〇年有可能達到二十MW），我們這個珍貴的綠色能源應該是「快些開發」還是「在最有利的時候開發」這兩個方向需要平衡的考慮才能決定我們的最適方案。

在地熱方面，台灣雖然地處的球板塊交錯之處，地層活動頻繁，但由於土地面積小，地熱資源的開發潛力經過調查大約也僅是一．〇GW左右。這一．〇GW裡大約七成酸度過高，可經濟開發的潛力不大。至於深層地熱，則技術成熟度與成本都離可行性尚有相當歲月的距離。

核能

核能是全球節能減碳避免不了的重要選項。在前述國際能源署歸納出的二〇五〇年的低碳全球供電系統裡，核能需要占百分之二十三。該署的首席經濟學家兼發言人Fatih Birol更曾經公開指出：如果沒有核能的話，我們人類的節能減碳目標是做不到的。這是從全世界的角度看核能。但是這是不是代表全世界所有地方都需要做核能呢？答案當然不是。地大物博，電廠可以離人很遠的國家會更適合做核能。地窄人稠的國家就需要更審慎的考慮。

我國的核能政策近年來已經逐漸走向「減核」甚至「非核」的方向。日本福島事件後，我們政府推出了「穩健減核」政策，決定要將現在旁邊已經住了很多人，有相當大量經濟活動的核一、二、三廠屆齡除役（二〇一八～二〇二四年）。至於核四廠則因為國民抗爭劇烈，政府已經宣示將要付諸公投。這是一個合理的方向。因為核能到底有多安全固然可以用科學的方法來估計，但是百姓願意接受什麼樣和多大的風險，以及追求某一種安全程度願意付出多少經濟上的代價，這些抉擇透過公投這類的過程由老百姓自己來決定是對的。

天然氣

天然氣是化石能源中排碳最少的。因此從煤炭轉換到天然氣在世界各國都是能源政策的重點。前面討論頁岩氣的時候已經說過，本地產的天然氣，管線傳輸來的天然氣，和低溫液化之後用船運來的天然氣的價格大約是四比九比十五。我國沒有自產的天然氣，管線要從大陸跨越台灣海峽，可行性也不高，因此在可見的未來都將是以液化天然氣（LNG）的形式進口。

LNG除了相當昂貴之外，在台灣面臨最大的問題是它所需要的接收站和輸送的管線系統都是民眾激烈抗爭的標的（又是地窄人稠的問題）。我們現在有永安和台中港兩個LNG接收站，預期到二〇一八年以前就會滿載。但是第三LNG接收站的計畫卻一再延宕，最早也恐怕要到二〇二五年才有可能開始供氣，可以說是已經處在一個必然會短缺的狀態。因為這個短缺，台電的未來電源開發計畫裡自然就是新增的燃煤發電量要大於燃氣，整體發電的碳排放係數就不但不會順著全球節能減碳的大方向逐步降低，而是逆勢的逐步升高。這是我們國家在天然氣這個能源上現在的處境。

煤炭和CCS

看過上述幾種能源個個困難，剩下來的其實就只有煤炭了。因此我們國家雖然不產煤，未來對煤炭的倚賴卻可能比世界上大部分國家都大。但是煤炭到底是個排碳最高的能源，我們不可能不考慮這個因素去一味的追逐一個高碳的未來能源供應體系。因此碳捕獲與封存技術（carbon capture and storage, CCS）對台灣未來能源供應的重要性就會比其他的國家都更要來得高。好在這個方面我們不像核能、LNG、再生能源那樣處處碰壁。根據工研院綠能所的初步評估，我們西海岸的地質條件至少是有可能可以提供我們二氧化碳掩埋超過百年的場地的。因此CCS在台灣至少還是一項潛力夠大，能派得上用場的選項。

能源效率

除了煤、油、氣、核能、太陽能、風力能、生質能這些「實體」的能源之外。我們其實還有一種大家平常不會想到，但是量可能比任何實體能源都大的能源。這個能源就是「效率」。**把效率當成各類能源當中的一種是一個很重要的觀念。**其實我們供應能源的目的是要去滿足我們對能源的需求。因此用效率把用電的需求降低一度，它的效果與用實體能源去增加一度的供應是一樣的。不只如此，過去多年先進國家的實績都告訴我們節一度電的成本要比發一度電低很多。因此真正懂能源的人都知道在做未來能源供應規劃的時候，要把效率當成和所有實體能源一樣的一個選項來考慮。這種規劃方法有一個專有名詞，**叫做「最低成本電力規劃」（Least Cost Utility Planning）。因為效率是所有能源裡成本最低的。**

「效率」不但成本最低，開發的潛力也是各類能源裡最大的。前述國際能源署二〇五〇年的減碳情景裡，效率的貢獻高達百分之六十，其他的選項像再生能源、天然氣、核能、CCS等加起來是剩下的百分之四十。前面說過，這種「效率資源」絕不是靠大家勤關燈、少用點冷氣、多騎腳踏車、盡量坐大眾運輸……這些由老百姓「自發做好事」就做得出來的。毫無疑問的，一個國家應該對它的國民灌輸在行為上要盡可能節能減碳的觀念，但是除非透過系統化的政策和策略，推出足夠的法規和足夠的誘因，硬碰硬的動員出足夠的投資，「效率」這個能源是開發不出來的。以下就介紹幾個世界上可以稱為標竿的能源效率政策：

- 美國各州的Utility Efficiency Programs：透過電力公司以補貼用戶購買高效率設備，達成節約用電。每年投入總電費收入的百分之一．五到三．五（約等同我國每年投入七十五到一百六十五億元），可以達成百分之〇．七到一．八的節電效果；逐年累積，十年內總節電效果可以達到百分之六．八到十六．六。前面說過的省一度電的成本只是發一度電的一半到三分之一，而且能大幅的減少新建電廠數目這些成效就是這些programs過去三十年來不斷的產生出來的。
- 德國的建築節能獎勵辦法：對提出能源效率改善計畫的已存住宅，政府補貼銀行提供低利貸款。計畫完成並通過驗證之後，貸款再減免百分之十五。這個辦法從二〇〇一到二〇〇五年，四年內共支出十五億歐元。因為效果顯著，二〇〇六至二〇〇九加碼到每年十億歐元（約等同我國每年提供六十億元）。
- 英國的Green Deal計畫：從二〇一二年開始，政府對從事能源效率提升的已存建築物提供每戶上限一萬英鎊的補助，從省下的能源費用分二十五年償還。預期每年投入七十億英鎊，並期望十年內涵蓋全國二千五百萬戶中的一千四百萬戶。
- 日本的Eco-point Program：用所謂的Eco-points（一種可以用來買東西的抵換卷）獎勵三種占住家二氧化碳排放一半以上的產品：電視、空調和冰箱。從二〇〇八年五月到二〇一〇年三月，總共支出六千九百三十億日圓的Eco-points（約相當在我國一百八十億元）。政府獎勵帶動民間投資的槓桿效果高達七比一。

不過，即使像效率這樣一個最理想的能源，也都有它的挑戰。即使在先進的國家，如何取得效率資源也都還是個邊做邊學的東西。歐盟在兩年前就發現他們的20：20：20計畫（二〇二〇年達到溫室氣體減百分之二十，再生能源占比達到百分之二十，能源效率提升百分之二十）其中前兩項都沒問題，但效率部分如果不推出一些更創新的政策的話，到二〇二〇年只會達到百分之九。

台灣需要的能源效率政策會與上述這些先進國家略為不同。我們的耗能主要來自工業，而先進國家則是建築，因此他們過去的效率政策也主要是為建築設計。因此我們的效率政策一方面要師法國際的best practices，一方面也需要自己來創新。

能源稅

最後，讓我們來看一下能源稅。在節能減碳的大趨勢之下，我們透過一些價格上的機制，使得能源的耗用降低，不論這機制是能源稅、費、碳稅、排放交易制度……（以下為了方便起見統稱能源稅）都是正確的，而且該做的。但是，我們對能源稅常常有一個誤解：那就是我們以為它的主要機制是「以價制量」。所以只要抽了這個稅，我們要的節能減碳就自然的發生了。以這種誤解為基礎而設計的能源稅制度會需要抽很多的稅，但是能夠節下來的能和減下來的碳卻不是很多。

「以價制量」最大的問題是「以價」能「制」下來的「量」其實是很小的。能源是一個民生福祉和經濟運作的必需品，它的「價格彈性係數」自然就會偏低。過去的經驗告訴我們能源價格的彈性係數大概是在〇．二到〇．三之間。意思就是說如果我們提升能源價格百分之十的話，大約可以把能源的需求和耗用降低百分之二到三（國際貨幣基金（IMF）過去十九年在四十五個國家做的研究顯示這個彈性係數在近年來有下降的趨勢；

石油的價格彈性係數現在只有〇・〇七）。

我們國家的能源稅政策是根據「以價制量」這個原則設計的。抽來的稅全數進入財政部的國庫裡，用途和節能減碳沒有任何關係。節能減碳的效果全部要來自以價制量。在這個設計之下，我們一年要抽九百億元的能源稅。就算價格彈性係數是〇・三的話，可以節到的能大約也只是百分之二左右。以後每年抽九百億，也都一直只能減百分之二。想想看，九百億是多麼大的一筆錢？百分之二是多麼小的一個節能量（我們國家二〇二〇年的節能目標是能源密集度要比二〇〇五年降低百分之二十）？還好行政院已把這個在立法院遊走多年，差一點一不小心就通過了的法案撤了回來。

這個「價格彈性係數障礙」可以突破嗎？當然可以。因為我們如果把上述這個抽多少稅可以節省多少能源的彈性關係當成為一個成本來計算的話，這成本會是幾乎所有節能減碳選項裡最貴的一個。因此把抽來的稅用在幾乎任何一個節能減碳的選項上都會使這能源稅的成本效益提高（或需要抽的稅額降低）。事實上，美國的Lawrence Berkeley國家實驗室（LBNL）和著名的能源效率智庫American Council on an Energy Efficient Economy（ACEEE）的研究都顯示，把能源稅的稅收投入在各類節能措施的獎助上，其成本效益要比純粹靠以價制量造成節約高七到八倍。也就是說如果我們把抽來的稅用在這些節能措施的獎助上的話，同樣節能效果所需要抽的稅可以減少七到八倍。

直接獎助和靠以價制量在節能的過程（process）上有一個關鍵性的不同點。能源稅是每個人都抽稅，不管他那一年是不是要做節能的投資。這樣做就像上面描述的，每年都要抽九百億的稅，而且年復一年都只能節能百分之二，沒有任何累積。直接獎助則是只有在那年做節能投資的人得到了獎助，他所投資的節能設備不只當年省能，以後在這設備的壽齡之內都還會繼續年年自動的省能。到了第二年，獎勵的又是另一批人，他們的投資又在壽齡內年年自動省能，第三年又是另一批人……直到第一批人投資的壽齡到期要更換設備，又開始一個新的循環，這新循環裡做的投資則跟著科技的進步又要比舊循環省能很多……如此周而復始的運作下去。這樣做的節能效果是每年以幾何級數累積上去的，不出兩三年就把以價制量那百分之二的效果遠遠拋在後面了。難怪LNBL和ACEEE的研究都顯示它的成本效益要遠比以價制量大。

我們如果再去看一下世界各國近年來推動的各類能源稅、碳稅、排放交易這些制度的話，我們會發現幾乎每一個，包括澳洲的能源稅、英國的氣候變遷稅、美國和加拿大東北部十州（省）的排放交易制度Regional Greenhouse Gas Initiative（RGGI）、美國加州新推動的排放交易制度、中國大陸十二五計畫裡規畫的排放交易制度、日本正在規畫的新能源稅……都是把這些制度的收入全部、大部分、或是優先的投入在各類節能減碳的措施上。

以上的討論告訴我們，**能源稅這類政策的重點不是在怎麼抽，而是在怎麼「用」**。唯有把能源稅（或費、或排放交易許可……）的收入用在各類節能措施上，使需要抽的稅額或賣排放許可的價錢降到最低的做法才是這些制度的正軌。如果這樣做的話，根本不需要每年抽九百億，只要一百五十、二百億就已經可以造成很大的效果了。想一想，如果我們每年為綠能科技的市場投入一百五十億的獎助誘因的話，會對我們的綠能產業發展帶來多麼決定性的提升力量。

我國能源政策應走的方向

根據以上的分析，我國未來在能源政策可以歸納出以下幾個大方向：

• 能源需求端：聚焦在電力密集度（單位GDP耗電量）的有效降低

- 翻新法規，提高用電效率至少達到先進國的建築及其他法規標準。
- 持續推動高值化、低耗能化的產業結構調整，以有效降低單位GDP的耗電量。
- 仿照國際標竿做法，推動以誘因為主軸的用電效率政策；每年進一步降低電力密集度百分之一．五（國際標竿值），將未來需要新建的電廠數目減少一半。
- 所需財源可來自能源稅（費）、排放交易制度的收入。每年須投入金額約新台幣一百五十億元，遠低於原版能源稅的九百億元。如果沒有能源稅或排放交易制度的話則在電費中酌收（節電所造成的電費減省會遠大於電價升高所帶來的電費增加）。

• 能源供應端：以供電的安全為首要前提

- 強化開發新電廠的效力，設法堅守百分之十的備用容量率。
- 務實面對電業自由化的議題（確定有機制可以維持足夠的備用容量率以確保供電安全是最重要的考慮）。

- 盡力達成我國NAMAs節能減碳目標
  - 達成二〇二〇年溫室氣體排放量比常態減低百分之三十的目標。
  - 以有效解決缺電問題（效率、LNG、再生能源等）做為推動節能減碳的原動力。
- 以有效的供電安全與節能減碳政策帶動綠能產業的發展
  - 推出有效的誘因與商機政策，創造投資，創造就業，步上能源坦途。

主講人簡介

楊日昌

美國華盛頓大學博士

現任：工業技術研究院資深顧問、行政院政務顧問、經濟部顧問、行政院環保署顧問、交通大學榮譽教授

曾任：工業技術研究院副院長、香港應用科技研究院行政總裁、奈米國家型科技計畫總主持人、工業技術研究院能源與資源研究所所長、泰國國家科技研究院國際指導委員會委員、環境與發展基金會董事長、行政院國家永續發展委員會專家委員、經濟部能源委員會委員

國土的扭曲發展是嚴肅的議題，「跨域治理」意即知識批評、跨域功能整頓、發展定位；找出跨域治理的策略，進行分工、合作的方式，在後五都（後六都）時代顯得更加重要。由上而下的政府決策一定會存在，納入更多由下而上利害關係人的意見，方能回應全球化與全球暖化的雙重挑戰。

——李永展

第19堂課

全球化下新城鄉危機之因應

——李永展

從城鄉和國土的角度來看，有兩個重點，一是全球化，二是全球暖化。

地球能否永續取決都市地區成功或失敗

我要強調的重點是跨域的平台，到底什麼樣的城鄉發展模式，可以真正讓我們邁向永續發展的城與鄉。這裡引述Maurice Strong先生的話，他是一九七二年聯合國人類環境大會的秘書長和一九九二年聯合國永續發展大會（又稱地球高峰會）的秘書長並同時兼任聯合國副秘書長。他說：「確保地球是否能永續，取決於都市地區相對能成功或相對失敗」。

空間的領域治理 v.s 城際大戰

第一是相對於因應市場的機制之下，城與鄉的發展失衡更加地嚴重；第二是非都市地景被相對破壞，尤其城與鄉的分治將更加惡化，都與非都之間，形成所謂的城際大戰。

因此，如果真的要打破五都或六都，以及國土規劃所想像的，西部的三個城市區域與東部的花東永續發展計畫，以及不該叫做「離島」的離島，即馬祖、連江、澎湖的部分。一個跨域治理的策略，應該以此開展。

所謂空間的領域治理，應該變成網狀結構，而非樹狀結構，樹狀結構就是把土地分為都和非都，然後又分為住、工、商，非都又分成十種分區、十八種用地，這樣子分類方式倒過來看，不就是像樹狀結構嗎？但它不應該是樹狀，而應該是網狀結構，亦即一個正式與非正式的管道，而且要強調自由與彈性的過程。

這種情況就是打破中央集權和地方各自為政的窘困，也就是垂直整合和水平鏈結，台灣其實也正朝這個方向邁進。這裡產生一個問題，就是六都的發展和三大城市區域之間，到底是怎樣的關係？我們的國土、土地使用和行政組織階層，三者的出發點其實很不一樣。國土是從空間的結構出發，例如是否需要城市區域的鏈結，還是一個特殊的永續發展地區；至於土地使用，分為住、工、商，是從利用的角度出發；而行政的六都，和城市區域間的關係又是如何，也應該要清楚地說明。所以治理或者城市區域應該要有一些比較非傳統的、行政的、官僚的標準作業流程方式。

治理的必要性，最主要是因為不同的規模、不同的所得，往往會有一些不同的角度或視野，所以核心城市與郊區之間，其實有一些是地方性，有一些也更具複雜性。未來城市區域的治理策略，將是溝通、創新、學習，也必須具備功能分工或制度化。

城市創新首重文化創意、技術創新、組織變革

城市區域治理是多層次的空間運作，但必須重視文化創意、人口結構、自然承載力

城市區域治理的三個主要特徵，一是多層級的空間運作；二是重視治理中的政治及行政過程；第三，最重要的是創新，創新並不只等於文創，根據都市理論學家Peter Hall的定義，創新有三種，分別是：文化創意、技術創新，以及組織之間的變革產生新的方向。所以從這個角度來看，多層級的空間運作，其實還是強調合作的部分，行政過程應該是可被檢視的，應該要有效率、清楚、明確。

在創新之中，還必須特別強調社會資本，TK（Traditional Knowledge）或者LW（Local Wisdom），亦即地方的在地知識，都必須被強調與重視，這些都是一種互動的過程。

簡單來說，都市管理通常是控制或指導，或是由上而下。當代的城市區域治理相對是分散的，是一個Muddling Through，我個人認為比較像一個迂迴前進的過程。台灣做都市計畫最重要的就是預測人口，但如何預測？從早期鼓勵生產報國，後來推兩個恰恰好，到現在鼓勵大家多生產，人口預測通常

空間治理必須有跨域策略，進行垂直整合和水平鏈結

是不準確的，但都市計畫偏偏又以人口去回推需要多少的住宅面積、學校數量、公園綠地，卻從未思考高齡化、少子化之後的空間治理問題。

這樣的過程其實就是一個相對的Muddling Through，是一個綜合分析、反覆的過程。但無論如何，即便大家對於永續發展有不同的看法，還是應該逐步往前走，分成各個階段落實。

打破傳統地理空間的社區營造

如果從這個角度來看層次，反而強調的是Networking。現在的社區營造，有時已經打破傳統的地理空間，過渡到社群，甚至於過渡到所謂的虛擬社群，我常舉的例子是，中華民國社區營造學會要辦一個研討會，使用Facebook宣傳，還沒有正式公開報名就已經額滿了，因為透過網際網路的力量鏈結起來，所以社群與社區（Community），英文是同一個字，現在已打破了地理空間社群的角度，而是一個都市網絡領域性之整合。

前面強調的就是這個過程，包括如何賦權，或說使能、通權，或者創新與合作的過程，就是一個地方社群或超越國家區域的治理。台灣不是聯合國的會員國，但透過加入ICLEI（地方環境行動理事會，International Council for Local Environmental Initiatives）的十一個城市進而參與聯合國大會，藉由ICLEI的平台，把台灣經營由下而上的永續城市或綠色的生態社區，站上世界的舞台，就是一個最好的例子，超越國家區域的角度，進行主動的跨界連結。

接下來我整理出後五都（二〇一四年底變成後六都）的一些重要觀念，來說明策略的規劃，包括TOD（Transit Oriented Development）、小而美的有機聯合、一個國土層級的城鄉共構體等。

一般比較經常接觸的永續發展領域，就是所謂的二分法，聯合國世界環境與發展委員會（World Commission on Environment and Development, WCED）的E、D，就是環境與發展，這時當然會透過社會經濟和環境的角度，來影響究竟是以經濟、社會，還是環境為主的不同社會經濟發展主體。假設不考慮氣候因素，還是會有一些非氣候的壓力影響到人類與自然系統，例如我們因為都市地價太高，所以往邊緣地區開發，這就是非氣候的條件。

氣候領域其實早就存在，最近才受到更多的重視，尤其是近二十五年來溫度上升曲線的斜率，溫度增加的情況讓大家更關心氣候系統，包含GHG（Greenhouse gas），大氣溫室氣體的排放和濃度的情境，不同的社會經濟體排放程度也不相同，如果是高碳鎖地，就拚命放二氧化碳；如果是TOD，相對排放會減少，這時也會減緩它的反作用，因而減緩大氣的升溫。

第二個觀念是河川流域的治理，這部分應從回復力或韌性（resilience）來看。最近提到山坡地要不要解編？這是一個大哉問，因為它違背永續發展一個最簡單的預警原則。安東尼．紀登斯所著《失控的世界》（*Runaway World*）提到何謂Danger、何謂Risk，他舉了一個很有意思的比喻，一個人如果從一百層高樓跳下來，你在九十九樓的窗戶會聽到這個人說：「Hmm, so far so good」，在九十八樓的窗戶還是會聽到：「Hmm, so far so good」，可是你知道他一定會死，這就叫Danger而不是Risk，因為Risk的意思含有Uncertainty，Risk和Danger很不一樣，從這個角度來看，一個總合的治水，不是技術的問題，而是預警原則，亦即必須從土地使用的角度來看。

因此組織再造要不要透過水土林？水土林到底是不是一家？林的部分會不會又分出去？土有一部分在內政部，可不可以透過土的部分，再把流域的觀念納進來？我覺得大家可以對此加以發想。

第三個是社會資本（Social Capital），亦即社會的能動性（Agency）。社會資本是指為了支援與強化協作決策及行動的能力，使廣泛的夥伴間能夠合作的社會網絡資源。社會資本涉及對活動、人與地間關係的思索，其基本要素包括社會關係的範圍、網絡間的連結及權力關係等。

為什麼特別強調應該把社區納入治理的過程，因為這樣至少可以減少交易成本，也就是透過事先的討論，減少事後的衝突，也可以避免錯誤等。更重要的是，TK（Traditional Knowledge）或LW（Local Wisdom），一個傳統的知識或在地的智慧，都要配合知識、資本的建立，透過這些互動或社區合作的網絡，都是社會資本的重點。

最後一個是跨領域的限制，在社會和經濟、環境的多重複雜關係之下，真的無法靠單一領域來解決。我們都知道單一領域和多重領域的差別，即便跨領域（Interdisciplinary），也還是在領域裡面，但對於非專業領域的人而言，說不定才能真正超越領域限制來發想。

社區營造：對土地與文化的重新關照與強調

前面提到城鄉跨域的治理，是從城市和縣市的角度。如果從社區的角度，要如何來做社區營造？社區營造是對土地與關係的重新關照，第一步是先進行地方記憶的書寫和創造歷史的行動，甚至可以描繪出自我社區的形貌。對我而言，社區營造的概念，最簡單的說法叫做「對地方的重新強調」。某個你沒去過的「空間」（space）只有四面圍牆、一個天花板、一個地板，但一旦你來到這個空間之後，空間就變成「地方」（place），不論你喜不喜歡，都可以對「地方」品頭論足，因為這個空間有一些事件存在，這個事件就是你我在這裡所發生的。所以從這個角度來說，社區營造就是對於我們所在地方的重新強調。

英文字Community的「Com」就是「共同」，一個共同體是否真正存在，還是只是說說而已？社區營造這個板塊剛好很弔詭地順利從早期的環境運動、反核運動、勞工運動等議題，逐漸取代成為一個社會運動轉型的實踐基地。

無論如何，社區營造概念的出現，讓大家被迫或心甘情願地被捲入各種可能，包括互動、參與、溝通、協調等等，可是再仔細想一下，社區營造是否一定等於村里的行政界線？倘若如此，恐怕就失去了社區營造真正要擾動、由下而上，對於空間、地方的人和土地之間的脈絡發展關係，也就是社區等於共同體的投射。

因此，關於社區營造的定位與想像，假設社區最終權益的保管是給予我們的群眾，但如果這些群眾不具有這種判斷力，並非不理會他們，而是應該讓他們能更有效地行使判斷力，我覺得這就是社區營造在具體回應公民社會時，形容的最淋漓透澈的一句話。

都會型社區營造

社區營造可分成兩大類，都會型與非都會型。我簡單化說明都會型的社區營造，相對的資源較豐富、外部的專業資源也多、容易大區域的串連，可是各位想想看，如果生活在六都，你待在工作場所的時間是不是遠多於你在居住場所的時間？每天上班、上課，真正在家裡、在社區的時間其實很少，因此都會型社區的特徵就是一個高度流通的社會。都會裡有很多「門禁社區」（gated community），就是門禁森嚴的社區，裡面設備很棒，但到了外面就是一個發展差異很大的「二元城市」（dual city），台灣越來越多這種情況。

所以常常講社區是一個打破傳統地理空間的社群，是一個動態的關係，就要看這個關係的鏈結好不好。需求與匱乏是不一樣的，我們對土地使用的看法也不一樣，好像一定要透過監視器才能夠讓我們覺得這是一個路不拾遺、夜不閉戶、世界大同的社會，這是匱乏而不是需求，所以社區營造應該轉化這種匱乏的關係，找到一個解決的路徑和方法來進行縫補。

目前在國內分成社區規劃和社區營造，社區營造是指引何種是好的方法，規劃者可以是都計的、景觀的、消防的、社福的，也可以是其他不同的六星面向，透過創造和解決問題能力來讓好的事情得以發生。

非都會型社區營造

非都市型的社區營造其實是一種日常生活的實踐，我舉馬祖的例子，馬祖之所以有意義，並不是以外來者或觀光客的角度來看。我認為社區是一個讓人可以觀看、理解和認識世界的地方，所以你來我的社區，並不是所謂的中心和邊緣、離島和本島的關係，而是主與客的關係。因此，在非都市的社區反而突顯出特殊的地方自然性，例如自然環境、豐富的歷史疊層，具有強烈的空間性格。

反過來說，也有「後進」的優勢，亦即能夠避開創造性破壞的可能，可以有一些不同於現代主義或後現代主義的生活經驗，更精準地說，假設要在這些非都市地區搞社區產業，恐怕是真正在找和居民生活為主的地方，還是把它當作商品？商品是會被複製的，想想看，白河的蓮花跑去哪裡了？各地方的熱氣球是不是容易被複製？因此以「他者導向」或消費的性格、或是均質性的鏈結，都很容易被取代，因此我們必須反思的是我們究竟需要的是工具還是過程？

社會脆弱度與都市回復力

剩下最後一部分稱為「韌性社會」（Resilient Society），我這邊特別強調「脆弱度」（vulnerability），前面提到很多減緩或者調適，更重要的是社會的脆弱度，意指這個系統遇災害之前就存在了，這反而更需要關心，因為在不確定的情況之下，任何的災害一定有不同的程度，可是災害發生之前，社會如果都是老弱殘兵，相對地就更容易受到衝擊與影響，所以某種程度，反映了環境與社會之間的關係。如何回應脆弱度？就是回復力與調適的能力，最怕的就是雙重的脆弱，又是社會的脆弱、空洞化、少子化、獨居老人；又怕對於環境脆弱，地震、土石流、地層下陷。多重的脆弱是最恐怖的。

我們實際的研究結果顯示，嘉義縣地層下陷嚴重的四個濱海地區，其實是最容易淹水的地區，但不幸地，它們又是社會經濟脆弱度最高的地區，所以堆疊在一起就是雙重脆弱，因此這些地區反而需要更多的資源投入。

如果以此關係來看，參與式的規劃是我們要回應氣候變遷的真正核心價值，例如從傳統的時間與空間的尺度衡量，災害尺度可以大到全國，或者像九二一地震集中在南投，可是很明顯地，莫拉克颱風就是一個多重的區位，所以災害的尺度就空間來說，有不同的面向，可是對時間而言，就可分成衝擊、衝擊期間、重覆衝擊、災害等四個尺度，最後等災害過後又重新回到監測前徵兆的階段。

可如果用回復力的角度來看，它是減緩，更重要的是，假設考慮到對於壓力的脆弱度反應，稱為自然脆弱度。再來是對於損失的脆弱度反應，譬如長者、小朋友，或者都市化越高、越密集的地方，因應力反而較低。所以，把損失轉換為機會的能力，才是我們真正要談的脆弱度。如此看來，這些不同的面向都將可協助我們進行都市回復力，包括水足跡、碳足跡、生態足跡、土地使用的規劃等部分。

政府決策：整合協調執行　跨域治理、分工合作是挑戰

其實國土的扭曲發展是很嚴肅的議題，如何透過後五都（後六都）時代的不同面向，來分析成跨域治理，亦即知識的批評與跨域功能的整頓、發展的定位；如何找出一些跨域治理的策略，進行一些分工又合作的方式，就顯得更加重要。由上而下的政府決策一定會存在，如何納入更多由下而上利害關係人的意見，方能回應全球化與全球暖化的雙重挑戰。

我舉的這些例子，很不幸地都反應了台灣的城與鄉都具有社會及環境的「雙重脆弱度」；如果從縣市的角

城市區域治理在內涵上更廣泛
城市角色：都市網絡的領域性整合

李永展與種籽營學員共同討論未來的城鄉治理

度來看就是如此，國家的反應恐怕也差不多。我最後提出這個想像，就是對於多元參與的跨域治理，中央與地方，我剛才提到中央政府的部會之間就是水平的鏈結。而地方當然也有水平鏈結，但更重要的是如何透過垂直的整合，也就是中央與地方合作、中央與派駐地方的單位合作，此時必須透過民眾參與，才能夠真正達到多元參與的跨域治理。希望從城市的、鄉村的分治，來落實跨域治理的觀念，達到公民社會的建構，才能夠一步一步由下而上，共同建立一個永續台灣的城與鄉。

主講人簡介

李永展

美國密西根大學環境規劃博士、都市設計碩士
現任：中華經濟研究院第三研究所研究員
曾任：桃園縣政府城鄉發展局長、桃園市副市長、中國文化大學建築系教授
行政院國家永續發展委員會委員、內政部都市計畫委員會委員
內政部區域計畫委員會委員、台灣環境資訊協會理事長

Ⅳ 台灣的產業發展

- ◆ 二〇〇〇年以來台灣產業發展與轉型
- ◆ 創新與產業發展
- ◆ 服務業的發展
- ◆ 品牌和國際行銷

主題四　規劃紀實

導師　陳添枝

台灣的產業發展在二〇〇〇年以後，明顯的碰到瓶頸。不僅經濟成長速度變慢，而且薪資幾乎停滯不成長，失業率則長期高於三%，這是二〇〇〇年之前的台灣經濟所不熟悉的現象。台灣的產業發展到底出了什麼問題？

台灣曾經是「亞洲四小龍」之一，而且是四小龍中表現最亮眼的。現在，台灣的每人所得是四小龍中最低者，而且似乎也是最欠缺活力的。四小龍中的其他三國均已完成轉型，只有台灣尚未「轉骨」。新加坡和香港已經是一個服務業國家，尤其在金融行業的發展方面，是亞洲兩個重要的金融中心。韓國則已經轉型成一個成熟的高科技國家，韓國品牌在DRAM、手機、家電、汽車等方面名列世界前茅，和先進國家的知名品牌相較，有過之而無不及。只有台灣似乎仍沉迷在「四小龍」時代的昔日榮景中，不願意或者無能力完成產業轉型。

基本上我們認為貿易自由化的競爭下，創新不足、服務業發展滯後和品牌行銷的能力不足，是台灣無法完成轉型的三項障礙。本專題將由台灣舊有的成功模式出發，探討台灣產業轉型面臨的這三項障礙。要破除這些障礙，必須在國家資源的分配及使用方式、與世界各國的競合關係以及人才養成、招募和留用各方面均要改弦更張，才有可為。

創新、服務和品牌不僅是台灣產業升級的三門必修課，也是台灣進入高所得國家之林必須跨越的門檻，更是突破薪資不成長魔咒的神符。三者相結合，代表一種經濟營運模式的改變，也是一種和世界分工關係的改變。要完成這三件事，必須進行一種心靈的建設，破除舊思維，揚棄舊方法，在政府、學校和產業三方面都有全新的作為。

台灣現在面對的經濟困境，不是短期的世界不景氣，而是長期的產業結構問題。七年之病，不能求三年之艾。但如果我們不開始做，病灶永遠無法除，時日既久，成長之門終將封閉，台灣將淪入長期「分餅」的鬥爭，這應不是年輕人所願見的未來。

台灣產業發展，需要創新、品牌、服務－代工的「創新」續航與研發的能量需精進；「品牌」是國家戰力的表現；「服務業」的出口是改變現狀的關鍵。
——陳添枝

第 20 堂課

二〇〇〇年以來台灣產業發展與轉型

台灣產業的發展，現在需要做三件事情：「創新」、「品牌」及「服務」。

——陳添枝

台灣代工模式的衰敗、轉變

台灣過去靠代工生產的模式發展產業，一直到大約二〇〇〇年，後來這個模式就沒了力氣，整個經濟成長的速度開始下滑。現在代工模式已經走到盡頭，台灣必須找尋新的出路。代工龍頭廠台積電似乎很好，但台積電已經非純粹的代工廠，它是客戶的創新夥伴。最重要的資訊代工業就面臨非常大的困境，因為PC市場正在萎縮，資訊代工廠如何脫困，是台灣整個產業發展的重大課題。

在Notebook PC方面，台廠代工廠在全球占有率大概百分之九十五，但是毛利率卻只能保三、保四，甚至不到。主要代工基地中國，已經不再是低廉勞工的天堂，所以現在筆電廠有部分由沿海地區移往四川，全體產量正在縮小，還要分散生產基地，規模經濟的效益跟毛利都走下坡。

鴻海是全世界最大的代工廠，也是世界最大雇主，現在仍然擁有一百多萬的員工，過去的生產非常集中，現在則分散到全中國十幾間工廠。過去它的發展模式是以不斷切入新產品的領域，來取得新的代工機會。鴻海同時也相當重視研發，它是台灣在美國登錄專利最多的廠商。鴻海不只是代工，還以研發來支援代工，但仍無法擺脫代工毛利下滑的命運，可見這是時勢使然，不是廠商能力問題。

代工企業未能成為火車頭企業

代工廠另外一個典型代表就是TSMC（台積電），可稱為台灣代工典範，到目前為止仍然因為技術及產能的領先，位居全球晶圓代工的龍頭。TSMC的代工毛利大概都在百分之四十以上，和筆電有天壤之別；全球競爭激烈下，能維持領先地位非常不易。不過從台灣整體經濟發展的角度來講，TSMC雖然是台灣最傑出的企業，可是並不能像其他國家的龍頭企業一樣，有帶動整個國家產業發展的引擎的作用。代工企業沒有辦法成為火車頭企業，例如業界常常抱怨TSMC不買國內設備，不給國內設備廠商一些機會。因為它是代工廠，如果為了要給國內廠商機會，而使用二流的機器設備，代工地位馬上就會出現危機。TSMC的模式非常成功，但是從國家整體產業發展的角度看，其角色跟韓國的三星、日本的Toyota不一樣。代工廠沒有自主性，因此沒有帶頭作用，像PC代工廠，連零件要買哪家的都不能自己決定，如何能夠起帶頭作用？

跟代工生產模式搭配的銷售模式就是「加工貿易」。台灣大約從一九六〇年開始起步，一方面做代工、一方面做加工貿易，貿易型態和生產體系配合無間。

做。

台灣的加工貿易基地在一九九〇年之後就開始陸續移到中國，現在中國代工的毛利已經非常低，生意很難做。

台灣需要「品牌」面對全球市場

全球市場成長比較快的是所謂的新興國家，像東南亞、巴西、南非、俄羅斯、土耳其等，這些新興國家的市場，為全球提供一個新的成長動能。可是新興國家的市場，用代工的方式是賣不進去的，台灣代工客戶都在歐美，他們的產品才適合我們生產。新興市場產品的特性並不適合用代工的方式進入，所以我們就無法打進他們的市場。

例如最近東南亞的市場發展非常快速，台灣對東南亞的出口也不斷增加，可是台灣在東南亞市場的市占率卻不斷下降，這就是台灣的困境。我們用加工貿易的形式是進不去東南亞市場的，我們必須要有自己的產品。像韓國和日本的產品都可以賣進去，日本人賣汽車、家電；韓國人賣家電、手機等，而台灣沒有類似商品可以在東南亞市場販賣，只有「鼎泰豐」的小籠包賣得還不錯。台灣用舊的模式捕捉不到全球成長的新動能，無法和全球成長的引擎掛鉤，因此經濟成長率下降。

代工的「創新」續航與「研發」能量

台灣代工的技術已經走到世界的尖端，但因為加工貿易的市場無法擴大，因此成長失速。過去台灣靠代工不斷引進新世代的產品，技術也不斷進步。但現在除了台積電之外，其他代工企業技術進步的空間減少了，只有台積電還繼續往前走。台灣廠商雖然也做研發，但為代工而研發的創新性不夠，創新價值不高，事實上只做到R&D，但innovation不多。代工之下的研發，集中於改善製程，產品的創新很少，服務創新更少。在過去的時代，這種研發已經足夠，因為台灣利用先進國家的創新基礎，來做補充性的創新或延伸性的創新，足可取得代工機會。

這種研發有一個很大的好處，就是投入資金不多，卻可以產出好的結果，和代工模式的搭配十分完美。這種研發沒有市場的誘導跟連結，目標就是要取得代工機會，所以也不會管市場需求，只看如何能提高代工能量，讓成本降到最低就好。

即便如此，台灣在專利上的表現很棒，從二〇〇〇年以來，台灣在美國的專利大約都排在全球第四、五名，只在最近才被韓國超越。韓國去年獲得的美國專利是一萬三千件，而台灣大概是一萬件。台灣在R&D方面願意投入資金，所以有這些成果。但是，台灣高科技廠商近來面臨專利權的訴訟案件越來越多，而且勝少敗多，表示技術、創新、專利這一部分，對現在的全球競爭來說變得非常重要，常是別人用來對付我們的重要武器，而且我們的研發型態顯然出了問題。

Business model與整合關乎「研發」成效

如果看台灣的創新體系，會發現一個非常大的問題，就是很少有水平結合或者垂直結合，大家都只在自己的小領域中尋求突破。水平結合是指異業結合；垂直結合是指從最基礎的研究，一直到最下端的應用研究之間

陳添枝說：「品牌」形象是國家戰力表現。

的結合。因為缺少結合，雖然花了很多錢，研發成效有限。台灣因為缺乏品牌、系統、服務的需求，每個人都是在小領域中尋求突破，所以不需要水平的整合，也不需要垂直的整合。基本上是Business model（商業模式）影響了研發創新的模式。

學校跟產業研發之間的連結也非常少，教授自行研究，因為拿國科會經費，只要發表研究成果就好，和產業不一定相關。很多企業界因此抱怨學校機構占去太多研發人員，讓他們找不到研發人才，這兩者之間存在競爭關係，而非互補關係。

台灣現在的年輕人，在世界發明比賽經常名列前茅，但舊的商業體系卻還是一部又老又重、吃油很厲害的舊車子；讓年輕人坐在車子上，但是卻沒辦法開向他們要去的地方。台灣把所有的資源放在熟悉但已過時的商業模式上，弄一個龐大的生產體系，跟別人做成本上的競爭，卻耗去太多資源，導致有創意的年輕人失去發展空間，因為沒有足夠資源供他們發揮。

「品牌」形象是國家戰力表現

沒有品牌，商業模式不會改變。現在主張台灣需要品牌已經不會有人反對，唯一有疑慮的是，我們真的做得起來嗎？十年前在談品牌，常常遭遇反對聲浪：「品牌沒有比較好，也沒有比較賺錢」、「代工很穩定，不要汙衊我們代工廠」等等。現在這些聲音沒有了。即使有了品牌，代工仍然是台灣非常重要的產業，品牌也需要代工廠協助，但是台灣想要走出現在的困境，一定要有自己創造品牌的能力。

品牌代表一個國家的形象，是國家整體戰力的體現，不是個別企業的表徵。對世界來說，HTC不是一家公司，而是台灣的代表。當外國人買HTC這個品牌的產品，一定會問這是哪一國出產的。不可能有消費者去買一個品牌，卻不知道它是屬於哪個國家。所以購買HTC產品時，也就代表消費者對台灣產品某種程度的認同。消費者買三星的產品或是現代汽車，也代表對韓國產品實力的某種認同。消費者若不信任韓國可以做出好的車子，絕對不可能買現代汽車。

如果台灣國會天天都在打架，打架鏡頭天天上CNN，就沒有人會買我們的產品。全世界的消費者一定會想，這麼爛的國家怎麼可能做出好產品？因此品牌須要大家一起來努力。一般而言，想到某個國家就會想到他們的品牌，例如想到日本時，一定會想到Toyota和SONY。品牌和國家競爭力息息相關，大家都認為台灣在資訊、食品、運輸工具、機械等領域可以做出品牌。

現在台灣的品牌比較偏向Niche Brand，是屬於小領域的品牌，這個大勢未來也不太會改變，因為我們是小國，不會出現像三星、SONY、GE等跨領域的綜合性品牌。不過，全球的品牌趨勢也慢慢朝專業化靠攏。

像過去GE這樣無所不做的品牌，現在也不太容易生存。

代工後遺症 只管工廠 不管市場

台灣品牌最近遭遇的挫折，包括Acer、HTC等，都顯示出創新跟行銷能力的不足。HTC高層也覺得行銷做得太差。創新力跟行銷力是目前台灣品牌最大的困境。這是代工的後遺症，只管工廠，不管市場。

世界上也有所謂的廉價品牌，即使是廉價品牌，也一樣需要建立在創新的基礎上，無法建立在低成本的基礎上。品牌不一定可以賣得很貴，但是賣得很便宜絕對不是品牌競爭的籌碼。

全球化下做大「服務」業需要規模與品質

服務業占台灣GDP的百分之七十，但服務業生產力低，這是台灣工資無法提升的主要原因。如果用產業別來看，所謂薪水22K的工作幾乎全都是在服務業。在製造業方面，領22K的恐怕只有外勞。目前製造業的生產線，起薪大概在三萬元左右。

所以22K的問題，事實上就是服務業的問題。服務業薪水低有兩個原因，一個是服務業所用的生產技術不高，另一個就是服務的品質不高。而歸根究柢，最大原因在於**缺乏規模**。沒有規模，服務品質就沒辦法提升，也沒辦法創造高階的工作機會。像王品或鼎泰豐，會有月薪十萬元的經理，但在小吃店裡，不可能有這種經理。

服務業要創造好的就業機會，一定要規模擴大，整個職場的金字塔頂端，才會出現高階薪水的工作。台灣當前所面對的挑戰，就是要如何擴大服務業的規模。台灣的服務業的國內市場狹小，想擴大規模，唯一機會就是出口，所以服務業的出口是改變現狀的關鍵。

「服務」業的出口是改變現狀的關鍵

過去我們從來不重視也排斥服務業出口，同時限制服務業進口，導致整個服務業生產力呈現停滯的狀態。這裡稍微談最近吵得很兇的「兩岸服務業貿易協議」，其實這個協議開放的程度還是很低，如果台灣服務業想走出去，中國大陸絕對是首選市場，因為服務業包含著文化內涵，台灣的服務，最可能被接受與愛用者就是中國大陸。中國既是出口的第一站，我們要求對方開放市場，對方也一定會要求相對開放，如果我們怕開放，台灣服務業永遠走不出去。

因為中國受到太多關注，很少人注意到台灣和紐西蘭的服務業協議內容。台紐的服務業開放是採負面表列方式，也就是說除了少數部門外全部開放。對中國的開放不只採正面表列，而且多數根據WTO的承諾與現狀來開放。即使如此，社會上還是有很多反彈，表示大家信心非常脆弱。沒有信心，無法開放。

服務業的出口取決於品質跟價值，不是取決於成本，這跟製造業有很大不同。舉例來說，現在在台灣一百元就可以理個頭髮，假設今天中國有人要來台灣開理髮店，理一次頭髮五十元，那消費者就會猶豫，這麼便宜到底在做什麼？麥當勞當初來台灣開店時，不會跟台灣消費者說：「我賣的漢堡比你們的牛肉麵便宜，所以請來吃我的漢堡。」這是服務業的競爭和製造業的基本差異，因此不用擔心大陸業者來到台灣開設五十元的理髮店，因為這不是服務業競爭的原理。

「服務」業的國際化、在地化　面對市場開放

服務業的國際貿易，最重要的一種貿易型態是商業據點的呈現，也就是到當地去開店，就地提供服務。因此，服務業的進口，一定附帶著投資和就業，服務業進口雖會對國內產業產生衝擊，但至少從就業效果來講，影響會是正數而非負數。

麥當勞當初進來台灣，政府也擔心本地的小吃店及牛肉麵店可能會因此關門。當麥當勞第一家店在民生東路開幕時，創造了麥當勞歷史上最長的排隊長龍。幾年下來台灣本地的小吃店並沒有消失，但變乾淨了，麥當勞也在各個地方展店。從結果上看來，是正面多於負面。

服務業的貿易主要遇到障礙是法規，而不是市場開放承諾，法規才是最主要的問題。大陸開給香港的CEPA（Closer Economic Partnership Arrangement）已經開放了很多年了，卻因為法規障礙很高，所多名義上的開放項目並未發生實質效果。

台灣在一九八〇年代，對服務業有大幅度的開放，現在反而保守。當初麥當勞的開放遭遇到頑強的抵抗，最後因為美國壓力，不得不開放。百貨公司是一九八六年開放，早期的本土百貨如新生百貨、第一百貨現在通通都消失了，後來崛起的是SOGO、MITSUKOSHI（新光三越）等。量販店也在那時期開放，最早是萬客隆，

後來有家樂福等等，便利商店的進駐也是一九八〇年代的事。這些開放對台灣商業發展有非常大的影響。開放對本土企業難免有衝擊，但結果卻是好的。例如便利商店的出現，影響有多大？看看現在的傳統商店，還能生存嗎？位於好地點的傳統商店，大概全都被7-11收購或納入加盟體系。可是今天消費者享受到的服務品質提升了，可以在便利商店繳停車費、罰款、稅款、買高鐵票等，這個結果大家還是滿意的，沒有人抗議因為連鎖加盟店的壟斷，導致台灣傳統商店無法生存。便利商店現在能提供這許多服務，正是因為它有數千家店的關係。規模是服務業的關鍵，有規模才能提高服務的品質。

主講人簡介

陳添枝

美國賓州州立大學經濟學博士

現任：台灣大學經濟學系教授

曾任：行政院政務委員、經濟建設委員會主任委員、中華經濟研究院院長

台灣經濟為什麼悶？是從孫運璿、李國鼎後就沒有強有力的產業政策帶動經濟。創新經濟時代典範已轉移，必須知道百分之十二的租稅負擔率沒辦法支持永續發展，也無法支持創新性產業政策。

——朱敬一

第21堂課
創新與產業發展

——朱敬一

我不覺得經濟現在才悶，而是已經悶十幾年了，只是為什麼大家現在會特別悶呢？就像健康出問題的時候，不會一開始就覺得整天沒力氣，還能撐下去就是因為底子太好，但不表示身體狀況沒有開始惡化。

就從「悶經濟」開始說起

我覺得台灣經濟已經壞很久了，說嚴重一點，我認為從孫運璿、李國鼎之後，台灣就沒有提出強有力的產業政策能帶動經濟的。

當經濟不好的時候，決策者通常就提出「三招政策」：第一招，增加公共支出；第二招，減免租稅，但這一招通常不太有人用；第三招，自由化。三招政策不能說不對，但現在可能作用不大。

自由化與國際化的前提是完全競爭的市場

沒有一個國家能夠不自由化、不國際化、不制度化。大約從一九七〇到兩千年，這三十年間是芝加哥學派的全盛時期，鼓吹自由化、國際化等。理論大約是：一個企業在自由、國際之下，才能面對真正的競爭，讓市場的優勝劣敗法則決定誰存活誰淘汰，政府不去扮演picking winner的角色，誰勝出是由市場來挑的。面對社會，就是自由化；面對國際社會，就是國際化。

每件事都有正反兩面，讓市場去挑產業，而不是由政府去挑產業。如果推到極限，國家的作用何在？鄧小平的改革開放，基本上是用市場力量取代國家規劃的力量，所以市場和國家，其實是相對的兩種力量。

我從來不認為自由化和國際化是產業政策。就像放牛吃草，不會把它叫做教育政策；讓小孩子自己面對挑戰，這不叫教育。把自由化、國際化奉為圭臬的人，我戲稱為「鸚鵡學派」，只會全盤摹仿自由化、國際化，那台灣的未來該怎麼辦？

不符合完全競爭的寡占與不公、不均　必有抗爭

自由化、國際化沒什麼不對，但前提是**完全競爭的市場**，如果不符合這個前提，很多自由化、國際化的理論就要修正。

以下舉幾個例子來讓大家判斷是否為完全競爭。

第一個例子：韓國三星。韓國就等於三星，舉國都在扶持這家公司。三星需要降匯率，韓國的中央銀行就會降匯率，匯率影響它的產品價格、競爭力。換言之，它的價格是由國家操控，所以當然不屬於完全競爭。

第二個，金融。有哪個國家的金融是屬於完全競爭？台灣的金融被稱為「寡占」，很多人認為台灣的金融業就只有特權，不會是完全競爭，開放金融不符合完全競爭的道理，最後得利的大概就是財團第二代。如果金融自由化的結果只有四家得利，卻有二千萬人受損，這樣的自由化讓人難以認同。

第三個，其他ICT產業、Dram、手提電腦、智慧型手機和雲端、Google，也不算完全競爭。這些高科技產業，全世界通常只有前五名有發聲權利，所以這絕是個「寡占產業」。

盲目地推動自由化、國際化，可能沒有注意到一些細節，也會有一些瓶頸。整體來說，更開放的環境對國家是有利的，例如服務貿易協定，但是亦有一些團體會感受到損失，也就會產生抗爭。因為過去三十年的台灣，經歷了民主轉型，人民的草根力量慢慢崛起；因此無法想像三十年前會有大埔農地抗爭，也無法想像一篇《天下雜誌》的報導就能夠把大埔農地推翻，正是時代的不同。

相對於大陸、新加坡、甚至韓國，台灣在效率和公平的取捨方面，面對的社會壓力不太一樣。所以台灣對「服務貿易協定」有如此大的抗爭，是新加坡不能想像的。

同樣一個問題，問不同的人，會有不同的答案。有一則問題是：「What is your personal opinion about world food shortage?」（你對世界糧食短缺有什麼看法？）把問題問伊索匹亞人，他會回答你：「What is food?」；問美國人，他會回答：「What is shortage?」因為他們從來不知道短缺是什麼；把這問題問新加坡人，他們會回答：「What is personal opinion?」從來不知道有個人的意見。

所以新加坡在面對國際化時，就算遇到不公不義也不會有強烈反應，反之，台灣就會有強烈反應。

台灣的層級所得比（最有錢的前百分之五和最窮的末百分之五的所得），過去幾年惡化情形是一九九八年三十二倍、二〇〇五年五十五倍、二〇一一年九十六倍。

百分之幾的層級所得比，事實上不重要，重要的是惡化趨勢極為明顯，從三十二、五十五，到九十六，是很不可思議的倍數，台灣的所得分配呈現絕對不均化，不能視而不見。

產業發展的迷思與國際化、自由化的迷信

與其說拼自由化、國際化，事實上是在拼效率，一些門檻、障礙、保護都要拿掉，可是就算市場開放完全競爭，有些東西卻是完全拼不了的。例如拼降稅，開曼群島叫做免稅天堂，台灣拿什麼拼？這是沒有意義的。

台灣的租稅負擔率已經降到百分之十二，二〇一一年是十一．九，去年是十二．八到十二．九，所以拼降稅又能怎麼樣？在台灣租稅負擔率百分之十二，日本、韓國分別是二十五、二十六，是台灣兩倍，但台灣的GDP還落在日、韓之後。

當所有成本、效率都在拼降低的時候，路就走已經走錯了。自由化、國際化真正的意義，是讓企業勇敢地面對挑戰，要企業拋棄「我不行，政府會救我」的倚賴。**自由化、國際化是產業發展的必要條件，但不是充分條件。**

開放後，產業不一定會發展，但如果不自由化、國際化，產業就不容易發展。

讓小孩子面對競爭，不等於放牛吃草，這不能算教育政策，因此自由化、國際化不能算是產業政策。

知識經濟和創新經濟時代的經濟結構

我覺得二十一世紀，有很多面向不能算是完全競爭，**這是一個知識經濟和創新經濟的時代**。知識經濟和創新經濟幾乎是by definition，不屬於完全競爭。

所以必須瞭解，知識經濟和創新經濟時代的經濟結構，與完全競爭有一些基本差別。

在傳統資本勞動為重的生產體系內，逐漸發生改變，「知識經濟」進入了這個生產架構，也就是說製造過程中除了資本勞動外，還有一種東西叫做知識，而且扮演的角色越來越重要。

那什麼是知識呢？Windows 95、98、X、7就是不斷翻新的知識。

同樣的電腦、同樣的人，當裡面灌的是Windows 95、Windows 2000或Windows 7，他的生產力就不一樣。

知識不斷更新，打字員、坐在電腦前面的作業人員，或電腦本身就不是那麼重要，相對來說「**電腦裡面灌的版本才重要**」，這就是知識經濟。

可是知識經濟有幾個特性，第一，知識是沒有敵對性的，意思就是自己使用Windows 7，並不會妨礙其他人用Windows 7，只要合法取得版權。所以一個教室如果買了一套Windows 7，三個學生使用，並不妨礙其他四十個學生用。

第二個特性是**Learning by doing**，意思就是有基礎，就越容易上手。

收益遞減落後難翻身

這兩件事情，幾乎就是**收益遞增**（Increasing return），所以想像現在發展的軟體，要在電腦上模擬，電腦現有軟體模擬的速度越快，就越容易發展出新軟體。如果軟體好，發展新軟體的能力就比其他人強。

因此一旦領先，就比較容易持續領先；反過來說，**一旦落後，就很難再翻身**。這就是收益遞增的時代。

產業時代已經不一樣了，如果輸在起跑點就很難再跟得上，就應該試著不輸在起跑點。「收益遞增」有個觀點：不要輕易認輸，因為一旦認輸就很難再贏回來。

例如汽車屬於比較傳統的產業，沒有極關鍵的知識可主宰一輛汽車的勝敗，所以，不用太擔心現代汽車，而油電混合車，雖然有一點技術上的重要性，但還不至於構成不斷的知識更新，發展到最後反而會牽涉到電池技術，而電池技術滿難有重大突破。

可是ICT產業就是創新經濟，動不動就出現破壞性的創新，把原來的東西推翻。例如：平板電腦一下子讓傳統電腦少掉三分之一的市場，還有可能變為二分之一。

一旦領先就會持續領先，例如：Samsung。三星企業在ICT方面，一旦把台灣某些部分打敗，台灣就很難再贏。所以台灣應能有企業，在知識經濟的時代早點取得領先地位。

由於經濟環境的不同，二十年前提到產業政策，比如租稅優惠，可以鼓勵研發，但不要有產業針對性；但在今天創新經濟時代，一個產業一旦領先就會持續領先，一旦落後就不容易再跟上，政策當然要有產業針對性，並且只適用於創新性產業，非創新性產業（非知識經濟），那就不應適用產業針對性。

對於國內有些學者和官員，受「芝加哥學派」影響已久，主張「功能別」不要「產業別」，我以為在創新經濟時代必須重新思考。

三年前營所稅本來要由百分之二十五降到百分之二十，如果降到百分之二十，還可以保留研發創新的租稅抵減，結果為了和新加坡、韓國競爭，最終降到百分之十七，也取消了研發創新的租稅抵減。造成現在租稅負擔率低，國家公債不斷增加，政府節省支出，造成GDP下降。

不久前審科技預算時，主計處的官員說這個預算太高、那個預算太高，要減；我和他說：「你對業務單位有意見，我對你主計單位也有意見。三年前我們收到的公文預算要減百分之六，兩年前收到的公文說要減百分之五，一年前收到的公文是零成長，百分之百，今年收到的公文是減百分之八，請你敲一下計算機，〇．九四乘上〇．九五乘上一乘上〇．九二是多少？百分之八十四！一個國家的科技，如果四年間從一百降到百分之八十四，我們WEF的排名、IMD的排名，一定也會跟著降。」

台灣「產業經濟」的問題（一）

- 不是產業問題、不是經濟問題
- 而是社會出了大問題
- 靠經濟部、財政部、經建會，恐怕不行
- 以下招式，早已用老
  - 增加公共支出（哪來錢？舉債上限已近）
  - 補貼家電（哪來錢？冬天買的提前，跨時替代）
  - 加速自由化（不正凸顯出原先「未全速」？）
  - 與老韓玩匯率戰（有利有弊、且淮南子不同意）

這是必須面對的問題，百分之十二的租稅負擔率沒辦法支持永續發展，也無法支持創新性產業政策。

所以台灣經濟為什麼悶？可能是政府弄不清楚典範已經在移轉。

為什麼薪水凍漲？

有人說「財政是庶政之母」，這是對的。經濟結構已經改變，所以當一個國家的租稅結構不能永續，很多事會連帶瓦解。

孫運璿以後，我認為台灣就沒有新產業。現在台灣經營最好的兩個高科技產業，一個是tsmc、一個是Mediatek聯發科技。可是後面很多追兵，越南、大陸、韓國，情況不是很樂觀。

有一次總質詢，立委蔣乃辛問經建會主委管中閔：「**為什麼過去這幾年台灣的經濟還有百分之三到四的成長，但平均薪資卻不成長？**」這是這麼多年以來，讓我非常驚訝的好質詢。

台灣「產業經濟」的問題（二）

- 現在的問題，不只是「產業經濟」的問題
- 現在的問題，是人民對政府信心喪失
- 現在的問題，是經濟結構未跟上創新經濟思惟
- 現在的問題，是少有政府官員敢「改變思潮、風氣」
  - 所謂有問題，是「不是做對就加分」
- 現在的問題，是「不是做對就加分」
  - 而要「比韓、陸更快、更對」才加分
- 現在的問題，不是左VS.右、統 VS.獨
  - 是世界不再等我們

如果去看tsmc、Mediatek的高階薪資，我認為是有漲的。Mediatek最近從Qualcomm挖角一位技術長，Qualcomm就是高通，在全世界晶片是最好的。能夠從Qualcomm挖技術長，薪資一定不會低。

tsmc、Mediatek的薪水一定不可思議的好，不斷在漲。全台灣的薪資之所以在跌，是因為別的行業薪資都沒漲。十五年前媒體的起薪和現在媒體的起薪應該差得不多。

也就是說，**創新領域薪資在漲，但傳統領域薪資是平的**，經濟學上稱這樣的現象為「Factor price equalization theorem」（要素價格均等化理論），如果缺乏有特色的生產要素，薪水就會慢慢跟世界齊平化。

世界上傳統領域的薪水大都是越南、中國大陸主導，因為人多，**人多權數就大**，所以全世界缺乏高科技能力者的薪水，大多都由中國大陸市場決定。因此，台灣薪水就會慢慢會向後看齊。

有些人會擔心「Factor price equalization」，如果跟中國大陸過度往來，會把台灣薪資拉下去。這種想法一半

對、一半錯。

我們跟全世界往來，就會把國內沒有技術特色的勞工薪水拉下去。而**薪水會不會漲，就看國內有技術特色的勞工占多少百分比**。如果要與全世界走沒有技術特色的產業競爭，那是必死無疑，薪水還會再降。

簡單地說，在傳統產業，完全競爭理論是對的，Factor price equalization也是對的，薪水一定要下降。而在創新驅動產業，創新經濟理論是對的，所以只要在創新行業上能維持領先和特色，薪水就會上漲。

尋找「悶經濟」的突破點

如果科技產業沒有辦法取得領先地位，停下來和追兵打仗，就會像傳統產業一樣失去領先的優勢。**台灣經濟悶，是因為沒有產業創新**，孫運璿先生當行政院院長時推了三個產業：半導體、食品工業、電動車，唯一成功的就是半導體，而剛好也找來張忠謀，對的政策、優秀的經營者及當時的產業環境共同搭配下，才能發展得如此成功。

創新的事情充滿不確定性，創新產業、創新經濟，唯有持續推動，總會有成功的一次。

悶太久會引起併發症，就像牙痛拖太久有可能會造成蜂窩性組織炎。這十幾年悶經濟，薪資停滯造成民意憤怒，是第一種併發症，民怨就容易轉變成民粹，讓很多政策的規劃和執行陷入風險。

併發症二，官員也變得有點蹉跎。例如，沒有人會否認都更有利經濟發展，但也有官員說現在社會氛圍不對，改天再說。社會氛圍不對，官員的責任不就是想辦法解決社會問題、改變氛圍嗎？如果什麼事都等到社會氛圍對了，才能解決問題，官員就毫無作用了，也不需要官員解決問題了。

又例如國科會已將中科二林園區轉型，把用水量從十六萬噸減到兩萬噸，排水量從十二萬噸減到兩萬噸，這只是環境差異分析，一切條件改善就應該自動通過，而不需要再審六個月。委員卻不斷提出新條件，例如要把汙水排放降到零。事實上全世界沒有一個園區能做到零排放。環保的問題，若一直擺盪在環境保護的無限上綱和唯產業開發的思維，永續發展就很難有平衡點，這樣的爭議層出不窮，也是受到上述二種併發症的影響。

創新就是探索未知

為了建立完整的創新生態體系來支持創新經濟的發展，國科會推出「產學大聯盟」，對一些在技術上有世界競爭性的產業，我們建立平台讓學界可以提供助力，也就是業界出題，學界解題。比如台積電要跟三星競爭，如果找到台大電機系、交大電機系一起合作，台積電投入自籌款，國科會則補助學校系所經費與產業共同合作，這就是大聯盟。

「產學小聯盟」指對於有些需要普遍紮根的技術，由國科會補助學研機構成立技術實驗室，和若干需要此種技術的廠商共同開發，例如國科會補助成大的機械研究所成立馬達實驗室，同時可以扶助許多需要馬達技術的廠家。**前者是技術拔尖，後者是技術紮根，而技術紮根有助於創新。**

創新經濟的產業　需整合多方條件

正創業的卻屈指可數大部分人得獎後，只是把獎牌放到書架上，或者在履歷表上多一行資料。

這是因為國內年輕人長期以來創意有餘但創業膽識不足、經驗不夠、實作作品難成等問題。目前國科會希望透過「創新創意激勵計畫（FITI）」，協助改變這種狀況。讓從矽谷（Silicon Valley）找來的創投家，對這些人耳提面命，由矽谷的創投家不斷給予刺激。經過不斷篩選，就會有一些成果。另協助需要Prototype、廠房、替代役也盡量輔助，並提供育苗基金。創新、創業、育苗基金都是串連學術界成果推向產業界。會不會成功，十個可能失敗九個，但成功一個就賺到了。

此外，技術作價的問題也影響科技新創事業的發展，假設，美國Zuckerberg有一個好的技術，其他創投來投入資金，股票一張一股一分錢。雖然創投股票是一股十元美金，但他一股只要一分錢，所以Zuckerberg不必付很多的稅。

台灣則沒有這種彈性，無法一股一分錢。所以國科會就在思考如何把未來研發規劃所投入的成本也視為技術成本，最終說服財政部，以技術作價入股，讓稅制更為合理化。

創新經濟的發展有諸多環節，假設0是學術界、1是市場，國科會只能管0到0.2；工研院差不多是管0.4到0.7之間。但是要走創新經濟，整個0到1之間都要打通才行。

早期的工研院是母雞帶小雞，當年的小雞已成為老鷹了，一是tSMC，一是Mediatek。tSMC去年研發經費是四百億，只針對半導體。現在工研院所有預算只有兩百億，研發條件相當不利，而且租稅環境現在已經沒有研發創新的抵減，更不利於創新經濟。

催生知識經濟轉型產業的決心與勇氣

大家知道什麼叫做傳統產業，但是什麼叫做創新經濟的產業嗎？難以定義。因為創新就是探索未知，創新經濟的產業現在是不存在的。推動創新經濟這個不存在的產業，相對困難。經濟部主管的已經存在的產業，不需要管一個尚未存在的產業。但是將來科技部所主管與推動的，是尚未存在、因應世界知識經濟轉型的產業。

台灣的悶經濟即使靠自由化、國際化、增加支出，也可能無法解決。台灣需要的是一位能夠喚起風潮、改變氛圍的首長。需要開啟一、兩場戰爭，然後能打贏這場戰，整個台灣的氛圍就會為之改變。

台灣產業經濟的問題，不是產業問題，也不是經濟問題，而是整個社會的大問題。人民對政府信心不夠，經濟結構也沒有趕上創新的思維，如果只想靠傳統的老招式，比如增加公共支出，但國家已經沒錢增加公共支出；增加家電，也需要錢；加速自由化，反而突現出原來未盡全速。而為什麼原來會未盡全速？必須要找到出錯的環節。如果不找，卻一直喊加速，是毫無意義的。

現在已經不是做對就加分的時代，而是**做對也要比別人做得快**。我們必須突破思維和做法的框架，台灣才有機會轉型至創新經濟，找到新的成長動能。

主講人簡介

朱敬一

美國密西根大學經濟學博士

現任：國科會主委、中央研究院院士

曾任：發展中世界科學院（TWAS）院士、中央研究院經濟研究所特聘研究員、台灣大學教授

中華經濟研究院董事長、中央研究院副院長、行政院國科會人文處處長

服務業與人民生活水準息息相關，生活的好壞很多地方是看生活是否便利，服務業的多樣化、加值化與「異業」結合的發展有非常大的空間，人口老化帶動相關服務業興起，「長期照護」會快速發展也是必然趨勢。

——薛琦

第22堂課

服務業的發展

——薛琦

什麼是服務業？觀光是飲食、交通、住宿以及遊憩業的組合，如果去查行業分類，查不到觀光這分類，只有旅行業，而旅行業所收的費用中，大部分是支付給前述行業。社會福利分類於宗教團體，環保屬於工程以及技術顧問業，電腦軟體如果是附屬於製造商則屬於製造業。其中一般統稱的服務業其範圍並不是想像中的明確。

大家都忘記政府是服務業中的公共行政。那軍人有沒有列入職業分類的公共行政？算不算是政府公共行政服務業中的一員？軍人不算，但是警察卻是。

再以蘋果公司（Apple）為例，Apple是屬於製造業還是服務業？答案是製造業。雖然Apple的零件沒有一個是自己製造的，但生產流程從頭到尾都在公司的掌控之生產的產品，因此仍屬於製造業。

又，聽一首好歌，買一張唱片，是屬於服務業還是製造業？到歌廳或歌劇院聽歌屬於服務業，而生產CD屬於製造業。

最近歐巴馬推出了一個先進製造業夥伴關係計畫（Advanced Manufacturing Partnership），一直強調製造業的重要性。但是不管製造業有多重要，都面對兩個問題。第一，現在的製造業跟服務業越來越難分；第二，不要認為製造業一定會有機器和廠房。譬如iPhone 4在二〇一〇年時價格大約四五〇美金，其中Apple就拿了一半，用在研發、行銷、管理，當然還包括利潤，但另一半都是分給其他製造商，他自己沒有工廠。

想了解服務業發展趨勢，很難想像三百多年前就有人看到了，英人William Petty（一六九一）：一個國家的經濟發展隨著時間的經過，其農業人口相對於製造業會下降，接著製造業相對於服務業也會下降。「As time goes on and communities become more economically advanced, the numbers engaged in agriculture tend to decline relative to the numbers in manufacture, which in turn decline relative to the numbers engaged in services.」。他在講這段話時，生產的概念還不具體，所以是用就業的比例變化來說，經濟結構改變與成長的關係。農業的就業人口相對製造業會慢慢地下降，也就是指工業化。接著在後工業化時期，服務業會崛起，成為帶動經濟成長的主力。

台灣的服務業發展概況

一九五二年，台灣的農業人口開始下降，大約到一九六七年，農業就讓位給工業。但必須留意：工業和製造業無法畫上等號，製造業要加上礦業、建築業，還有水電瓦斯，也就是我們所謂的第二級產業。

一九五二到一九八五年，服務業平穩發展，服務業的發展和經濟成長大致一樣，所以比例不會有太大的變

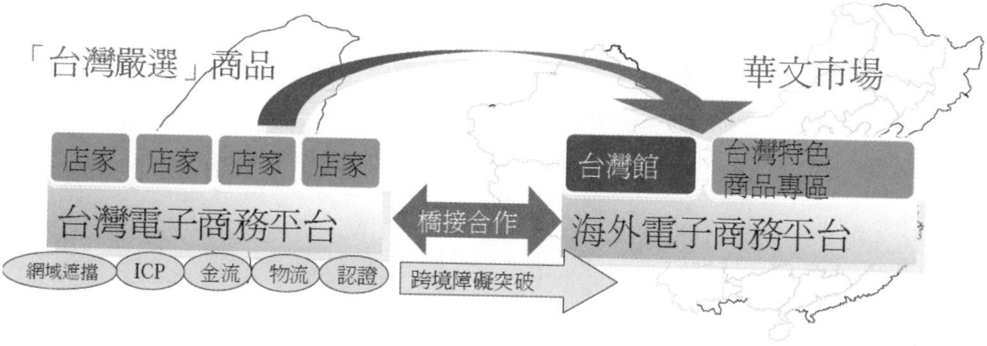

服務業與資通訊結合

動。

一九八六年，台灣製造業占GDP的比重大約百分之三十九，在全世界當中算是很高，很少有國家的第二級產業會超過百分之四十，而這年也是台灣製造業發展的高峰。一九八六年之後，製造業所占的比重就開始下降，取而代之的就是服務業，台灣經濟進入了後工業化時期。

簡言之服務業與人民生活水準息息相關。老百姓生活的好壞很多地方就是看生活是否便利。如果覺得生活上各項服務非常便利，且品質良好，就可以知道這個國家的人民生活水準不錯。

Adam Smith的《國富論》，開頭的第一句話可視為服務業的定義：「一國國民的勞動提供了這個國家國民每年消費的民生必需品及生活上的便利性。」

這裡生活上的便利指的就是服務，它有幾項特性：

第一、提供完或消費完就消失（perishable），無法儲存，只能儲存在自己的記憶中。

第二、很強的在地化，也就是很大的一部分是在地提供、在地消費，但也不完全正確。常說的「服務業貿易」，簡稱「服貿」，服務也是可以貿易的。

第三、很多服務業都是人對人，但也並不完全如此，例如：通信業，人和人之間除了面對面溝通，凡用其他工具溝通的就是通信業，包括郵政、電信，甚至以前的電報等。

服務業與資通訊結合小心解讀服務業產值與就業資料

根據我國行政院主計總處的行職業分類，包括批發及零售業、運輸及倉儲業、住宿及餐飲業、資訊及傳播業、金融及保險業、不動產業、專業、科學及技術服務業、支援服務業、公共行政及國防業、教育服務業、醫療保健及社會工作服務業、藝術娛樂及休閒服務業、其他服務業共十三類。

有些服務業的產值意義是很奇特的，譬如不動產業產值大約占GDP的百分之六，金額很大，但就業幾乎是零。這裡的不動產業並非指房屋仲介，仲介只是很小一部分，而指的是行政院主計總處對提供自有住宅的服務設算了租金，表示自己擁有的財產提供給自己的服務，不也是要設算租屋計入GDP的。

二〇一三年服務業GDP第一次超越百分之七十，但就業只占百分之五十八。除了前述設算租金，但無就業效果外，另少掉的部分也出現在公務人員的退休金金額相當龐大，在原有的服務單位編了預算，卻但沒有任何就業效果。

服務業貿易的特性

世界組織服務業分類：商業服務業、通訊服務業、營造及相關工程服務業、行銷服務業、教育服務業、環境服務業、金融服務業、健康與社會服務業、觀光及旅遊服務業、娛樂、文化及運動服務業、運輸服務業共十一類，那服務業如何進行國際貿易。

隨著時空環境的改變、知識經濟資訊時代的來臨，服務業不但可以貿易，而且需求極大，大約占全世界商品貿易的四分之一，還在繼續增加。

服務業貿易，可以透過下面四個方式或型態進行：

第一，跨國提供服務：服務提供者自一會員境內向其他會員境內消費者提供服務。足不出戶也能享受國外提供的服務，例如淘寶網、刷國外的信用卡。

第二，國外消費：服務提供者在一會員境內對進入其境內之其他會員消費者提供服務，例如到國外當地消費。

第三，商業據點呈現：一會員之服務業者在其他會員境內以設立商業據點方式提供服務。最常提到商業據點的呈現，就是到當地投資、設立據點，就可以提供勞務。

第四，自然人呈現：一個WTO成員之服務業者在其他成員境內以自然人（個人）身份提供服務。自然人的呈現又有兩種方式，一個是指公司內部人員的移轉。假設鴻海要到大陸設廠，大陸廠裡一定會有台灣員工；反過來說，大陸ICBC銀行來台灣設分行，裡面也會有大陸員工，這就是公司內部人員的移轉。另一種移轉是臨時受雇，不屬於公司內部人員。假設有一家公司正在做一項工程，過程中遇到問題，就從國外請了一個工程師來協助，也是自然人呈現的一種。

最近簽的兩岸服貿簽定，有人擔心台灣的小吃店、理髮店會不會消失？計程車會不會變紅色？其實是將投資移民和服貿的工作居留搞混了。

加拿大、美國、紐西蘭都有管道可以投資移民，台灣雖然也有，但人數卻是零。**任何一個外國人只要買三千萬的台灣公債，過了三年，就會發給永久居留證，這就是移民。**

如果有位大陸人士花六百萬台幣來台灣開一家麵店，太太是總經理，兒子是員工。第一，六百萬不知道要怎麼用；第二，若他經營一年就放棄，居留證就會失效。而且要來台投資，必須有實際的投資行為、有沒有真的從事營業？投資後，因為工作需要提供居留，並非永久居留。

服務業帶動婦女、中高齡就業

我國婦女勞參率偏低。OECD統計，服務業女性：男性就業比重為一．一：一，高於製造業之〇．四五：一，發展服務業能帶動女性就業。

我國中高齡就業者因受技能、年齡及體力等限制，不易就業，由於服務業進入門檻低，其發展有助於中高齡之就業。

服務業跟婦女、中高齡的就業密切相關，服務業比重越高，婦女的就業比重就越高。台灣的婦女「勞參率」，現在大約是百分之五十，正在慢慢提升。

部分工時（Part-time）就業方面，台灣部分工時的就業才占百分之三十，荷蘭占了百分之三十五。中高齡的婦女如果可以打工，對失業率會有很大的幫助。

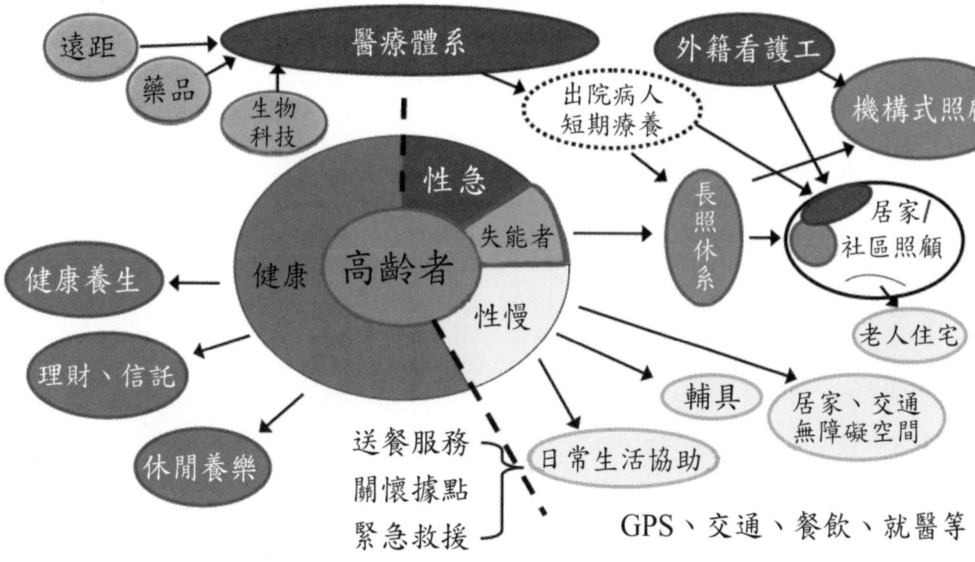

人口老化帶動相關服務興起

比較服務業與製造業就業比重，近十年來，服務業人數占總就業比重緩步增加，平均為百分之五十八，以就業增加率而言，服務業增加幅度較快。

服務業以內需為主，就業較不受景氣波動影響，在促進就業方面，有貢獻，但薪資增加，服務業則不如製造業。

鬆綁業帶動薪資成長

服務業實質每人每月所得於一九八四年超過新台幣二萬元，一九八九年超過三萬元、一九九三年超過四萬元、二〇〇一年達最高點四．六六萬元，二〇〇九年受金融海嘯影響降至近年低點四．二二萬元，二〇一二年為四．三三萬元，近十餘年來並無增長。原因為何？

薪資在不同服務業差距極大，而高薪資的行業都被管制。高薪資的產業有：金融業、電信、醫療、教育（學校老師），每一個都受到嚴格管制，相對成長就慢。銀行薪水是製造業的兩倍，可是過去十年來，銀行占總就業的比重，從百分之六降到了百分之五。教育也是一樣，台灣好多大學招不到學生，那為什麼不把名額開放給中國大陸呢？醫療也是，擁有長期資金最多的就是保險業，而保險要追求的是長期穩定的投資，為什麼不大幅導入長期照顧業，結果又是法令限制。

服務業的未來展望　與國際發展趨勢

台灣各業投資雖然比不上製造業，但最近服務業的貿易表現卻突出，而且變成順差。原因是開放中國觀光。去年有兩百五十萬名中國觀光客來台，據統計一個人平均一天在台灣消費十四萬元，通常停留七天，產生可觀效益。假設一半的人搭乘台灣的航空公司，一半搭乘中國的航空公司，平均距離是台北到上海，就可以推算對國內空運業的貢獻。全世界的航空公司最近添購飛機最多的，應該就是台灣和中國大陸。

服務業異業結合的發展可以非常多樣化，產生新的業種、業態及工作類型，如：觀光與醫療結合形成觀光醫療，也就是國際醫療。台灣最近在這方面發展的很快，主要是有語言和價格上的優勢。以後從醫美、健檢到重症醫療，加上簽證便利，國際健康醫療服務業有非常大的發展空間。

服務業與資通科技結合，也可提供許多優質的服務，甚至產生全新的商業模式與消費行為。金融跟資訊業結合例子也很多。最好的例子就是最近大家談的第三方支付。你們應該都有網路購物的經驗。你如何付款投資那就是第三方支付。國內目前受到限制仍多，以後大幅開放有很大的商機。

人口老化會帶動相關服務興起。人口老化是全球面臨的新課題，會創造新一波銀髮族服務商機，促成相關服務業的興起。「長期照護」會快速發展是一個必然趨勢。保險資金想要投入長期照護，台灣的老人福利法必須放寬限財團法人組織型態才能從事長照的規定。

我國當今服務業發展面臨之挑戰

國內法規雖持續推動鬆綁，惟服務業發展仍多受法規限制，如金融、電信、醫療、教育等，「管制」心態仍濃。就像今日與長照相關的規範，仍以社福考量，這種規定問題很多。第一、政府並沒有像健保一樣普遍提供長期照護。若不要求政府補助，不用政府資金，對政府毫無所求，政府為什麼要限制？保險資金投入長期照護，對社會有益而無害，為什麼反對？有人說：「做了之後會侵蝕資源。」但是民間參與根本沒用到政府社福預算任何一毛錢。

政府想法令鬆綁，運用市場機制，利用民間資金從事**基礎建設，成功的例子很多。但總是有人希望仍由政府來做，而且最好是不收錢。這種想法與做法會讓台灣一步步走向歐洲四豬的窘境。**

有次在美國矽谷招商，有人問我：「台灣的競爭力在哪兒？」我不能長篇大論，突然想到說：「台灣人的英文比日本人好。」接著說：「台灣人的日文講得比美國人好。」最後：「我們台灣人說的是中文，除了中國以外，比全世界任何地方的人講的中文都好。」他們覺得有理，這就是競爭力，我們要好好把握充分發揮。

主講人簡介

薛琦

美國Case Western Reserve 大學博士

現任：余紀忠文教基金會董事、行政院政務委員

曾任：台灣證券交易所董事長、台灣金融研訓院院長、台灣大學經濟系系主任

德國柏林自由大學客座教授、中央大學產業經濟研究所教授兼所長、管理學院院長

台灣大學經濟系教授、副教授、講師、美國俄亥俄大學經濟系助教授、財政部賦改會委員

行政院經濟革新委員會產業組副召集人、行政院經濟建設委員會副主任委員

「價值的高低來自紮根的深淺，台灣的智慧財產權（IP）發展歷史短，需二條路並行：一條路是發展基礎 IP，重視「質」的開發；第二條路是不斷搜索全球真正好的 Foundamental IP，不手軟的花錢買。」

——林憲銘

第 23 堂課

品牌和國際行銷

——林憲銘

我以講故事的心情，引導大家探討對於台灣品牌的發展，尤其是PC產業。

台灣的PC產業怎麼來的？我從頭參與其中，也遇到撞牆期，需要很多反思。

一九七五年我從學校畢業，當時還沒有Micro-processor（微處理機）。第一次接觸到這個名詞，大概是一九七六年底，一九七七年初。交大學長要去美國念書，送我一本《微處理機》的書；我發現內容是以前在學校完全沒見過的；退伍後進入一家系統公司，做系統設計，就是用微處理機取代TTL線路，其中最有名的是台灣高速公路收費系統。

高速公路收費系統，第一套用在泰山收費站，當時找美國知名的系統公司製作，下面鋪電子感應，車子一過去，它就自動偵測，費用很貴，可是有一個很大的缺點，因為沒預想到台灣多雷雨氣候，尤其一打雷，感應就失準。

高工局非常重視系統偵測的準度，初期考慮高速公路收費系統時，以防弊為先，當時經過台北橋的計程車，只要不拿收據，過橋費五塊錢就變成三塊錢。所以聽說台北大橋的收費員職位，要花當時的幾十萬台幣來打通關係才能夠擔任，可以想見防弊有多麼重要。

自此我開始做這個系統，兩年後離開原公司，加入宏碁在南部成立分公司，當時台灣的ＰＣ還未發展，我們主要把國外微處理機代理進來，這是未來工業革命很重要的一個元件，能夠幫助台灣產業升級或改變。

一九八〇年，台灣興起的產業就是電動玩具，當時日本電動玩具全世界第一，可是日本人最怕台灣複製，因為新的機器一出來，不管用什麼方法保密，七天之內，台灣一定有辦法「逆向工程」（reverse engineering），複製一個功能相同、更為便宜的產品。

後來政府禁止電動玩具，接著關鍵來了，這一批已是大學或研究所畢業，擁有絕佳技術背景的人才怎麼辦？他們要往哪裡走？因此開始走入Apple clone、PC相關產業，一九八二年IBM發表ＰＣ後，台灣在一九八四年就有第一台ＰＣ。

科技產業的品牌之路

當時ＰＣ剛開始起步，也不得不找國外客戶，協助客戶瞭解PC怎麼販賣，客戶當然希望掛他們的品牌，台灣就從那時開始做ＰＣ，主打客戶的品牌。

到了一九八六年，施振榮先生覺得幫別人做嫁還是不對，應該要建立自己的品牌，但問題來了，當時宏碁叫做Multitech，不叫Acer，這個名字在美國加州登記時，比Minnesota一家小公司晚了六個月。

後來美國政府說：除了Minnesota以外，你在其他地方都可以用。但這個意思代表不能在美國作全國性廣告宣傳，所以一九八六年就決定改成Acer，開始強打品牌。

一直到二〇〇〇年，又發現品牌跟ODM有衝突，因為PC開始走入商品化（commoditization），市場上產品功能的區隔性越來越小，差異性一小，客戶就以價格作為決定要素，衝突因此變大，所以不得不在二〇〇一年將公司切割，一邊是Acer，一邊是緯創。

施先生希望我來管理ODM，在二〇〇一年以前，我是Acer總經理。

以前對「品牌」的了解不夠深入，成立緯創之後，我才發覺到「品牌」分成兩種，Acer走的叫consumer的品牌，所謂消費性品牌；緯創則慢慢走入所謂工業性品牌。工業性品牌也許是台灣未來的一條出路，需要特質跟消費性品牌不一樣。

從事品牌經營之後，慢慢體會PC相關的品牌經營，其實還沒真正達到客戶需求，只是做一個有效整合。最終還是要懂得客戶到底在哪裡，需要什麼？過去做整合總是太過強調成本及功能。

其實ODM做到今天，台灣可以說已經打遍天下無敵手，但是再往後看，中國會怎麼發展還不曉得。但是在中國，人人都想要變成領頭羊的意念是很強的。

現在碰到的「撞牆期」，在二〇〇一年緯創成立的時候，當時世界上做OEM或做ODM有兩大主流，一個是台灣，一個是美國，比如像Flextronics，還有Solectron等等。

當時美國這些CEM的公司，總營業額加起來有八百多億美金，台灣所有的CEM、OEM、ODM加起來還不到三百億美金。到了二〇一二年，台灣的ODM，包括鴻海，營業額加起來超過二千五百億；反觀美國CEM，到去年為止是七百五十億。

這代表什麼？代表我們確實是做代工、做ODM，到現在打遍天下無敵手，重點是賺的錢從二位數的毛利率降到三~五%。總體來看，ODM產業的毛利率、淨利率不高，但整體投資報酬率滿高。過去十年來，台灣ODM產業至少賺了將近五百億美金，但DRAM賠的金額恐怕不止這個數目。

客戶來找你，是因為「價值」還是「價格」？

從產業本質來看，先不談它代表的技術含量有多高，這個產業十之八九來自於知識經濟的效率。ODM產業效率，在管理供應鏈（supply chain）上相當複雜。處於這種背景下，運用知識的機會非常大，以前美商跟我們競爭，一直挑戰我們，比如說IT化不夠深入，強調ERP（Enterprise Resources Planning），把demand、supply輸入電腦，事實上沒那麼簡單，這裡面有很多人為因素需要判斷，包含訂貨交付的時間長短、取得的難易，還有良率的好壞都是關鍵，無法只靠系統推算，經驗累積的判斷才是要素，也是我們的強項，別人跟不上之處。

真正最大的貢獻，就屬Microsoft跟Intel，我們叫「Wintel」。Wintel賺走大部分的錢，我們賺少部分的錢，造成整個PC產業在過去十年來停滯，因為只要跟著它的步調，大家就有錢賺。

品牌產業也懶惰，沒事就跟Intel談spec，跟Microsoft談新的OS，什麼時候灌進來，什麼時候上市，然後大家就搶食市場大餅，造成Apple大棒一揮就把大家都打醒，只用一個很簡單的訴求：客戶需求。從iPod、iPhone到iPad，一棒把所有PC產業打得唏哩嘩啦。

一個接近三千億美金的產業碰到牆要轉型，必須挖的牆要有多大？廣達三百多億美金、我們兩百多億美金、仁寶兩百多億美金的營業額，要轉型需費很大功夫！所以我很擔心，從ODM產業轉型成技術服務的產業，這個過程需要建立一個工業性品牌。

基本上，消費性品牌跟工業性品牌一樣，都一定要不斷創造價值，我們內部有一個準則，就是客戶來找你，是因為「價值」還是「價格」？

如果今天客戶找你，只是因為價格，那麼你永遠都是低毛利率，困難的地方就是在紅海裡面跟人家競爭，無法創造價值，只好用價格取勝。如果做技術服務業，能夠創造什麼價值？同樣地，在品牌經營上，尤其是在消費性品牌經營，你的價值到底是什麼？

Apple在二〇〇〇年經營困難時，還有一批蘋果迷死忠支持Apple。Apple去年的營業額一千六百多億美金，但在一九九九、二〇〇〇年到谷底時，只有七十億美金的營業額，能夠有這麼巨大的轉型，需要很多蘋果迷支持，尤其那個時候的Macintosh，要的是它的ＵＩ（User Interface）。

我的體會是Apple品牌價值高，黏著性高，讓死忠的蘋果迷不放棄它，一直支持它到Steve Jobs回來，才讓整個大翻盤，這個就是它的價值，具有正面的影響力。

Dell是另外一個例子，Dell的價值是什麼？就是它的經營模式（Business Model），當時走它的是Dell's Direct Business Model（戴爾的直接商業模式），大部分的人都誤解它只是比較便宜，這是大大的錯誤。

其實Dell最大的價值在於客戶服務滿意度。可以在一通電話裡清楚表達你要的規格，幫你服務到底，送到家裡幫你安裝；跟你必須到店面去問店員，這個不懂，那個也不懂，還要自己去拼湊有天壤之別。當時Dell做直接銷售時，綁的不只有硬體，還有軟體、週邊產品、所有的安裝，甚至包括售後服務。所以Dell這套作業為什麼那麼快速就可以成功？因為確實打動客戶的心，提供價值給客戶，而不是賣得比別人便宜。

事實上，當時如果把Dell的電腦系統整個包裝起來送達客戶家裡，每一個價錢算完，是比自己去買還要昂貴的，可是客戶願意買，因為解決客戶的困難。

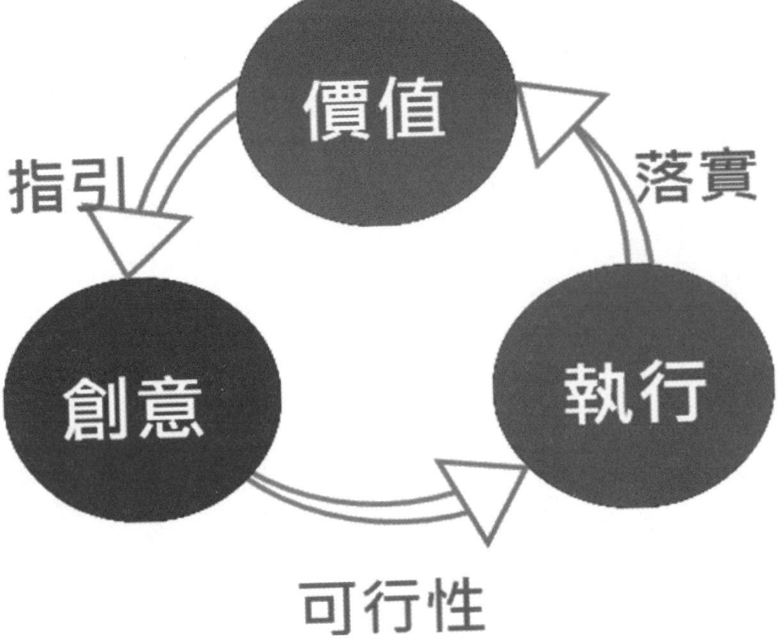

創新的三要素（資料來源：施振榮提供）

但創造的價值如果很容易被複製，或是複製得更好，當然會慢慢失去競爭力，這也是為什麼後來這幾年，幾家大型PC公司都碰到瓶頸，而真正成功做到價值轉型的，還是只有IBM。

IBM當時發現做硬體的價值不高，就開始轉型做綜合性的consultancy，今天IBM的market cap（總市值）還是非常高，營業額雖然還不到一千億，可是獲利率很高，每年一千億的營業額可以賺兩百多億，它的本益比也不低，總市值在科技產業裡只比Apple低，比Microsoft高，為什麼？

IBM上一任的CEO Sam Palmisano提出「智慧地球」，很多人聽不懂他在講什麼，但是一年半、兩年之後，IBM把「智慧地球」的概念變成一個商業模式（Business Model），到後來所有的國家、政府、都市的大型智慧project，IBM贏了大部分的案子，同時IBM確實給出一套清楚的白皮書、運作模式，以及找最好的solution，而且solution並未局限一定要買IBM產品。IBM變成一個站在客戶面，提供最好服務的角色，幫客戶挑選最好的solution。因此價值的轉型根本讓人無法拒絕，造成今天那麼高的毛利率。

HP去年是一千兩百多億的營業額，個位數的純利（Net Profit），其他的PC公司都一樣。想像IBM在創造價值的過程裡，願意求變，在高達八、九百億時，寧可營業額不成長，也要進行公司轉型。

過去幾年，台灣沒有辦法把這個價值提供出來。兩、三年前，當鴻海在大陸有員工跳樓，社會輿論一再譴責時，站在同業立場感到遺憾不解，龍華廠區四、五十萬個員工，每個員工基本上都是離鄉背井到深圳，他選擇自殺作為解脫的方式，原因有許多，卻怪公司沒有把事情處理好，事實上非常不公平。

但很明顯地，四、五十萬人要怎麼管理？我常開玩笑說花蓮縣都不到四十萬人，如果員工多達一百萬人，只靠集中管理賺錢，我認為不是我們要發展的模式。

所以我們一直維持相對很小的員工規模，整個公司只有六萬四千多名員工，我們要保有一個高附加價值的機會，能夠讓員工自己創造。

價值的高低，來自扎根的深淺

我要特別提「創新」。做一個消費性品牌，必須要很清楚去瞭解消費者心理及需求。

在品牌經營裡，國際化跟當地化管理非常重要，尤其以台灣為總部的公司，國際化跟當地化管理常常有很多衝突。一九九七年，施先生要我接管宏碁所有營運，包括品牌、ODM，有一段時間，除了做空中飛人之外，四分之三都要用英文，這只是一個最基本的要求，還要能夠懂得各個國籍的員工背景不同，邏輯不一樣，怎麼聽他的話，如何指導他或跟他合作。

事實上這個課程代價是非常高，至今我還沒有找到一套所謂長治久安的方法，大部分也都是利用incentive program（激勵方案），運用一套不同的ＫＰＩ（Key Performance Index），讓這些多國籍的主要幹部和經營者能按照目標去走，但是目標什麼時候該改、該變，不管是incentive也好，或是ＫＰＩ該重新設定，才是關鍵。

我認為現在企業經營者常被人家牽著鼻子走，因為沒有一套自己的邏輯，缺乏國際化能力，所以邏輯無法強勢地加諸於全球員工身上，這也是過去到現在為止所遭遇到一個很大的困難。

我記得美國曾有一個日本家庭被控告，因為他們住進一個社區以後，每天都在寫報告、做記錄，有時還用望遠鏡觀察左鄰右舍，後來發現那個家庭是日本汽車公司派到美國的幹部，他的任務是什麼？就是要深入美國生活，瞭解美國人的喜好，所以觀察左鄰右舍早上什麼時候出門，開什麼顏色的車子，做market research（市場調查），可是美國人認為這是侵犯隱私權，所以上了法庭。事情爆發之後，我才發現原來人家埋得這麼深，做market research可以做到如此深入。

韓國有個國際級的大公司的幹部要被送到哪一個國家，就得先派駐當地兩年，照常支薪，不做任何事情，要個人或攜家帶眷都可。這兩年時間內，不必負公司責任，但是兩年內你一定要會講當地最道地的語言，這是第一要件；第二，要從你的角度給公司一份當地市場特性報告。就這麼簡單，接著兩年後，才正式接任工作，派駐在當地三到五年。

別人是這樣深耕市場，被派駐在台灣的董事長、總經理，只要是韓國人一定都會講中文，還會講台語，上一任的董事長跟我們在一起都唱台語歌，深入台灣到這種地步。在中國大陸總部有將近九百名韓國員工，只有一個不會講中文，就是最大的那一個。

公司怎麼發現真正的價值？不是只靠報告，而是把這一些投資埋得很深，沉到最底層，才能夠真正找出價值，有了方向，才有辦法激發好的創意，讓創意要能夠執行。

現在我們對於整個價值的開啟，大部分都是靠規格。PC的規格是Intel跟Microsoft 制定出來的，並不真正代表客戶的需求，而是代表他們技術的需求，代表整個利潤的需求，所以我們被牽著鼻子走，因此被這個方向錯誤導引。

品牌經營要了解 End-to-end（端到端），是品牌真正能夠創新、關乎成功與否的關鍵要素。我們對於 End-to-end的解讀太淺，其實真正的 End-to-end是要從了解客戶的需求，一直到supply chain的最後端、到售後服務，再整個回饋回來。

前面提過，Dell在做Direct的初期有做到最前端，因為它直接接觸到客戶，懂得客戶的需求，但是以企業客戶為主，當時較少做到消費性客戶，所以很明顯就可以看到，科技產業的品牌經營到現在為止，還是一個很大的盲點。

剛才提到B to C（Business-to-Consumer），就是所謂的消費性品牌，我特別談到B to B，B to B其實越來越重要，如果今天講到B to B最有名的品牌，通常會聯想到GE（奇異），想想看GE有什麼產品會直接賣給一般使用者？很少，以前有賣電冰箱，現在都沒有了。

GE現在最大的就是醫療設備，醫療設備的對象是誰？醫院。家裡不可能買一個MRI擺在家裡，所以它確實是一個很重要的B to B品牌。我覺得應該要想辦法去瞭解真正國際性、成功的B to B品牌的成功要件。其實有很多產業是有條件走B to B的品牌，尤其是幾個比較大型的ODM公司。

至少大家有在思考，我們也慢慢走出一條路，成立了一家子公司，也有品牌，但它是一個工業性品牌，直

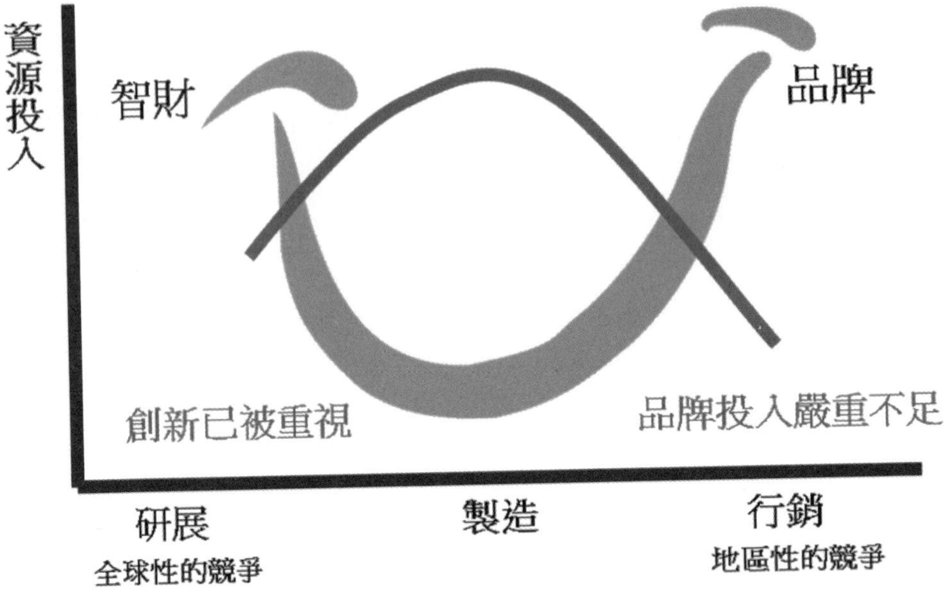

台灣產業目前資源配置曲線（資料來源：施振榮提供）

接賣給大客戶。

真正的新經濟時代還必需包含智慧財產權，實際上我們確實是技術的入超，到了一定規模的公司，一個月至少一到兩件會被告知侵犯專利。有兩個主要來源，一個就是真正來自競爭者或國外大廠；另外一個就是專利蟑螂。跟國外大廠還可以談一個合理的價格；專利蟑螂根本沒有產品，你就非得跟他攪和。

但是台灣IP（intellectual property，智慧財產權）的覆蓋範圍不夠，因為發展歷史短，所以過去這幾年兩條路並行，一條路是真的去發展基礎IP，並且重視「質」的開發，第二條路是不斷搜尋全世界真正最好的fundamental IP，肯不手軟地花錢去買。

關於台灣的願景，我和施先生都有一個共同理想，希望台灣成為最適合華人居住的地方，我也一直倡導自然跟人文之間的平衡，台灣是一個多元文化島嶼，有很強的人文創造力跟加值能力，但是基礎的經濟量不夠大，所以要有方法善加利用這些基礎，把台灣變成是最好的生活環境。

未來這幾年是一個關鍵，因為中國全面崛起，包括經濟力量與政治力量，台灣跟中國之間有相當加乘的效果，但是也容易受到擠壓而被邊緣化，我們必需善以解決，才能形成兩利。

主講人簡介

林憲銘

交通大學計算控制學系

現任：緯創資通（股）公司董事長、緯創軟體（股）公司董事長

緯穎科技服務（股）公司董事長、全景軟體（股）公司董事長

曾任：興泰電子（股）公司工程師、宏碁（股）公司總經理

V 文化與教育

- 歷史文化和現代生活
- 博物館與社會變遷：記憶與創新
- 當前媒體困境與出路
- 教育改革與競爭力
- 大學困境與國際布局
- 教育與未來

主題五　規劃紀實

導師　黃榮村、王汎森

文化可以是一個社會集體展現出來的信念與風格，教育則可反應出整個世代在知識、行為、觀點、與價值上的變遷過程。教育與文化在很多面向中互相關聯在一起，互為因果。台灣的文化與教育背後，則是搭架在一個更大的舞台之上，這個舞台的組成成分不是只有當代社會的政經結構，它還包括有縱切面的歷史傳統與橫切面的國際比較。台灣在多項國際評比中，各級教育體系在入學公平性、學業成就、才能競賽、研究成績與專利表現上出色，在產業界的人才創意與社會競爭力上亦獲好評，更有一種流行說法認為台灣最好的風景就是人、以及透過人與人的互動所呈現出來的文化氛圍。但是這些外界的講法，與國人的主觀認知之間常常形成很大的差異，因為文化與教育表現的評估，經常因涉及觀點、價值、與信念之不同，而有很大的不同，這不是靠一些國外評比數據或是靠一些總體性的客觀指標，就可以平息爭議或者做出政策決定的。這就是一個價值多元的社會，所經常碰到但又不得不面對處理的問題。

本次余紀忠講堂種籽營課程主題五文化與教育部分，設定了幾個互動的目標，希望當代文化與人才培育問題能在參與者大開大闔的討論下，成為日後創新創業中可以切入並因之獲益的有利元素，也可以擴展當為未來決策及領導人的視野。主題五的各項子題在討論時，都會提供兩三個問題當為導引，其目的則在透過這些線索的給予以及討論，可以讓大家有一個機會，對台灣未來的文化與教育有一個大格局的願景與想像。底下將針對主題五的各個子題做一說明。

1. 導論部分：

（1）王汎森（中央研究院副院長，前中研院史語所所長）：歷史文化與現代生活——余紀忠講堂之意義與目的。將從歷史意義說明如何充分運用歷史文化的資源以與現代生活相結合，並從歷史意義上闡述為何需要辦一所民間講堂。

（2）黃榮村（中國醫藥大學校長，前教育部長）：教育改革與競爭力。教育具有教養與培育知識及技能的功能，在現代的社會需求與國際競爭下，更強調能培育具有競爭力人才的教育，因此經常需在教育體系內外進行改革，但是改革經常碰到困難且不如預期，將從幾個例子說明該類決策困境與因應方式。

2. 文化部分：

（1）張譽騰（國立歷史博物館館長，台南藝術大學教授）：博物館與社會變遷——記憶與創新。透過國際博物館日及其活動來闡述，記憶+創意=社會變遷。博物館是有豐富歷史遺產的地方，如何和社會脈動銜接？歷史文物需和社會互動始能彰顯其意義，並發揮社會功能，且可進階當為文創之來源，如從歷史文物中抽取具有特徵的民族或本土顏色以及材料，放入產業之中當為具有利基的文化成分。

（2）王健壯（世新大學客座教授，文化評論家與資深報人）：當前媒體困境與出路。當前媒體的困境除了來自本身因素之外，也反映了當代社會所面對的困境，本子題將以social media之興起以及反媒體壟斷法之制訂決策等例子，來說明當前台灣媒體面臨的困境與因應之道。

3. 教育部分：

（1）黃碧端（教育部政務次長，前台南藝術大學校長）：大學困境與國際布局。由現今大師的失落與對人才的期待，分析當前台灣的大學所遭遇之困境，並從國際高教競爭的架構上，研議在華人文化中以小搏大的可能性與策略。

（2）洪蘭（中央大學認知神經科學研究所所長）：教育與未來。本子題至少會涉及未來的教育可能具有的面貌為何，台灣如何做好轉型工作；另一面相則為當前的教育是否可能培養出有效因應未來的人才，台灣如何努力調整才能改善。本子題以及上述相關議題的討論，應有助於參與余紀忠講堂學員，得以逐漸發展出對台灣未來的文化與教育，有一個大格局的願景與想像。

> 二十一世紀以來的學術，著重純知識的傳授與研究，對公共精神、價值的部分著墨較少。價值的關懷與時代的精神，是氣度、胸襟的培養，這也都是余紀忠講堂要深耕的，歷史上的講學、書院所做的。王陽明曾說：「吾平生講學，只是致良知三字。」喚起社會良知，正是學術傳授之外，不可或缺的東西。
>
> ——王汎森

第24堂課 歷史文化和現代生活

——王汎森

我個人的職涯都在同一個學術研究機構，所以我了解學術研究的重要；可是也認為除了學術外，同時要有相輔助的東西，像是涉及價值與精神這類的機制。

中國歷史上重要的文化運動莫不起於民間

二十一世紀以來的學術，著重於純知識的傳授與研究，對於公共精神、價值的部分著墨比較少，使得我們現在大學研究機構基本上關心的只是研究與知識的傳授，但是我們也不可諱言，這個社會還有其他運作的資源需要相關的輔助。

傳統中國是一個低稅的帝國，比較中國古代與日本德川時代，中國稅制低得不像話，這樣的政府只會是小型政府，小政府就不可能負擔我們今天所熟悉的遍及各地的各級學校系統。現在的國民學校制度，是德國傳到日本再傳到中國，是財務負擔很重的制度。因此，近代國民學校制度要建立的時候，發生很多燒學堂的活動，其中一個原因就是稅收加重了。

以前的府州縣學，往往只是考試及祭祀的地方，必須靠「私」的、民間的力量辦各種學習的場所。尤其是宋代以降，對時代風氣產生重要影響力量的，每靠民間的講學、講會、書院。官方有科舉考試制度來調動士人趨向國家功令之學，民間則有這些機制來維繫士大夫的精神。

五代以後，許多有名的大學者，都是從民間體制中孕育出來的。像是明代的王陽明，在當時已經做到類似現在軍區司令官的官位，還是到處講學，這就是民間維繫社會精神與部分知識的力量。這也是為何我認為余紀忠講堂應該像宋元明的書院講學。

東亞其他國家也類似，像是日本，尤其在德川、明治維新以來，各式各樣的「塾」出了很多人物。即使在現代大學教育發達的時候，日本的「塾」中仍孕育不少人才。為什麼都進入近代了，還靠「塾」培養人才，這代表「塾」做的很多事是大學照顧不到的。

那是價值的關懷與時代精神，是氣度、胸襟的培養，這些都是余紀忠講堂所要深耕的，也是歷史上的講會、書院所做的。王陽明曾說過：「吾平生講學，只是致良知三字」。認為要相信你的良知，你的良知不會騙你。喚起社會「良知」正是今天學術傳授之外，不能或缺的東西。如果我的了解沒錯，余紀忠講堂的精神，除了是起於民間外，還要傳授專業知識，以及一種精神、價值的關懷，和凝聚同志的感覺。

現代學術機構少了什麼

現在學術機構在研究與傳授知識的發展上，不是以前所能比的，但是我們少了一股往上再突破的創意，還呈現知識和社會脫節的情況。越來越少人願意出來承擔一些公共服務，或是展現觀照全局的意願。這當然也包括我個人在內。所以，現代學術機構不是不夠進步，而是少了些什麼東西，這不是台灣獨有的問題，全世界都有類似的現象——就是對價值的承諾、現實的關照、公共精神等，慢慢都流失了。所以，在專業的時代，我們需要什麼樣的「塾」、什麼樣的「講堂」，這也是余紀忠講堂除了深入知識傳授外，我認為需要多加以著墨與界定的。畢竟知識世界和現實世界是無法完全二分的，而近代學術體制中客觀知識的發展很高，但客觀的知識卻往往不具有主動的力量。我覺得，余紀忠講堂就是要在現實世界中促發一種主動的力量，關注公共、服務、社會的事務，還要形成一股一起承擔、同志、社群的感覺。

全球化問題下，學問跟知識的性質都變得是「千門萬戶互通」。應該要結合各種知識來處理現實問題，這也是余紀忠講堂為何安排各種不同的課程。梁啟超有一句名言：「看大局要明白，做一部要勇猛。」他用這句話勉勵大家做學問既要能關照全局，還要重點突破，這也是余紀忠講堂所持的態度。

要辦成「講堂」，不必辦成「大學」，是因為講堂和大學不一樣，大學什麼科都有，但講堂必須營造出一種特色，要有一種個性。這點則是余紀忠講堂要思考的地方。

如果你是一個對台灣整體非常關切的人，應有什麼素養？如果一個人站在公共的位置上，應有什麼素養？這兩個問題應該共同來思考。我個人有四點想法：第一，應該要有視野，對過去、未來、全局，要看得很遠；第二，要有氣度；第三，要有企圖心；第四，就是大家都有的技能。

最近我去上海開會，有人訪問我怎麼樣做一個較好的歷史學者？我說沒有什麼方法，但要有遠景。我引用報紙上看到小提琴家慕特（Anne-Sophie Mutter）所說的一句話：「如果你要教孩子造帆船，不要教造船方法，只要講壯闊華麗的航海故事，未來他們就能造出最棒的船。」這句話對我有點觸發，以上四點是我想做，但還沒做到，在這與大家分享。期望我們都能有些信念、想法，一起做一點事情。

主講人簡介

王汎森

美國普林斯頓大學博士

現任：余紀忠文教基金會董事、中央研究院院士、中央研究院副院長

曾任：中央研究院歷史語言研究所所長、中央研究院蔡元培人文社會科學研究中心主任、中央研究院歷史語言研究所助理研究員、副研究員、研究員、特聘研究員、副所長、清華大學歷史研究所兼任副教授、兼任教授、台灣大學歷史系兼任副教授、兼任教授

台灣的博物館，是不同時代社會變遷的倒影。隨著社會變遷，博物館角色與型態也隨著變化，二十一世紀的博物館，功能有不同的側重，反應在種種不同類型的博物館演化中。博物館已由代表「過去世界的一瞥，看看人類進步的腳印」，到可以是文化觀光景點、教化人民的場域、及城市發展的火車頭。

——張譽騰

第 25 堂課
博物館與社會變遷：記憶與創新

——張譽騰

博物館不僅是儲存標本文物或展覽藝術品的場所，還可以和社會產生更積極的連繫。今天演講想要傳達兩個觀念：一、從歷史觀點來看，博物館本來就是社會變革的產物。二、從現在和未來觀點來看，在形塑社會變革上，博物館應該可以發揮更重要的作用。

一、序曲：觀眾怎麼看博物館？

美國著名社會活動家海倫・凱勒寫過一篇著名散文《假如給我三天光明》，她是盲人，所以特別嚮往光明的日子。在這篇文章中，她說如果上帝給她三天看得見的日子，她會這樣安排行程：第一天，她要去看親人和朋友，感謝他們長期的關愛和幫助；第二天，她要看繁華的世界，感受人們生活的快樂；第三天，她要參觀博物館，「我將向過去的世界瞥一眼，看看人類進步的腳印。」即使是一個盲人，只有三天光明的寶貴時光，博物館也會分到一天呢。

幾年前有部電影叫做《博物館驚魂夜》，男主角到博物館擔任警衛，晚上在展場值班，本來以為是件清閒工作，不料到了晚上，所有展品都活起來了，鬧了整晚。電影中的博物館場景，是紐約市中央公園附近的「美國自然史博物館」（American Museum of Natural History）。這部電影很賣座，還拍了續集，之後，我有機會到紐約市拜訪，該館副館長在接待時，談到因為這部賣座電影的關係，該館參觀人次增加了百分之二十以上，我在該館賣店裡還看到許多和這部電影相關的文創產品，可見博物館如果和當代媒體結合可以發揮更大的力量。

這部電影根據一部小說改編，作者　他的寫作動機，來自觀眾在博物館參觀文物或標本時，通常只能看到簡單的解說標籤，無法深入瞭解標本文物的世界。他揣摩有些觀眾參觀過程中，可能偶然都會閃過一個念頭，想像標本文物從玻璃櫃中走出來，直接跟他們講話的情景。他更進一步想像，其實玻璃櫃中的這些標本文物，因為被關在櫃子裡很久了，也很寂寞，很想破櫃而出，向觀眾敘述他們或哀怨或歡樂的身世。

從博物館教育觀點來看，這部小說或改編後的電影，其實都是在談博物館與觀眾之間的關係。觀眾在博物館裡，由於展示技術限制，常常很難跟標本文物直接溝通交流，潛意識上卻希望能夠有更親密的接觸。這至少局部說明博物館與觀眾，以至於博物館和當代社會的關係，有時可能還是非常疏離的。

詩人席慕蓉曾經寫了一首詩：題目是《國立歷史博物館：人的一生可以像一座博物館嗎？》其中一段是這樣的：

今生重來與你相逢
你在櫃外　我已在櫃中

隔著一片冰冷的玻璃
我熱切地等待著你的來臨
你當然絕不可能相信
這所有的絹　所有的帛
所有的三彩和泥塑
這櫃中所有的刻工和雕紋啊
都是我給你的愛　都是
我歷經千劫百難不死的靈魂

詩人聯想翩翩，帶領我們馳騁於博物館文物標本和觀眾之間的輪迴世界，讓我們想像哪一天自己也變成標本人物，被放在博物館玻璃櫃裡和前世情人邂逅的情景。就像莊周化蝶一樣，究竟誰是觀眾？誰是標本文物？讀詩之際，讓我對如何加強博物館與觀眾的關係有了新的想像。

十年前我在南藝大博物館學研究所教書時，當時美國博物館界有本暢銷書名為《博物館經驗》（*Museum Experience*），主旨是解析博物館參觀經驗的三個脈絡：個人、博物館和社會的脈絡。作者強調，博物館參觀並不像表面看到的那麼單純，而是要考慮到觀眾個人背景、博物館軟硬體環境，以及最重要的，這些觀眾來自什麼樣的社會背景。

二〇〇六年，美國博物館協會（American Association of Museums）為了慶祝成立一百周年，和《紐約客》（The New Yorker）雜誌合作，出版了一本《博物館漫畫集錦》（A Masterpiece: The Museum Cartoon Collection），封面是一幅題為「Now can we have some eating experience ?」的漫畫，描繪一

個美國媽媽帶女兒參觀博物觀，大概一路參觀下來很累了，女兒對媽媽說，這些嚴肅的博物館經驗我們都經歷過了，「現在可不可以讓我來點吃的經驗？」

很明顯的，這幅漫畫有點嘲諷我上面介紹的這本書，因為到頭來這位兒童參觀博物館時，最關心的還是「吃」，而不是書上強調的什麼嚴肅的博物館經驗。我認為，這本漫畫集錦其實也是一本很好的博物館教育書籍，因為幾乎每一幅漫畫都在談觀眾與博物館之間的關係。例如，其中一幅是兩位博物館警衛在聊天，他們談到每到下雨天博物館觀眾就增加很多，因為博物館是很適合躲雨的地方。

一九八〇年代末期，在美國，有一系列有關誰不去美術館以及為什麼不去之理由的焦點團體研究，其中一位被訪觀眾有段非常典型的回答：「我覺得很不好意思，因為我看不懂那些展品的意義，我對博物館整體感覺是：去那裡參觀的人都懂他們看到的東西，只有我不懂。……我猜想這些展品一定有某些意義，但是我就是看不懂。」實際情形很可能是：他周邊的人也和這位觀眾一樣，都看不懂，只是他們沒有說出來罷了。許多博物館的展覽內容，和觀眾理解能力有很大落差，沒有經過訓練的觀眾進了這些博物館，就像是去應付一場看不見的考試，充滿了挫折感。這一系列研究提醒我們：在博物館經營上，如何貼近觀眾，是很重要的一個課題。

二、博物館是什麼？可以是什麼？

英國有個無名人士說：「博物館是收藏古物的地方，通常包括館長在內。」蘇格蘭皇家博物館前館長Douglas Allan說：「最簡單的博物館形式，就是一棟建築和裡頭所收藏用來檢驗、研究和娛樂的物件。」美國博物館協會的博物館定義是：「一個有組織、永久性的非營利機構，主要以教育和美學為目的。它具備專業館

張譽騰說：「大英百科全書（Britannica）的博物館定義為保存與詮釋人類和自然環境原始具體物證的公共機構。」

員，擁有和利用有形物件，照料並定期將之展覽給大眾。」

大英百科全書（Britannica）的博物館定義最為精簡：「保存與詮釋人類和自然環境原始具體物證的公共機構。」其中有兩個關鍵辭：保存與詮釋。博物館不僅是保存古物的地方，還要能用當代語彙去去詮釋這些古物，讓它們和當代社會觀眾生活產生關聯，如果做不到這點，就會與觀眾產生距離。

大都會美術館前館長Thomas P. V. Hoving說：「博物館具有巨大潛能，不僅有助於現代社會穩定和更新，更是促進其追求品質和卓越的一股改革力量。」他期許博物館不僅是社會變革的產物，反過來也能對社會變革產生影響。

史密森博物館群前總館長Dillon Ripley也說過：「只要捨棄閣樓心態，博物館就可能變成一座發電廠。」

美國女詩人June Jordan有一段嚴厲批判博物館的話，他認為博物館如果不能跟觀眾產生關係不如用炸彈把它炸掉算了。原詩是這樣的：

帶我進博物館，
讓我看到自己，
看到我的同胞，
看到美國的靈魂。
如果它不能讓我看到自己，
不能教導同胞他們需要知道的真理，
不能教導同胞讓他們知道人的生命
比什麼都重要，
如果它不能做到這些事，
那我為什麼不能攻擊這些號稱國家
殿堂的博物館，
將它們給全部炸掉？

一九八〇年，我從美國回來的第一個工作，是在位於二二八紀念公園的國立台灣博物館擔任生物技術員，當時它還叫做台灣省立博物館。進館工作不久，我就在聯合報副刊上看到一篇文章，標題是：《該進博物館的博物館》，批判對象就是當時我所工作的博物館。文章裡頭談到這座博物館老舊不堪，一些展櫃裡的標本文物，從李登輝小時候到他擔任台北市長，這麼長的一段時間內都沒有更換過。結論是，這樣不求進步的博物館，本身就該進博物館了。我所服務的博物館被人家講成這麼不堪，對我是很大的刺激，讓我開始思考博物館

學術不能限於少數人的專門絕業，只有普及到廣大的社會以後才算是盡了它的功能。

~余英時《未盡的才情─從《顧頡剛日記》看顧頡剛的內心世界》

應該如何與時俱進，不要和社會脫節的問題。

最近讀到余英時一本書《未盡的才情─從《顧頡剛日記》看顧頡剛的內心世界》，其中一段話是：「學術不能限於少數人的專門絕業，只有普及到廣大的社會以後才算是盡了它的功能。」我認為余先生的這段話，同樣適用於博物館，亦即博物館不應該是少數人的專門絕業，只有普及到廣大社會以後，才算是發揮了它的功能。

三、變：博物館的常態

我在英國萊斯特大學的老師Eilean Hooper-Greenhill曾經說過：「沒有絕對的博物館，博物館並非不受時空影響而預先設定的實體。」研究博物館的歷史學家Nick Stanley也說：「博物館不只是西方形式，而是各個族群各有不同形式、不同稱呼的『博物館』。……博物館概念應該是複數的。」

博物館（Museum）這個英文字的字源來自希臘字「Muse」（繆斯女神）。據說西元前約二〇〇〇年時，希臘最早的博物館就是禮拜繆斯女神的的神廟，它供奉繆斯神像與聖物，舉辦儀式祭典，民眾帶著朝聖心情來此頂禮膜拜，藉此濡染人文藝術。

最早出現在文字記錄的博物館是亞歷山卓博物館（Museum of Alexandria），它是托勒密王朝為紀念亞歷山大大帝而興建，創立於西元前二八〇年。館址在現在埃及的亞歷山卓港。托勒密王朝是馬其頓君主亞歷山大大帝死後，其屬下一位將軍托勒密一世所開創的王朝，以埃及為主要的統治領域，首都就設在亞歷山卓港。滄海桑田，這個博物館現在都以沉到海平面以下了，水下考古隊去尋找它的遺跡，證實它的確存在，是當時埃及的最重要的研究機構，由國家支持經費，館內設有圖書館（世界最早的圖書館）、文物標本收藏室、演講廳、實驗室、動物園、植物園、天文觀測站、還有步道、休息室和宿舍，供學者生活其中，從事高深的研究、寫作與教學之用。這個研究機構和我們南港的中央研究院性質非常接近。它裡面有不乏後世負有盛名者的希臘學者，如寫幾何原理的歐幾里得、發現浮力原理的阿基米德等等。

到了十六世紀，博物館型態又有變化。義大利許多城市，例如威尼斯，逐漸發展成為國際貿易重鎮，富商雲集。整個義大利境內出現千座以上的新機構，具體表現當時博物館觀念。其一為gallery（藝廊），指單邊採光的長方形走廊，用來儲存和展覽文物和藝術品之用；另一為cabinet（收藏庫），一個四方形的房間，是有錢人儲存和展覽他們蒐集之各方珍寶的場所，此時博物館意涵演變成為「一個儲存奇珍異物的地方」。它們通常不對外開放，主要是供富商親友專享的「小眾文化」場所。

到十八世紀末葉，才開始有公共博物館的概念，承接文藝復興時期人文主義的餘緒，西歐社會從中世紀神學桎梏走出，開始著重以平民為主的文化關懷，博物館的公共性逐漸顯現。最早的公共博物館是英國牛津的《艾許莫林博物館》（The Ashmolean Museum，一六八三年創建），一七七三年對全民開放。

十九世紀初，英國政府開始賦予博物館教化人民的社會角色，所謂「現代主義博物館」（Modernist Museum）開始出現了。其宗旨在展示藝術、歷史或科學的權威性展品，為專門知識與國民文明行為設立典範。英國維多利亞與亞伯特博物館（The Victoria and Albert Museum）的Sheepshank Gallery一八五八年開放時，主事者接受雜誌訪談時提出該館願景：「焦躁的妻子，不再需要尋遍各個酒館，把流連忘返的丈夫拉回家，反而會到鄰近博物館找他。在那裡，她必須利用媚功說服丈夫，讓他從專注拉斐爾的沉思中回神。此舉無疑將對工人階級居家生活品質帶來立即性影響。」這段話精準表達了現代主義博物館的精神。

十八與十九世紀之交，也是西方帝國主義大肆擴充的時代。博物館成為宣揚帝國威權的媒介，國家意識形態的重要機器。現在很多被殖民過的國家，有很多歷史文物或藝術品都被搜括到這些帝國主義國家的博物館中。在當代博物館學上，研究這些古物歸還如何給原屬國是很重要的課題。

二十世紀有時被稱是博物館迪士尼化的時代。博物館效法迪士尼樂園手法，著重宣傳和行銷策略，多方拓展其展覽、教育與休閒娛樂的功能，儼然成為一個大眾文化機構。

二十一世紀的博物館則轉型為城市發展的火車頭，重要的文化創意產業；在振興城市經濟上扮演重要角色。比如說，倫敦泰德美術館址原來是個發電廠，卻成為年參觀人數達五〇〇萬的文化觀光景點；美國克里夫蘭市搖滾音樂名人堂，是貝聿銘建築師設計的博物館，以特殊的建築形式和展藏內容，帶動城市的發展；美國棒球名人堂與博物館，以棒球為主題和名人堂儀式也帶動一個小鎮的繁榮。西班牙畢爾包古根漢博物館，讓原本幾乎淪為廢墟的成市再生，被喻為是：「一個博物館改變了一個城市」。

所以我的小結是，隨著社會變遷，博物館角色也隨之變化。從繆斯神廟：朝聖的機構→學者社群：研究的機構→富人寶庫：收藏的機構→公共服務：展覽的機構→教化人民：教育的機構→帝國機器：宣傳的機構→休

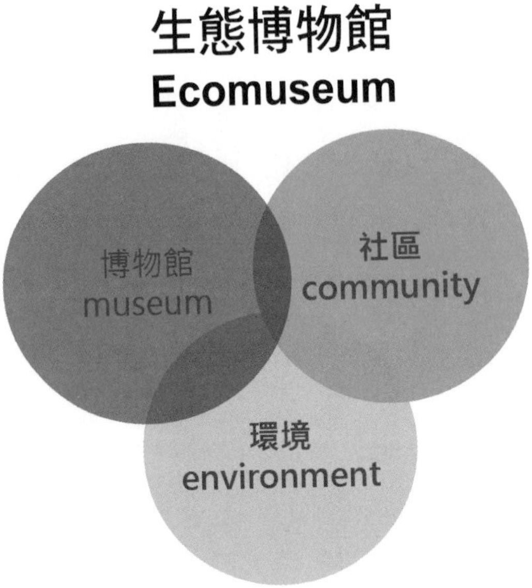

生態博物館和社區、環境的關係

閒娛樂：大眾文化機構↓振興城市經濟：文化創意產業機構。不同時代，博物館功能有不同的側重，過去種種不同型態博物館演化的痕跡，既平行又交集在當代博物館裡。

四、博物館目的在服務社會

國際博物館協會（The International Council of Museums）是一九四六年由國際博物館專業人員所成立的協會，這個協會關心的博物館價值與美國博物館協會很不一樣，後者認為博物館存在，主要是以提供個人知識成長和精神享受為宗旨，而國際博物館協會則特別強調博物館與社會的關係，它認為博物館存在最終是要為社會服務，它不僅關心個人成長，更關心社會集體的發展。強調博物館做為社會公器，為社會福祉服務的必要性。

一九八〇年代在法國誕生的生態博物館（Ecomuseum）運動，是由希維賀（Georges Henri

Rivière，一八九七—一九八五）和瓦西納（Hugues de Varine-Bohan）兩位前後任國際博物館協會主席聯手推動，隨後引起國際博物館界的重視與迴響。這個運動可說是帶動新博物館學（New Museology）風潮的旗手。新博物館學有四大目標：世界觀能夠反映社會現實、研究能夠滿足社會需要、行動能夠符應在地和人民的期望、方法能夠促進社會發展。

傳統博物館或舊博物館通常是在一棟建築中運作，生態博物館則強調「無牆博物館」（museum without walls）的概念，認為博物館應該和社區和周邊環境結合在一起。與其說它是一種博物館型態，不如說它是一種社會實踐活動，其旨趣不在建構「純知識」（pure knowledge）而是「行動」。社區居民學習到如何靠著自我努力，透過博物館解決社區的問題，是一步一腳印的社會實踐過程。因此，生態博物館倡議追求改變，希望居民透過生態博物館的運作，達成個人社區和環境的改變。

一九七七年，國際博物館協會開始推動《國際博物館日》（International Museum Day），希望利用每年的五月十八日提醒從業人員記得博物館存在是為了社會的發展。博物館保存和展覽豐富歷史遺產，結合近年來博物館呈現的多元創新活力，正是當今博物館力量之所在。保存是博物館的傳統使命，創新則是它再生和開發觀眾必須的動力。這就是博物館目前正在進行中的演化，奠基於博物館存在和行動能為整體社會發展帶來建設性變化的信念。

每年國際博物館日都會訂一個主題，今年的主題就是「博物館x（記憶＋創意）＝社會變革」，這個方程式總結了博物館任務的複雜性，提醒人們博物館宗旨是要對社區發展和凝聚做出貢獻，期許博物館的存在與行動可以為社會帶來改變。

五、台灣博物館是社會變遷的倒影

最後，本文想摘要談談台灣博物館的歷史和現況，讓大家瞭解台灣博物館事業的一斑。

㈠一八九五－一九四五年

台灣博物館事業濫觴於日本殖民台灣時期，迄今已有百年歷史。此一時期日本人建了十八座博物館。大致分為三類，第一類是商品或物產陳列館，第二類是教育館或衛生參考館，第三為其他類如鄉土館、高山博物館、動物園、植物園或天體觀測館。透過不同類別博物館，日本殖民政府直接或間接對的台灣人民們進行經濟、政治、身體等不同層面的意識形態改造工作。

例如，日據時期的阿里山為台灣三大林場之一，從嘉義到阿里山的森林鐵路是為運輸林場木材而設。一九〇六年開始興建，一九一一年完成。由海拔三十公尺平地延伸至二二七四公尺高山，工程艱鉅，以阿里山之字形軌道聞名，沿線並可觀賞熱、亞熱帶、溫帶植物景觀。一九二二年日本人在阿里山設立了高山博物館。藏有許多阿里山動植物標本和文獻資料。

另有台灣總督府博物館，創建於一九〇八年（先後更名為省立博物館和國立臺灣博物館），它是對日本來台觀光客介紹台灣風土產物，以及對「帝國新領地」子民宣揚大日本帝國國威的櫥窗，一座典型的殖民博物館（colonial museum）。

㈡一九四五－一九六五年

此一時期台灣博物館的數量小幅成長至三十座。其中最值稱道之處的是一九五四一年前教育部部長張其昀主持下所籌建的一系列總稱為「南海學園」的文化設施。以國立歷史博物館、國立藝術教育館和國立科學教育館等三座為代表作。三館硬軟規模不大，但位置適中，交通便利，在教育、藝術和文化上發揮了相當重要的作用。

(三)一九六五—一九七五年

這段時間台灣文化政策的主軸是所謂的「中華文化復興運動」。博物館總數量增加到近五十座，以國立故宮博物院最具規模，成為國民黨政權衛護與復興中華文化的具體表徵。

(四)一九七五—一九九五年：

此一時期的台灣，逐漸由農業社會過渡到工商業社會，國民黨政府在推行十大經濟建設之後，轉而正視文化建設重要性。博物館發展開始進入「現代主義」時期，可分成三大類：一為教育部主導的國家科學博物館建（國立自然科學博物館、國立科學工藝博物館、國立海洋生物博物館、國立海洋科技博物館、國立台灣史前博物館等）。二為文建會主導縣市文化中心及地方特色館建設。三為地方政府主導的美術館建設，包括台北市立美術館、省立美術館（國立台灣美術館）、高雄市立美術館。本時期博物館總數增至九十座左右。

(五)一九九五年迄今：

從一九九五年迄今依文化部統計，台灣博物館已有近七百座，公私立約各占一半。在「社區總體營造」、「閒置空間再利用」、「地方文化館」等文化政策引導下，一系列地方博物館計畫，提出地方認同、族群自主性重建，文化資產經營和地方產業振興等不同訴求，形成台灣博物館界一個新興的運動，宣稱台灣博物館界「地方時代」的來臨。例如：新北市黃金博物館園區、北投溫泉博物館。

此一時期另一現象是私立博物館的崛起。民間企業支持的物館如順益台灣原住民博物館、奇美博物館、鴻禧美術館、樹火紀念紙博物館、台北海洋生物館、袖珍博物館、朱銘美術館、震旦美術館等，在組織規模或經營管理手法都有相當突破，顯現民間經營博物館的巨大潛力。

綜言之，台灣歷經日本占領、國民黨政府威權統治、當代民主思潮高漲等三個時期，博物館事業的發展在日本殖民文化、大中國和台灣本土等不同政治意識形態引領下呈現不同風貌。

台灣的博物館事業正是不同時期政治認同與社會變遷的倒影，它們在一百年發展史中，逐漸「去日本化」、「去中國化」，發展出台灣的社會性格。

主講人簡介

張譽騰

英國萊斯特大學博物館學博士

現任：國立歷史博物館館長

曾任：台南藝術大學博物館學研究所教授、所長、文博學院院長、行政院文化建設委員會政務副主委

台灣已進入媒體統治的年代，但「事實政權」的專業到了什麼程度？媒體統治的方法是否得到多數人同意，「事實政權」是否對他統治的社會帶來進步的意義？這就如同我們常對執政的政府問你夠不夠專業？你的治理能否帶來更多利益，讓社會有更多進步？現在同樣對媒體也要問這些問題。

——王健壯

第 26 堂課

當前媒體困境與出路

——王健壯

要談台灣媒體的困境或未來的出路，就必須要把媒體放在現實發展的脈絡中來看，才能找得到媒體與社會之間辯證的關係，而不是將媒體孤立來看，如果我們孤立去看媒體的問題，其實有些問題也不值得我們深究談論。

我準備用幾個所謂的關鍵詞，讓各位了解我對這個題目的思考。

媒體統治 Mediacracy

民主政治是rule by law，rule by people，但台灣社會是一個被媒體統治的社會。最近的洪仲丘虐死案，就是非常典型的媒體統治。

我們的新聞在案件發展的過程中，居然會報導哪一個談話節目收視率多少、哪一個名嘴報了檢察官所沒有報的料，把名嘴當成新聞的一部分，這是變態的媒體文化。

義大利有一個很有名的哲學家、思想家，也是專欄作家安伯托・艾柯（Umberto Eco）寫過一篇文章，內容也用了「媒體統治」的詞，他甚至用了另外一個名詞取代媒體統治。他說：「此刻的媒體，事實上是國家的事實政權（de facto regime）。」媒體不但是權力機構，還變成一個實質政權。他講的是義大利社會，我講的是台灣社會，媒體的權力地位現在可能超過政府。

這個關鍵詞我們要思考、反省、檢討的是，既然已經是一個事實政權，台灣已經進入媒體統治的年代，但是事實政權的專業到什麼程度？媒體統治的方法能否得到多數人的同意？事實政權是否對他統治的社會能夠帶來進步的意義？這就如同我們對執政的政府常問說：你夠不夠專業，你的治理能否帶來更多的利益，讓社會有更多進步的可能一樣，現在同樣對媒體也應該要問這些問題。

相關性 Relevance

新聞和所有的知識是相通的，新聞的內容要和社會絕大多數的人要有相關性。如果報導的內容與強調的重點，與社會多數人沒有相關性的話，這個媒體是有問題，是脫離社會存在的物件。就如同我們批評政治人物說他抓不到社會的脈動、民意的走向一樣。

台灣所有的媒體幾乎都是全國性媒體，我們沒有什麼地方媒體。可是，我們的全國性媒體，每一天打開報紙、電視，內容都是全國性的新聞嗎？絕大多數不是，比如說我們的電視常花五十秒、一分鐘，報導他們認為所謂「有趣的新聞」：某超商有婦人去買東西大發脾氣推毀商品並和前來的警察大罵。請問，在超商情緒發作的婦人和警員鬥嘴吵架，這和絕大多數人有什麼關連？我們不知道這則新聞會損失什麼嗎？還有很好笑的是，常常有獨家報導某縣市地區地面破了一個洞，這種獨家與絕大多數人有什麼相關性？

有意義的 Meaningful

相關性非常弱的內容充滿在媒體版面，大多是沒有意義的新聞。各位如果看西方媒體，以美國為例，假如最高法院做出一個判決，不管是歐巴馬健保、同性是否結婚、或是涉及言論自由、新聞自由的案子，美國媒體一定會把最高法院的司法新聞當作當天的重要新聞去處理。反觀台灣媒體，若今天大法官會議做出類似的決議，只要有報紙願意花一個全版的版面去報導，讀者就要非常感謝這份報紙了。但第二天這個新聞也會很快就從版面上消失，因為沒有人有興趣去看這樣的新聞

過去編輯報紙，我們報導的新聞是「哪些新聞是你應該知道的」（news you need to know），而現在則是「哪些新聞你喜歡知道、你希望知道的」（news you like/want to know），甚至量身訂做的新聞（news on demand）。你喜歡看洪仲丘案，媒體就一天到晚播報洪仲丘，至於內容是真、是假，就不是重點。今天媒體也許有非常強的娛樂功能，但是還有其他功能嗎？沒有了！我常開玩笑講，本來對一個問題有三分的理解，看了名嘴的節目後只能有一分的了解。這就是媒體的負面功能。

再提到台灣媒體政治立場不同的問題。我的看法是，台灣媒體和台灣政治人物是一樣的。西方的政治人物有左派、右派之分，我們的政治人物基本上都是右派的，媒體一樣沒有太大政治理念上的差異。以經濟觀念為例，台灣的政治人物哪有左派的經濟觀念，都是右派的財經觀點。政黨間的差異在於選舉時，農民津貼是三千還是五千，這是非理念的而是數字的差別。所以，現在看到支持綠營的媒體，其實曾經是對藍營的政治人物大捧特捧；現在支持藍營的媒體，也曾經是對非藍營的人物多所肯定。

瑣細化Trivialization

台灣這幾年媒體跟我一九七〇年代當記者最大的不同，就是我們對所謂的大議題已經沒有興趣了，在媒體上看不到大議題，看到的都是小議題，甚至是瑣碎的議題，鮮少人關心整個大的國家走向。

例如，每天在媒體上談證所稅開徵，但沒有一家媒體去仔細討論、分析這幾年我們遺產贈與稅的減免對台灣財政永續發生多嚴重的問題，也沒有媒體去檢討租稅負擔率在全世界我們是站在什麼相對位置，如果我們租稅負擔率是全球最低的國家，國家的財政入不敷出的時候，國家建設要怎麼進行？我們沒有去思考這些問題，而是去討論證所稅該不該課徵、該怎麼課徵。我們看到稅制極小的一部分，沒有看到稅制整個結構的問題。

小報化 Tabloidization

我不是反對小報化，全世界媒體都有小報化的媒體。但要回頭問我們自己，在壹傳媒進入台灣媒體之前，台灣的媒體環境與風格是什麼？為何壹傳媒才進台灣短短幾年，台灣的媒體都向壹傳媒靠攏，唯壹傳媒馬首是瞻？最荒謬的是，每星期三中午，各電視台都忙著去拿剛出刊的《壹週刊》，《壹週刊》儼然變成台灣國家通訊社、中央社。曾幾何時，台灣媒體是這樣自我墮落。我並非說《壹週刊》內容完全不好，而是媒體的自主性、主體性怎麼會喪失到這樣的程度，居然把另外一個競爭的媒體，當成新聞的主要來源，這是專業的墮落！這樣的現象顯然還要持續一段時間。

上述這幾個關鍵詞無法涵蓋我要講的全面的內容，但卻是我對這個主題的一些思考。接著，再回過頭來針

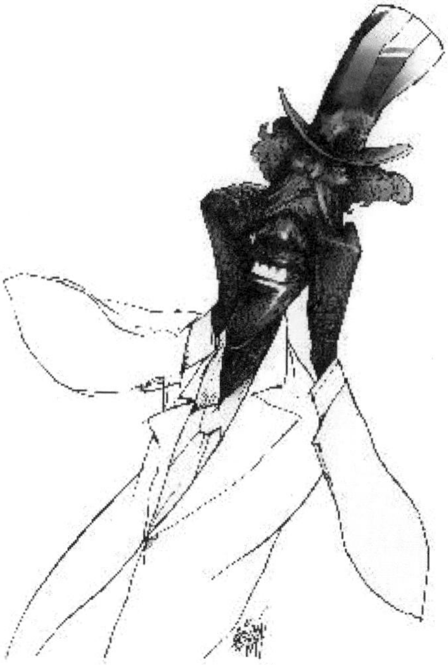

媒體諷刺時事／《環球報》2008年刊登波里贛作品，以歐巴馬戴不上「山姆大叔」面具，諷喻美國文化對於多元民族的歧視與狹隘。

對「媒體統治」，我想再提一些我的想法。

全世界的媒體都面臨到財政、經營上的問題，但是西方社會，以《紐約時報》（*The New York Times*）為例，他已經窮到要把辦公室大樓某幾層租出去，要向墨西哥暴發戶商人去借款，即使這樣的困境，《紐約時報》的內容從來沒有做過「news you like to know」的調整，照樣維持他長期的風格。試想，《紐約時報》發行人不知道若他的版面做一些調整，發行量會多一點嗎？如果把新聞小報化一點，可以賺更多的廣告嗎？

英國的《衛報》（*The Guardian*），最近因為NSA竊聽醜聞曝光後大紅特紅，大家都在談這個報紙。這份報紙的發行量是十五萬份，並非百萬份大報，可是這份報紙的影響力大過兩三百萬份的報紙。《衛報》也一直維持他一貫的風格。

我對媒體困境的解決事實上是悲觀的，因為台灣社會有點莫名其妙，一方面罵媒體，又一方面支持被我們罵的媒體。例如談話節目，可以有到二．

一三的收視率，若沒有人看哪有這個高的收視率？但大家看了又罵它。

不過，我還是常在做夢，我一向有三個夢，第一個夢，就如同完全不可能原理，希望真的有一個獨立媒體出現。有錢人願意拿出一點錢，辦一份台灣的《衛報》，只要求十萬份、十五萬份，不要求百萬份。台灣有沒有一個這樣的可能或機會？

第二個夢是，是否可以有一份報紙的總編輯、報館主要經營跟編採的人，有一天突然從惡夢中驚醒、良心發現，要改變原有報紙內容，要改變辦報、辦媒體的定義。壹傳媒之所以成為國家通訊社，先不論喜不喜歡，但它的確改寫了台灣對新聞的定義。壹傳媒都可以，為何台灣其他媒體不可以？

第三個夢是，我曾經對TVBS做過一個建議，期望他們在眾多的頻道中選一個頻道，把播報新聞的順序做一些調整，不要放一些小報化、瑣細的、跟多數人沒有相關性的新聞。試試看把媒體的框架調整、電視新聞的流程調整，這個沒有什麼困難，為什麼每家媒體都要變成小數點三位數字以後（收視率）的奴隸？我講完發現所有主管都在苦笑，可能認為我這個人老說一些做不到的事情，還是很慚愧做不到，我不知道。

雖然我很悲觀，但我認為這三個夢都不是那麼困難。華人社會有錢人多得很，只要有一個人有像我一樣的感慨，能去辦一個獨立媒體，有沒有可能改變現在的媒體困境？當然是有可能。《中國時報》從創報，一直到六〇、七〇、八〇年代，曾經影響台灣社會、民主政治的進程，影響許多政治人物的決策，我們不祈求能有早年《中國時報》的影響力，但可不可以在現實的環境中，有一個十萬份的媒體，可以有當年《中國時報》的影響？

有一段影片，是一九五〇年代CBS主播莫洛（Ed Murrow），第一個站出來對麥卡錫主義對整個美國民主政治的影響發難，在批判麥卡錫參議員的新聞節目中講了一段話。他說麥卡錫之所以做出這麼多事情不完全是他的錯，他引了莎士比亞的名作《凱薩大帝》（*Julius Caesar*）的一句話：「錯誤，親愛的布魯塔斯，無關我們的命運，而是因為我們自己所造成的。」坦白說，做記者的人，做大眾媒體閱聽者的人，事實上對台灣媒體困境之所以形成與難以解決，每一個人都有責任。要記住，錯誤是我們自己造成的！

主講人簡介

王健壯

台灣大學歷史系畢業、美國維吉尼亞大學訪問研究

現任：世新大學客座教授、風傳媒發行人

曾任：中國時報社長、博理基金會執行長、新新聞周刊董事長兼社長

台灣的教育應利用國家力量走進國際架構，國家有責任協助大學建立國際指標觀，做國際比較。必須嚴肅的設定國家目標，周詳的了解其他國家的運作機制，並啟動教育內部的實質交流，不能流於紙面作業。人才培育一定要釐清教育與學習的目的。
——黃榮村

第27堂課
教育改革與競爭力

——黃榮村

我主要講述的內容是在現代教育和教改，以及個人和國家的競爭力部分。首讓大家知道一些事實，就是我們現在的看到的變動，和許多歷史上事件比起來，都是小事情。

時代變化下的教育改革

舉幾個改革的例子，像是日本明治維新在一八六八年大政奉還，宣布改元明治；一八八九年確立憲法。德川幕府因應市場經濟與國際壓力失當下之自然趨勢，恢復以天皇為中心，朝現代化（富國強兵、殖產興業、文明開發）發展。當時的發動者為社會基層：武士、有涉外經驗者，推動社會改革、義務教育、鼓勵留學。其中，福澤諭吉甚至主張「脫亞入歐」。

過了十年後，一八九八年清朝進行百日維新。洋務運動後，一八九四年甲午戰爭仍敗於日本，割地賠款。之後，有人提出要求變法維新，君主立憲。還有康有為、梁啟超、戊戌六君子等書生論政，興辦京師大學堂、設中小學、廢八股、設譯書局等。

到了一九〇六年再廢科舉，已有一千三百年歷史從隋唐到明清的科舉制度廢除，是清朝或古中國有史以來最大的教育改革。

拉到比較現代的日本，一九八四年開始，日本首相府成立臨教審，就是類似行政院的教改會，提出教育自由化、現代化、與國際化，當作教育改革的主軸。台灣也是晚日本十年，一九九四年成立台灣教改會也是主張教育鬆綁、教育與政治分離、多元化與現代化。其實和日本臨教審的結論差不多。古今中外的教育改革大部分都有爭議，且耗時良久方獲成效，主要是因需進行觀念改變與相對應社會改革之故。

台灣的教育經常放在改革的最後。台灣在解嚴前後進行多項改革：先是從經濟與經營改革（因為國家與個人之具體利益），再來民主法治的政治改革（因為政權壓迫與國內外潮流），再來行政改革（因為政黨政治與社會福祉），以及司法改革（因為傷害人民的直接利益與社會正義），講了半天都沒有教育改革。教育領域卻是慣性最大，最後才啟動改革者，多因為普遍的不滿而改革，但改了以後又普遍的不滿，認為改的不好。

日本首相辦公廳主導的教改組織「臨教審」於一九八四年啟動，特別強調教育鬆綁與現代化。台灣則在整整十年之後，才有第一個大規模的民間四一〇教改行動聯盟，台灣教改是被民間逼著改的，提出落實小班小校、廣設高中大學、推動教育現代化、與制定教育基本法的四大訴求，同年九月二十一日行政院成立「教改審議委員會」，以呼應民間的主張。教改會在一九九六年底提出教改總諮議報告書，主張教育與政治應該分離、教育要鬆綁、入學多元化、以及調整高中職比例等項。

在一九八七年解嚴之後，社會各重要領域紛紛走向多元開放，時隔十年還在強調這些主張，正足以顯現本國教育乃係開放社會系統中的「最後堡壘」。

台灣教育改革基本上先走正義／公平，再走向鬆綁／現代化、多元卓越，最後是朝國際化。這中間有些重要的元素失掉又獲得，以教育鬆綁與自主為例，有三件事情值得提出：

首先是一九九四年將《師範教育法》修訂為《師資培育法》，師資培育開始再度多元化，因推行九年國教而採行的師資一元化局面得以解除。第二件事情是台灣教改第一條修正案：不可立法侵犯教育自主。一九九五、一九九八年大法官釋憲，解除對大學必修課程、軍訓課程、與設置軍訓室之強制性規定。第三件事情則是一九九九年制訂《教育基本法》，訂定教育經費之保障基準，與政治力不得介入干預教育等項。法律很少這樣定的 可以我們的教育非常的特殊。

之後台灣的教育逐步走向國際同步，一直到最近十餘年台灣高教推動卓越計畫、研究型大學、與五年五百億邁向世界一流大學等計畫後，更形急速的國際化，但已比世界高教（與歐美澳日韓相比）所標舉的國際化潮流，拖延至少達五年之久。以前教育部像在做國科會的事情，後來又在做研究中心，教育部應該是做整個大學才對，要慢慢的改革。

現在台灣進行的多是概念上的小教改，像是十二年國教我看不出來是重大的改革，高中職分流也沒改，考試還要考，課綱也沒改，但是有沒有改，還是有改。例如與九年國教相比的十二年國教、九年一貫課程改革以前吵到死、多元入學方案、追隨與因應國際高教潮流及少子女化下的大學改革。這些改革跟廢科舉比起來都是小改革，這是我想說明的。

教育與教改的理性與感性面

三種不確定狀態下的教育決策與行動。依過去十年內教育現場的改革問題，可在三種不確定狀態的分類下，作一比較，很多教育改革問題是看出如何從理性到感性，從效率到公平正義。爭議亦隨該一趨勢而遞增。舉例來說，確定性事件：到底幾年級合適安排英語課程。正規課程下學習英語之最適年級，依據世界各國資料，像法國最重視這個，蒐集做比較找出可能是三年級最適合。藉由資源蒐集與國際資料比較，以求利益最大化與損失極小化的介入行動。

或是像風險性事件：少子化，產生的教育事件有：生源減少下大學校院在幾年後會有多少比例面臨崩潰？預防策略為何？五年五百億專案是否可使國內至少一間大學在十年內擠進世界級大學？十二年國教是否　得實施？如何實施？採認大陸學歷如何影響台灣高教發展？如何採認？而介入行動則有情境分析、法令配合修正、最佳化的方案而不是最大化的方案；需要有好的判斷。

至於模糊不確定事件，像是股票市場、核子電廠會不會爆炸，或是學前是否適合大量學美語，所引發的教育事件則有：九年一貫課程是否應實施？學前是否適合大量學美語？全國大學的最適規模為何？十二年國教免試免學費都牽涉到。相應的介入行動有：經常有多元判準；理念先行；感情因素大；具有想影響別人之強烈偏好；處於無知狀態；無規範性模式；共識與配套；產生社會爭議最主要之類型。所以做決策科學的人都說這是一種需要在多元標準下的共識。

因此要在理性與感性之間取得平衡，越往任何一邊傾，爭議都會很多。

全面教改的不可能定理（尤其在中小學）

台灣教改困難的原因有四：第一，對立理念互相拉扯衝突。一下子量的解放與質的提升（如大學容量）的對立；又有教育鬆綁還是教育秩序與穩定的討論；以及到底要一綱多本，或是教科書統編；多元入學或是傳統式聯招；多元競爭選才（教育效能）還是公平正義的維護（如城鄉差距）；學力提升還是減輕學習壓力；國際潮流為先或是要在地文化為本。這些要在單一向度內均衡並可跨向度同時滿足，幾近不可能！這就是全面教改不可能定理。

第二個原因是客觀與主觀指標常有不一致的現象。台灣的教育一直在困頓之中求開展，在一九五〇年代以前國小升學率不到百分之四十，社會不識字率達百分之三十以上，大學校院祇有四所（台大、省立工學院、省立農學院、與省立師範學院），但這些數字都已成歷史。現在的教育普及（包括高教）狀況，已是世界聞名，高教的普及還有時成為社會批評的對象。至於教育品質，台灣中小學生在TIMSS、PISA、與國際奧林匹亞競賽上，一直高居世界排行前五名，數學與科學能力的表現一直深受國際肯定，名列世界五百大的大學也愈來愈多。這些質量上的客觀指標，可說表現優異。

但是主觀上的指標卻很不理想。社會上對教育的批評一直持續不斷，而且滿意度偏低，包括對教改的不滿、學習壓力過大、城鄉差距與M型教育愈來愈嚴重、教育品質還有甚多不能令人滿意之處等等。很多人無法理解為何在客觀與主觀之間，會有這麼大的落差。但這並非台灣特有的現象，隔鄰的日本也是一樣，若干先進歐美國家亦同。

可能的原因之一是客觀指標往往是平均值，是綜合多人的統計數字，無法反映每個關係人的切身利害，父母整天面對的是自己子女的學習壓力，也要籌措各項教育支出，看到很多令人不滿意的細節。最後結果的平均值縱使良好，仍無法疏解其長期過程中的不滿意。

第三個教改困難的原因是，配套常有思慮欠周或不能滿足需求之處。如過去的九年一貫與現在的十二年國教。十二年國教即將面臨經費、區域與跨校拉平差距、劃分學區、特色學校與班級之比例、學力如何維持不下降等配套問題，其根本乃在於大學名校關卡，這是最後一關也是最重要一關，過此關卡大致上無太多引起社會爭議的教改問題。

時機未到也是理由之一。我記得在十年前大學要推薦徵選 大家罵死了說不公平，認為家庭教育好的都比較會講話，學鋼琴、小提琴比較容易進大學。那時推薦徵選入學的比例才百分之十八，到現在沒人罵，推薦徵選入學的比例也已經到了百分之四十，甚至有些大學高達百分之六十的學生是推薦甄選入學，所以教改有幸跟不幸，跟時機未到也有關聯。

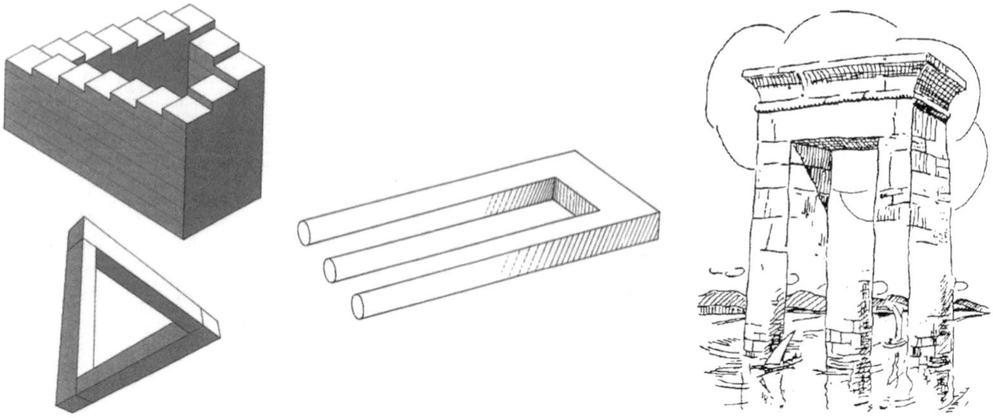

就像這幾張不可能的圖型

從現在來看，很多當年的教改爭議，已無爭議之價值，因為時代已變，潮流在變，心態也隨之調整，社會也跟著變遷。就像這幾張不可能的圖形，爬樓梯爬爬很辛苦，卻又到原來的地方。這三角形不可能有這樣的圖形，可畫出來了，怎麼不可能。魔鬼音叉看得很痛苦。假如不尋求整體均衡的話，把圖其中遮一下，就不會覺得那麼難過了，所以局部均衡是可能的。（如圖）

類似的討論，像是阿羅（Kenneth Arrow）的不可能定理（Impossibility Theorem），與羅伯特蒙代爾、保羅庫魯曼在一九九九年提出的三元悖論（The Impossible Trinity）。不可能匯率固定、資本流通、國家財政政策又穩定，但是任何兩種同存是可能的，這就是局部均衡。

積極面的改革

國勢與高教互為犄角之勢（如美國一流大學與歐洲柏林大學及維也納大學，在二戰前後之變化 全世界一百大有八十所在美國一九五〇年代以前諾貝爾獎得主大約有二十個在歐洲大學，之後要一個諾貝爾獎要好幾十年）。所以台灣應利用國家力量走入國際架構，國家要有責任協助大學走入國際，建立國際指標觀。沒有美國國勢的強壯，也沒有美國今天的大學。

台灣教育應在兩岸與國際脈絡下做好定位，經常做好國際比較，不能在國際競賽中出局。台灣要有國家的國際指標觀，當為台灣之競爭指標國家，像是中小學教育應該找芬蘭、日本做指標國家；高等教育要找荷蘭、南韓，不要找美國跟日本，這兩個國家太大了，台灣沒有必要跟它們拚。當我們設定這些國家為競爭對象時既未高估亦不低估，實乃因台灣現在各級教育的水準足以與上述國家一拚，但台灣必須嚴肅的設定國家目標，好好了解對方之運作機制並啟動教育內部之實質交流，不能流於紙面作業。

調整多元學歷與職業觀。這比較難 美國總統歐巴馬就很羨慕德國，因為它們有百分之六十的就業人口來自高中職，瑞士有百分之四十幾，奧地利有百分之五十幾，美國差不多有百分之二十幾，台灣看看有沒有百分之十幾。但是國家要付出代價的，因為德國不太在意計較大學淨在學率偏低。但其國家與企業花錢投資未來，將雙軌職訓當作經濟而非教育問題。德語系國家（如德、奧、瑞士德語區）實施雙軌職訓，就業人口中以高中職部分居多，

關鍵時刻下的人才培育與攬才留才問題。人才培育的三種觀點：前百分之一才是真正重要的這就是國科會、中研院、很多高科技部門認為這很重要；我們的老朋友南方朔說土狗興台論，台灣經濟發展都是當年沒出國的人搞出來的；施振榮說人才已在那邊，要給環境，水漲船高就會跑出來。

釐清教育與學習的目的。首先要面對的問題到那裡，就學到那裡。一個大學學位四年，可我們的一生有很多四年。我就覺得我畢業後學得比以前還多，我以前高中喜歡文學與詩歌、大學到了台大歷史系變成王健壯的學長、我馬上又轉系到心理、在大學副修數學；後來做研究需要自修幾何光學與到國外進修神經科學；因為參

與九二一重建跟桃芝風災救災，我要了解地震地質氣象與防救災、還要知道預算決算與控管；後來到教育部、大學，要學部會與大學行政。因此，我們應該要讓學生知道他們有很多個四年。

再來，要帶來改變，對學習者是教養與科學知識（廣義）的改變，對事情是改善進步。如教科書內容的改變，是隨時代與知識狀態而調整，如放入DNA、基因的數目、重力與光的彎曲、紅外移與宇宙擴張、量子力學與奈米科技、全球氣候變遷等項，這是教育內容的正常調整，不應該當成教改。除非是將演化論改成創世論，放在課本中。

還有，學習與教育的是要面對未來，所以需開放與時代及跨國交接，但本地歷史文化及社會家庭觀念是有限的因素。永遠要在這兩者之間取得均衡。

主講人簡介

黃榮村

台灣大學心理學系博士

現任：余紀忠文教基金會董事、中國醫藥大學校長

曾任：教育部部長、行政院政務委員兼九二一震災災後重建推動委員會執行長

淡江大學講座教授、行政院國家科學委員會人文及社會科學發展處處長

台灣大學教育學程中心主任、行政院教改會委員、台灣大學心理學系（所）教授兼主任

哈佛大學、UCLA、Carnegie-Mellon、聖路易大學訪問教授、台灣心理學會理事長

教改後體制仍不足，在於升學主義心態不變，高教缺乏學以致用，不能滿足企業界的產用合一，教育部正積極推動「技職再造」。台灣的人才培育應以全球為範圍，接受更多文化的交流，成為大國際經濟知識體的一員，才不會被邊緣化。政府要放手讓大學有更大的自給空間，

——黃碧端

第 28 堂課

大學困境與國際布局

——黃碧端

有好的教育才有好的人才、好的社會、富強的國家。在七、八〇年代臺灣為世界所矚目的經濟奇蹟中，教育扮演非常重要的角色。但無可諱言的是，目前台灣教育面臨巨大的挑戰：高等教育過度擴充、技職教育未能提供產業界需要的人力，加上近三十年臺灣的出生率持續下降，青壯人口會逐步減少，台灣已成為快速高齡化的國家，這些都跟整個社會的走向與經濟的前途有重大關係與影響。

我們的固有傳統，好的一面是大家都重視子女的教育，但相對的也造成根深蒂固的升學主義。下面我想放一個最近網路上流傳很廣的湖南衛視的評論，當中妙語如珠，反映了很多大陸高教的現象，可以看出兩岸皆同。中國大陸大概只有百分之三十二點多人有入學的機會，所以競爭非常激烈。為了要擺脫貧困、光耀門楣，機會都在那一試，考試背後人性扭曲的現象在這個評論中可看出一斑。

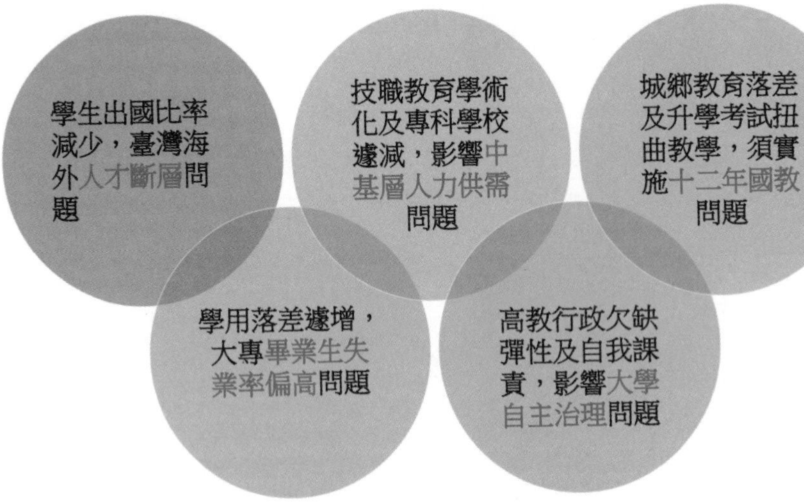
學生出國比率減少，臺灣海外人才斷層問題
技職教育學術化及專科學校遽減，影響中基層人力供需問題
城鄉教育落差及升學考試扭曲教學，須實施十二年國教問題
學用落差遽增，大專畢業生失業率偏高問題
高教行政欠缺彈性及自我課責，影響大學自主治理問題

台灣教育政策的問題。

教改後體制仍有不足

台灣自聯考廢除後，比較沒有一試定終身的現象，但家長的心態沒有改變。大學這麼多所，想要念大學一點困難也沒有，但有減少競爭的壓力嗎？我們的教改，不成功的一個非常大的因素，也絕對是主要的因素，仍在於我們的升學主義。大家的心態不改變，什麼樣的制度規劃，最後跟期待都會有極大的落差。

在我自己念中學的時候，我當年念的是北一女中，無法想像我的同學下了課就趕快到補習班補習。也許有錢一點的同學少數家裡會請家教，但也有很多同學已開始去當家教。可是現在幾乎不管哪個學校的學生都在課後補習。

我們一路的教改，大家都有學校念，但是顯然競爭更加激烈，這是對正規教育的嘲諷，好像反而是補習班在那邊完成教育不足的部分，我個人覺得這是非常大的諷刺。

這些現象之外，我們也不妨看看一些數據。台灣占世界總面積的百分之〇・〇二四；我們的人口占世界總人口數的百分之〇・三三；外匯存底在二〇一三年有四〇一八

・九億美元，居世界第四；國民生產毛額（GNP）每人平均五五五九美元，我們的人均所得在二〇一二年達到兩萬元；世界經濟體排名，台灣位居二十七。

再看國際競爭力的評比：瑞士洛桑國際管理學院（IMD）的評比中，台灣排名第七；世界經濟論壇（WEF）的評比中，台灣排名第十三。此外，很光榮的，對我們提供免簽證、落地簽證的國家或地區，加起來已經有一百三十二個。想想，我們有邦交的國家是個位數字，但對我們的國民去很放心的國家有一百三十二個，這是在所有數據之外最具體的肯定。雖然大家對經濟前景非常憂慮，可是台灣經濟應該比上也許不足，比很多的下算是不錯的。

家長心態不變 高教缺「學以致用」

還有些數據也很有趣。從民國八〇到一〇一年，我們的教育數據中，幼兒園從二四九五所增加到六六一一所，這是大幅度的增長，是好現象，表示我們能讓學前小朋友的父母放心去工作。國民小學成長幅度很小，這跟我們人口出生率的下降有關。今年已經是第二十六年出生率呈現下降的狀態，這直接影響到各級學校的生源。

我們的國中前後差別有限，高中就看得出來改變很大。從八〇年一七七所高中到去年增加為三四〇所高中。可是職業學校卻減少了，以總數來講，多出的一百多所大多是因為高中的增加。

還有一個讓我們警惕的是專科的部分，當年七十三所現在只剩下十四所；大學從當時的五十所變成一百四十八所，特教學校從十一所變成二十七所。幼兒園、特教的增加是好事，表示社會的關懷面、服務角度，更能

學年度	總計	幼兒園	國民小學	國民中學	高級中學	職業學校	專科學校	大學校院	特教學校
80	6,219	2,495	2,495	706	177	212	73	50	11
85	6,471	2,660	2,519	717	217	204	70	67	17
90	7,204	3,234	2,611	708	295	178	19	135	24
95	7,377	3,329	2,651	736	318	156	16	147	24
99	7,364	3,283	2,661	740	335	156	15	148	24
100	7,292	3,195	2,659	742	336	155	15	148	27
101	10,692	6,611	2,657	740	340	155	14	148	27

1.20年來各級學校**校數均增加**，成長**72%**。
2.幼兒園、高級中學、大學校院 **增幅最大**。

八〇學年度至一〇一學年度　台灣各級學校校數。

照顧到弱勢、需要照顧的人。

但關係到我們今天的話題，高中變多、高職減少，這跟剛剛說企業界「產用不能合一」就有所關聯。我們有許多完全高中，它們也包含一些職業訓練，所以接受職業教育的學生整體沒有減少太多。可是為什麼當年企業可以用到他們要的人，現在企業用不到呢？因為我們整個高中技職的食物鏈的上層，提供那麼多入學機會，讓你不管念高職、高中都有機會進大學，前面所說家長望子成龍成鳳的心理造成的升學主義在這兒就造成很大的影響，很多父母覺得我的小孩可以念大學為什麼讓他念完職業學校就去工作？所以很多高職生，事實上在念高職時，不是在練專業技能，而是在準備考大學。因此，我們在人才培養的這一端看到了假象：培養了很多高職生，但學生心理都在想「我要進大學」，疏忽了技能的學習或認真度。

台灣創意需接續培訓　發揮潛力

另外一方面，我們也看看一些使人較振奮的數據。我們在國際創意表現的數據持續成長。二〇一二年美國匹茲堡國際發明展中，台灣獲得四〇個金獎、二十八個銀獎、七個特別獎，其中技職校院師生獲得二十五個金獎和二十一個銀獎。同年的德國紐倫堡國際發明展，我國獲得二十二個金獎、二十九個銀獎、三十二個銅獎、三個特別獎，其中技職校院師生獲得八個金獎、十個銀獎、二十四個銅獎。二〇一三年俄羅斯莫斯科國際發明展中，台灣獲得六十五個金獎、六十三個銀獎和十四個銅獎。同年的瑞士日內瓦國際發明展，我國獲三十四個金獎、四十九個銀獎和十四個銅獎，其中技專校院學生獲得二十六個金獎、三十八個銀獎和十個銅獎。德國iF設計概念獎總參賽件數共一二〇七五件，總獲獎件數一〇〇件，其中臺灣獲獎二十四件。馬來西亞ITEX國際發明展，我國獲一〇三個金獎、一一一個銀獎和二十一個銅獎。這些成果顯示我們的青年人才，還是有相當高的國際競爭力。

我也特別讓同仁追蹤，這麼多設計、科學展競賽的得獎學生，是否有獲得接續的培訓，讓他們的潛力可以持續發揮，這點是台灣應該要注意的的地方。

我最近才剛從大陸的參訪回來，這回看了江西、安徽的技職教育。其中安徽合肥的中國科技大學，可以說是中國的MIT，收的學生是全國高考的頭千分之三，裡頭有很多學生畢業後在短時間，就遍佈在國內外重要的科學、工程學會。他們誇口說，只要培養一千個學生，就會有一個成為會士、院士級的大師。這對我們而言，是很大的警惕。

我們一〇三年要開始十二年的國教，這是好事，但規劃面還有一些大家憂慮的地方。如果是為了更公平、免試、不要有菁英學校，但是這樣下去，我們會不知道我們的菁英在哪裡，而人口中必然有菁英或希望變成菁英的，他們還是會去找認可菁英的學校，這也是為何現在已有一些私立學校有大批的國中生想要去就讀。在我求學的年代，只要天分很好、用功一點，會有便宜一點的公立學校可念。如果現在變成好的中學是貴的私立中學，這不是我們所樂意看到的，也是大家憂慮的地方。

國際高教的發展趨勢

跨境教育則是比較可安慰的表現，九十六到一〇一年，境外生來台就學人數提升了是兩倍多。上升幅度相當快。國際生、華語班的學生、僑生回來人數都有增加。「國際生」指兩岸以外的學生，「境外生」就包含大陸學生。我們接下來政策面的推動，是希望從大陸和其他國家都有更多學生來台灣，目前招生不滿的大學已開始為了得到好的境外生自立自強，這是良性競爭，未必要走到退場的境地，這是樂觀的看法。

我們自己有這些問題的時候，相對的也要看一下整個國際高教有什麼趨勢。全球化讓高等教育交流更快。全球化讓地球變成平的地球村，背後的意思就是大家都在走動、來去交流，地球越來越像一個村子。

全球化著重在全球文化適應能力，不僅是國際移動能力或外語能力。我們需要的文化適應能力也越來越不一樣，光學好英文走到英語國家還不足，移動越快表示大家對多元文化的了解與接受度更高。

另外就是全球化呈現資訊、知識、技術的大量流動，形成知識經濟體，大學人才必然扮演關鍵角色。

大學競爭力現在已經不是在自己國家的比較，而是跟全球的學校競爭。一個學校如果非常出色會在全球中嶄露頭角，而非僅是在自己國家內排名第一。

人才培育應以全球為範圍

現在先進國家大學人才培育的目標，也是以全球學生為範圍，尋求更深遠影響力。以往台灣只培養自己的人才，除非國家對教育沒有太大志向、企圖心，不然應以全球作為一個範圍，望能接受到更多文化的交流影響，最後成為大的國際經濟知識體，才不會被邊緣化或忽視。

此外我們也要看看大學與政府間的治理關係的改變。大學變得更加多元，觸及層面更廣，不管成員、研究領域各方面，都會變成影響國家政府、地區的重要能量。但政府也要放手讓大學有更大的自給空間。

國際上高等教育就學管道都在擴張，二〇一〇年經濟合作暨發展組織（OECD）會員國學生大學入學率平均為百分之六十二，技職學校入學率為百分之十七。對照我國入學率，大學入學率平均為百分之七十六，技職院校平均入學率百分之六十一．六三。我們仍高過先進國家的統計，可是很諷刺的，我們卻出現學用無法合一的問題。

這樣結構的轉變，就全世界來說，自一九九五年到二〇一〇年，經濟合作暨發展組織會員國的高等教育學生人數成長百分之二十五，這是很大的幅度。所以當我們說台灣擴充太多時，並不是別的國家不擴充，擴充是大家都在進行的現象，只是台灣擴充過頭了。

從這點回頭看，當將近二十年前，台灣開始覺得在高教政策方面要擴大，尤其是私人來辦學時，就是看到擴充的這個趨勢，但針對這樣的趨勢，我們管控的規劃有點粗造、薄弱，形成後來擴充到對我們自己而言，變成一個不利的因素。

約十六年前，我擔任了三年的高教司長。我到任時看到已經有十幾個私人興辦大學通過申請，後面排隊還有十幾個。這是很嚴重的現象，到底在台灣小小的島上，高等學府的分布是怎樣，將來的人口究竟如何呼應校園的容納量呢？所以我請當時主管申請業務的科長，針對台灣的出生率情況，因應未來多少年高教的發展。另外就是校院地區的分布要考量一些正在形成的情況，例如說當時我們爭取進入世界貿易組織（WTO），還有當時雖沒有承認大陸學歷，但去大陸念書的年輕人只會增加不會減少，大陸會拉走我們的生源，這些因素都不利於大學持續擴充。

當時我們的大學淨在學率[1]的比例，約百分之四十一，全世界最高的是加拿大百分之五十七，我衡量在那時還會有幾所學校會通過申請，百分之四十七是我認為合理的比率。但一〇二年初，十四年後，我重新回到教育部，看到現在高教學生的淨在學率是百分之六十九，多出的百分之二十二便是不合理增加的部分，是過度的膨脹。

高教的走向因此是有失誤的，但也許也有意外的所得，就是高等學府終於有一個讓市場檢驗的機會。以往大學只要等聯考把學生送來就好，現在競爭激烈，每個學校要找出自己的特色、開拓自己的生源，整個來講，高等學府要因應市場對它的要求，以及學生養成之後究竟能做什麼，這些都是要面對的檢驗，因此高教有了市場機制。

高教的擴充，長期來講有功有過。目前這個時間點，我們要儘量從不利的情況找出利基，比如當我們能爭取到更多境外生來的時候，這些學生不足的校園剛好能符合這個需求。

但我們也要注意到，大學的增加不是唯一造成高教學生太多的原因，包含一些本來的學校都有過度擴充的

問題。十五年前台大學生剛到兩萬人，現在台大將近四萬人。現在即使是台大，也面臨招不到高階（博士班）的學生等問題。每一個學校都應更準確規劃它的政策。

全球流動下政策主力放在技職

全球都在流動，流出去最多的學生來自亞洲，其中來自中國、印度和韓國學生占大多數。國際學生就學人數前五名的國家則分別為：美國、英國、澳洲、德國、法國。

我們在作國際競爭的時候，目前政策的主力在技職，大家注意到今年我們從大陸地區開始招收專科生。大陸專科生能夠升學的比例很低，不管是在那邊考上再來台灣申請學校，或是那邊沒有考取，發現台灣技職學校願意收而來，他們的資質仍是不

1 淨在學率為應接受教育年齡人口中實際接受教育人數占應接受教育年齡的人口比。

錯的。此外，東南亞的馬來西亞、印尼、泰國、緬甸，這兩年赴外深造的幅度也在提高，並且很多選擇到台灣升技職。這點對我們自己的技職學府而言，一方面是一個激勵，被國際學生當作一個就讀的選擇是很好，但假如無法持續把學生的基礎打好，在台灣固然是學用不合一，讓國際生回國也會造成他們的問題。

這些年教育部開始推動「技職再造」，在七個地區設置產業學院，希望以政府的力量灌注資源，讓我們的技職重新回到當年成就台灣經濟奇蹟當中，非常重要的力量。

主講人簡介

黃碧端

美國威斯康辛大學文學博士

現任：教育部政務次長

曾任：中山大學外文系主任、聯合報專欄主筆、教育部高等教育司長、暨南大學人文學院院長
台南藝術大學校長、行政院文建會主任委員、國立中正文化中心國家兩廳院藝術總監
總統府國策顧問、亞太表演藝術中心協會(AAPPAC)副主席

父母的態度決定孩子的命運，要懂得看長處，才會有前途。人的大腦是一直不停的在改變，不要講已經太晚了、來不及學習了，人是終生學習的。

——洪蘭

第29堂課

教育與未來

——洪蘭

上個月我去北京演講，在飛機上看到坐在我旁邊的太太，身上穿的衣服很好看，忍不住問她衣服在哪裡買的。她說：是我兒子幫我設計的。我問她：妳兒子是誰？她說：吳季剛。

想想如果吳季剛留在台灣就可能不會有今天，他母親也說：當年在台灣時，她的壓力很大，才把他帶去溫哥華。在溫哥華的家，整層地下室都是芭比娃娃展示場。他媽媽看到他眼睛一睜開就在玩這個，將來一定會在這個地方出頭天，所以就在這方面栽培他。首先，他要學打版、縫衣服，可是這麼小的孩子去哪學打版呢？吳季剛的媽媽就把師傅請來家裡教吳季剛，造就了他的事業。**我們常說父母對孩子的態度決定孩子的命運，父母一定要學會看到孩子的長處，欣賞這個長處，孩子才會有前途。**

人才是要培養的

有人去問維珍航空（Virgin Atlantic）的創辦人

理查・布蘭森（Richard Branson），請你用三個字告訴我，成功的祕訣是什麼？他回答：人、人、人。投資員工就等同於投資自己的企業。

維珍航空在當時只有一架飛機，被人嘲笑這種規模也敢跟其他家航空競爭，但布蘭森認為，飛機的裝潢和餐飲都差不多，人不要只看到自己的缺點，要看的是自己的長處。於是，他開出凡是坐頭等艙的客人他都用禮車接送到機場。當時他的對手，英國航空公司，是不可能跟進，因為英國航空公司有五百架飛機，不可能比照他的禮車接送服務辦理。

有一次，他們派出禮車去紐約的旅館接客人，因為旅館有兩個門，因而沒有接到客人。結果客人自己搭計程車去機場，到了報到櫃檯，抱怨禮車沒有去接他，櫃檯服務小姐馬上掏出計程車費給客人，並帶他走員工通道，確保能趕上飛機。服務小姐回到櫃檯時，經理卻跟她說：沒有計程車費的收據無法報帳，可是趕飛機的人哪有時間要收據呢？這事情傳到布蘭森耳裡，馬上進行員工培訓，服務業要有彈性，同時他特別到紐約機場找那位櫃檯的小姐，對她說：「怎麼辦？我沒有拿計程車收據耶，我想你無法替我報帳了。」讓對方馬上知道大老闆知道她受的委屈了，心理瞬間感到舒服許多。這就是帶人要帶心，布蘭森之所以會成功，因為他懂得人的重要性，水能載舟也能覆舟，端看你怎麼對待你的員工，員工絕對是公司最大的資產。

有個學生到外商公司面試，面試時的智力測驗不是過去那種制式的智力測驗，因為那種已經不符合現代的需求了，現在要的能力是解決問題的能力。分數高，考第一名，可能只是一個書呆子而已。所以測驗的題目都是在問你生活上發生的事情，請告訴我你會怎麼做。例如到芝加哥最快的方法是什麼？一般人會直接回答搭飛機，但這不是他要的，他要的是你要先想你有多少預算、時間上趕不趕得及、你現在人在哪裡再決定。**這都是現在訓練人才需要的。我很擔心的是，我們現在學校訓練人才的內容基本上不是外面要的。**

曾經有位社會學的教授在上馬爾薩斯的人口論時，有位學生舉手問他：為什麼狗對人口有關係呢？搞了半天學生沒聽過馬爾薩斯，她還把馬爾薩斯和馬爾濟斯搞錯了。所以台灣教育是一定要改！現在大家在吵的十二年國教都不是重點，重點應該是教學的內容要怎麼改，如何讓學生有國際觀、競爭力，並且能夠與外面接軌。我們目前仍在用教科書，其實等教科書印出來，至少兩年時光，就已經過時了。現在教學只能把教科書當個大綱，讓學生有背景知識，學生上完課後，要能自己去上網找最新的知識才行。若沒有背景知識，聲音左耳進右耳出，船過水無痕，新知是無法留在腦海中的。

人的大腦是一直不停在改變，不要講已經太晚了、來不及學習了。人是終身學習的。目前我們有兩個工具可以看見活人大腦線上的工作情形，一個是核磁共振，另一個是正子斷層掃描。透過這兩個工具，請被檢查的人躺進去，先照一張基本的血流圖，再請他看書、聽音樂或作心算，這時可以看到大腦血流量的變化。大腦在工作時需要比較多的血流量，在閱讀的時候，視覺皮質就亮起來了。

孩子在一、二年級的時候，常常會將字母寫顛倒。主要是因為人的大腦二十萬年前發展出來時，文字還未出現，大腦各部位的功能已分配完成了，可是文字的發明卻只有短短的五千年，人又不可能再長出一個大腦來，這時就需要借調別的部位來處理文字。借調的地方就是原來處理臉的部位。臉是對稱的，大自然中的物體也是對稱的，在大自然裡，左邊的老虎要吃你，右邊來的老虎也要吃你，所以你一看到老虎，不管來自左或是右就要先跑。因此，借調來了的大腦部位原本的習慣還存在，它是不分左右的，但是字母 b 和 d 就不同，p 和 q 也不同，因此偏旁顛倒是大腦的關係，不論哪一種語言的孩子都有這個問題。久一點，大腦習慣了，就改過來了，父母不必太擔心。

有實驗發現，男性五十六歲左右做的決策最不會出錯，女性則是在五十二歲左右。而且所謂的中年，也從過去四十歲一直延後到現在六十五歲才算中年。這是因為現代人的營養好，人的大腦沒有我們想像退化的那麼快，尤其是前腦，實驗發現中年以後，前腦神經的萎縮比其他地方慢。

美國的機場塔台控制人員是五十五歲就要強迫退休，可是在加拿大卻是可以做到六十五歲。有人將美國五十五歲的塔台控制員和加拿大六十五歲的同業人員一起做空中撞機反應的比較測驗，結果發現兩者並沒有差別，這表示美國的法律白白浪費塔台控制員十年的時光。人生經驗累積到一定程度，可以來做領導的時候，就要他退休是浪費國家資源的。

終身學習的神經機制也被發現了。大腦中的海馬迴負責記憶，若這裡壞掉了，就會有失憶症、阿茲海默症。海馬的橫切面叫齒狀回，專門處理新進來的訊息。有一個八十九歲的老人家死前三天注射了放射性的水去追蹤癌細胞的擴散，死後請家屬捐出他的大腦來解剖，結果發現在齒狀回的地方，神經細胞是發亮的，代表是注射了放射性的水以後才新生的細胞。

大腦神經細胞可以再生，這在教育上是非常重要的發現，所以沒有「輸在起跑點」這句話，這是沒有證據的廣告詞，「大器晚成」即可反駁它。現在你會，我還不會，可等我會了，我會做得跟你一樣好，還說不定還會比你更好。**現在令人憂慮的是，大部分人都沒有什麼思考力**，對於外面廣告說什麼都照單全收。像是有個廣告詞「借錢是高尚的事」，真的很糟糕，導致現在很多年輕人，大學沒畢業就已經變成卡奴。要知道人生是個馬拉松，要走到終點才算，它不是百米衝刺，小時了了大未必佳。我曾經到建中演講，建中校長說從二〇〇二年到二〇一三年，短短的十一年時光，就有八個學生跳樓自殺，把孩子逼死了，即可考第一名也沒用了。

另外，沒有「三歲定終身」這回事，大腦不停在改變。如果大腦不能改變，老人家為什麼要去復健，復健

就表示大腦能改變，不然就浪費國家的錢，不是嗎？大腦是用進廢退，你不用的大腦區塊，別人會拿去使用。一九〇四年聖路易市舉辦第一屆世界博覽會，有一個攤位是在摸骨，廣告詞說「你只有用到你百分之十的神經細胞」，在神經學上這是不可能的。楊恩典她沒有手，可是她的腳一樣可以幫她的女兒換尿布，換得跟一般人一樣好，還可以穿針，這就是功能可以轉換。其實，孩子只要肯花一萬小時去做一件事情，他一定是這個領域最頂尖的人。

洪蘭說：「人的大腦神經連接是一直不停在改變，它是個cycle（循環）大腦產生觀念，觀念引導行為，行為產生結果後，回過頭改變你的大腦。」

有個電影明星在三十九歲中風，右眼帶上眼罩，嘴不能說話，右邊身體癱掉，醫生判定她這輩子不能再上台演戲了。可是她復健了四年以後，又再上了舞台演出「慾望街車」，甚至得獎。後來有了核磁共振找她回實驗室，看看為什麼右手會動，結果看到她右邊的運動皮質區把左邊的功能拿過來了。這是一個很重要的實驗，越小的時候大腦受傷，功能改變的越快。

所以人的大腦神經連接是一直不停在改變，它是個cycle（循環）大腦產生觀念，觀念引導行為，行為產生結果後，回過頭改變你的大腦。所以不能罵你的孩子是豬，罵到最後就會真的變成豬，這是一個循環。

馬友友的媽媽很了不起，從來沒有因為馬友友大提琴拉的不好而打他，因為若打了他，他會害怕大提琴，就不會主動去接觸它，就不可能成為大提琴家。她希望他成為大提琴家就先要讓他喜歡大提琴。想想我們都希望孩子學習，可是孩子進了學校就是挨打，少一分打一下，孩子若是害怕去上學，學習怎麼可能好？

美國有個作了四十年退休的校長，寫了本書說到他做校長的時候，每次開學，他都跟學生說，我不要求你完美，我只求你要學習，因為沒有人是完美的，人都會犯錯，只要能從錯誤中學到教訓就可以了。英文有一句話：你騙我，「shame on you」，你不好，不該騙我，但是我第二次又被你騙，就是「shame on me」，因為是我沒有從錯誤中學到教訓，是我不好了。

台灣的家長都不太允許孩子犯錯，以打破碗為例，在美國的孩子若打破碗一般不會被打，都是大喊：媽咪，媽咪，碗打破了，家長會很緊張地叫孩子別動，以免戳到腳。這顯示出，當你允許你的孩子犯錯的時候，他對別人的錯會比較寬容，寬容心正是我們缺乏的。顏習齋（顏元，唯物主義思想家、明末清初傑出的教育家）曾說：惡人無過，常人知過，賢人改過，聖人寡過。聖人都不可能沒有錯，為什麼我們不允許孩子犯錯。

這是剛剛出生嬰兒的腦，到兩歲的時候，孩子有很多後天的經驗，這經驗促使神經的連結。**聰明才智是先天與後天的交互作用，先天是神經連結的方式，基因設定，後天是神經連結的密度，經驗決定的。所以不管孩子怎樣，好好帶他有百分之五十的機會可以帶起來。**

品德教育是內隱的學習

品德的學習需要榜樣。一九九二年神經科學家在大腦中發現了鏡像神經元，知道模仿是最原始的學習。家庭是最早的學習場所，父母是最初的老師。我們常說，孩子講粗話，不要罰他，要罰他爸爸，通常是大人說，孩子模仿而學會的。

一隻剛出生的小貓神經元有密密麻麻的連接的，當牠成長為老貓後，同一隻貓，同一個神經元，在圖上有這麼大的不同，常常走的神經變大條了。這個的意思是，每一個人都是過去經驗的總和，你的背景知識決定你所看到的東西。現在治療憂鬱症不再是躺在醫生的沙發上，想不愉快的事了。若是每天想不愉快的事情，負面情緒的神經迴路會變得很大條，走在路上，若有個人跟他的前妻、前夫很像，負面情緒就活化了。現在的治療方式是跟病人說：生命只有走過才能了解，牛奶打翻了，不要追究是誰害的，而是要往前看，想要怎麼賺錢再去買一罐新的。不要抓住一件事情不放。孩子小時候大腦神經有各式各樣的可能性，是大人的手把他塑造成最後的他，所以說**父母對孩子的態度決定他的命運。**

閱讀是與創造力的機制有關係

台灣在推創造力時，有師院的教授說創造力是四不一沒有，這令人很擔心，因為創造力不是這樣出來的，基本上，它是兩個不相干的神經迴路碰在一起，活化第三條迴路，而閱讀和遊戲就是提供神經連結碰在一起最好的方式。

我們在國際化上趕不上香港，日本科技比我們強，韓國有政府做後盾，品牌比我們有力，大陸勞工比我們便宜，所以我們剩下兩個強項一是創造力，另一個就是服務。創造力上只有靠大量閱讀來促進促發神經連接的機率。閱讀使神經連接茂密，提供了創造力所需的神經機制。

舉例來說，有一天，你在市場遇到了小學同學，你不記得他的名字了。通常我們都沒有勇氣承認忘了他的名字，都是假裝認得他。若在五分鐘內仍沒想到他的名字時，就會急著把談話切斷，以免露馬腳。回家後，事過境遷就不去想他，但是兩三天以後，睡覺時，會突然坐起來，想到他的名字了。這就是因為神經迴路的活化需要時間，當下啟動的迴路，所有神經都活化起來一起想，神經迴路是一但啟動就關不掉，直到它的連接迴路自己停掉，創造力是個聯想力。

例如我們在實驗上看到，當受試者看到「光」這個字時，他的大腦會馬上活化起來，激發一連串跟光有關的詞：光明、光亮、光棍……，光棍不是光的棍子，因此神經迴路就分岔了。每個人聯想力都不一樣，因為每個人的背景知識不同。從光棍就聯想到王老五、媒婆、丈母娘；王老五就想到王雲五字典；媒婆想到大嬸婆，大嬸婆想到劉興欽。從光明到劉興欽，這就是觸類旁通、舉一反三，也是為何閱讀是創造力的基礎，而創造力是超強的聯想力。現在的你跟五年後的你有什麼差別呢？你所讀的書和所交的朋友就會造成這個差別。

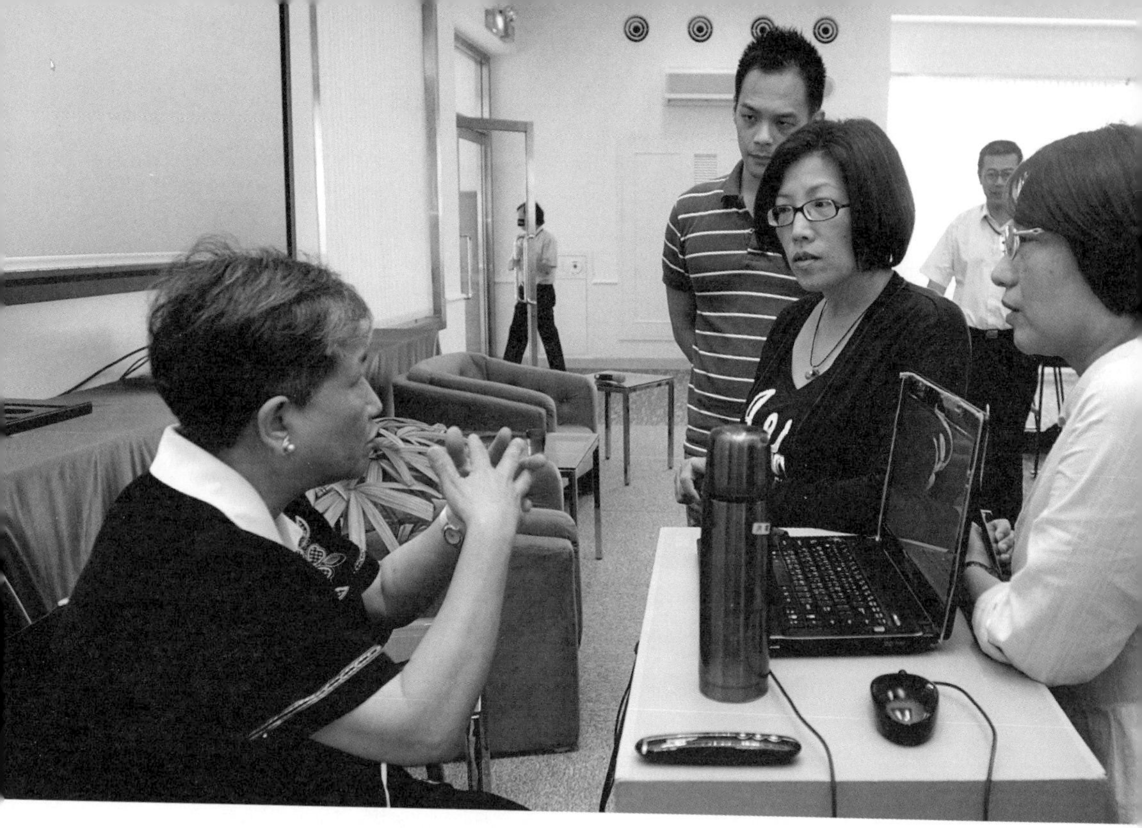

洪蘭向學員詳細解說大腦和學習間的關係。

做學生要有崇高的理想，人生才會有目標。松下幸之助的太太松下梅之曾說過：「所謂辛苦是指內心的煎熬，沒有東西，沒有錢並不辛苦，是難關。只要有希望就不覺得辛苦，任何工作都會碰到難題，這代表我有什麼地方不足，需要更努力去解讀它。」人會去自殺是因為沒有看到未來的希望，任何工作都會碰到難題，所以才說過錯是暫時的遺憾，錯過是永遠的遺憾。

台灣教育要改時，必須先改大人的觀念。制度是人在裡面操作，制度改了，人沒改，漏洞會百出，因為中國人是天下最聰明的人，馬上就看到漏洞，就會去鑽。只有先改觀念，改革才會成功，因為制度反正是人在操作，人的觀念改了，制度自然就改了，**Ken Robinson**說的好「**觀念能奴役我們，也能解放我們**」。

主講人簡介

洪蘭

加州大學河濱分校實驗心理學博士

現任：中央大學認知神經科學研究所教授兼所長、陽明大學神經科學研究所教授

台灣認知神經科學學會首任理事

曾任：耶魯大學哈斯金實驗室博士後研究員、加州大學爾灣醫學院神經科接受博士

迴響

種籽營真正的主角其實是學員。從學員們開班時非常坦誠的自我介紹，看出學員的來源多元，參加的動機也強弱不一。然而，在議題討論的發酵，講師的翻攪，以及學員們相互的影響下，一種學習與超越的氣氛產生了。這並不是一支訓練有素的軍隊，也不是有求勝鬥智的球隊，更不是要爭取整體利益的政團。種籽營呈現出一種柔軟而高雅的連結，自然地散發出一種他獨特的氣息。營隊的成敗已經不是台灣會不會更好這麼現實的期待所能定位。

這些年輕人過去互相不認識的，但是機會來了，他們要自己想出議題要自己找出解決方式，在這個過程中你可以看到合作與創意是怎麼進行的。有集體的合作才比較容易有可行的創意，有創意後需要實現，因為大家一齊想出來的創意，也較會一齊合作解決問題，而且完成它。好像在進行一項救國救人的成年禮儀式。這種多元的互動，在不同的年齡差距中居然可以在沒有利害關係下，展開密集運作達一整個月之久，適足以表現出當今的台灣社會，仍然有著強韌的多元力量在，這些力量仍然可以描繪出願景而且努力的在找可以實踐的機會，大家會深切體認困難之所在，但沒有人會從負面的立場予以放棄。不過，這觀察得以出現，可能也是因為大家「機緣」下聚集在一起，得以進行優質互動之故。

學員們在最後的分組報告中並沒有一舉折服眾生，他們在心中不斷萌芽抽根的許多想法，並沒有在那一場「關鍵報告」中講出來，也都還找不到適當的機會去呈現，有些想法甚至還必須再做咀嚼，例如核能四廠存廢與公投的議題。正是因為這樣的實在與素樸，反而看到再進一步耕耘的理由。許多人在這段過程中都體會到原來的我，原來的工作，原來的理解，原來的立場，是這麼樣的牢不可破，而體會別人的立場又是這麼高尚的情操。事實上，自己一點點的改變，以及對別人更大幅度的包容，才是整個活動所造成最大的化學變化。

「講堂宜有一種精神貫串其間，講堂宜有自己的性格，講堂應該強調價值的肯認，講堂應培養一種貫串人群之間的同志感，講堂應培養公共服務或公共獻身的精神，講堂應培養行動的能力與方向。」上述諸點，正好都是中國時報創辦人余紀忠先生生前所強調的，以開明理性求進步的精神來實現民主自由愛國家，也是今天台灣社會所必不可少的。

大家都說，「台灣最美麗的風景就是人」，多年來我們也深刻體會到，台灣社會的真正活力是在民間。

余紀忠文教基金會

種籽營作為對話平台的開展

如何將學術工作緊扣住社會脈動、回應當前的社會議題，始終是我在學術行動上的自我期待，這應該也是葛蘭西對「有機知識分子」的期許，亦即，不間斷地反省、思考任何有助於社會朝公平、正義之進步方向邁進的可能。然而，這個對社會的終極關懷，落在當前具體的學術實踐上時，卻總是曲折、迂迴，乃至於時而無力。典型地，知識分子自學術反省中掌握到的進步理念，轉而落實為回應社會公平的專業實踐、政策倡議時，不僅必須隨時面對與主流價值和既得利益的折衝不說，還要面對國家治理體制在缺乏核心的治理價值觀下、任由種種制度缺失長期拖累治理成效的無奈處境。

劉欣蓉說：「充份而理性的溝通，是我們社會目前亟待展開的深化民主參與模式。也是余紀忠講堂種籽營所欲建置的專業對話平台。」

正是這後者，牽引著我們當前社會種種的紛亂。歷史地來看，國家治理長期偏向獨厚特定經濟產業的發展模型，在戰後初期或有其必要。必竟，面對一無所有的戰後社會，強化整體經濟力的基礎，是提昇總體社會能量的必然手段。然而，隨著階段性的經濟成長，社會卻在工具理性催逼之下愈來愈只看重物質利益，地域的文化價值也一再被發展掛帥的經濟邏輯予以推土機式的抹除，就算九〇年代初社會改革力量開始疾聲呼籲，不應再任由開發意識形態主導整體治理方向，國家治理主軸卻依然缺乏具文化視野的回應彈性。

近年來面對全球氣候變遷下地域環境一再遭受浩劫，乃至於全球競爭鏈結帶來嚴竣的治理挑戰，治理體制即便有所因應，卻不見任何創新性的制度作為來提昇、整合環境保育及文化的永續經營，更遑論提出具有反省性及前瞻性的治理方針（譬如，不以追求經濟發展排名為治理成效依據，而是以創新的理念以平抑愈趨懸殊的貧富差距，提昇人民幸福感）。尤有甚者，九〇年代起一波波社會運動的高聲倡議，要求民主體制應從票箱式民主轉向參與式民主，各項政策應以普遍而充份的溝通作為政策制定的基礎，但始終缺乏治理者從總體制度上予以積極回應。僅有局部的社區政策如同化妝師般地給予人們自主性提高的想像，卻依然制度性地將民意阻擋於重要政策制定的門外。

余紀忠文教基金會首次舉辦的「種籽營」，邀集了來自社會各界的中生代力量以學員身份謙恭受教，並且盛重邀請了環境、能源、國土規劃、財稅、經濟、文化、教育等各領域的頂尖學者，以及過去曾擔任過治理者角色的相關領域專家，具體而微地將累積多年的經驗傾囊授出。短短的幾個周末中，各領域重要治理議題在大堂中交叉互動，明確地傳達出基金會期待以此營隊平台作為眾人在此積極展開對話、溝通的橋樑。必竟，充分而理性的溝通，是我們社會目前亟待展開的深化民主參與模式。也正是在這個對話平台的建置上，我們相信未來持續不斷的「種籽營」能為社會創生出一批批具有文化創新能量的社會中堅。

劉欣蓉（淡江大學建築系助理教授）

眼界的淬煉 公民意識的滋養

政策資源錯置 浪費社會資源

經過種籽營的深入課程，難免對於台灣目前的政治發展憂心，最根本的問題是政府施政大多沒有「主心骨」，因此缺乏長遠規劃與堅持到底的勇氣。沒有長遠規劃就會被問題追著跑而疲於奔命；沒有堅持到底的勇氣就會浪費社會資源且失去人民的信賴。例如教育改革、提振出生率與勞工保障等重大政策議題，並不見政府的重視，至少在比重上是不成比例的。反倒是關於一些比較次要、收短效的議題，像是稅制上的斤斤計較、如何補助特殊產業、甚至在政治算計上，投入大量的社會資源。這樣的資源錯置，短時間之內對社會的影響不明顯，但是時間一拉長十年、二十年之後，弊病叢生之後想要彌補就很困

牛繼聖說：「收獲可歸納為三個層面：第一是接觸問題的廣度，第二是思考問題的深度，最後是與政策第一線關鍵人物面對面對話的機會。」

難了。例如高等教育的發展方向長期不明的結果，現在就要面臨關校的囧境，試想過去一段時間內投入多少高等教育資源是浪費的，再考慮未來關校政府再投入解決校地與老師的就業問題的部分，擠壓了許多本可用於提升教育品質的資源。

政務官應善用中階人力資源

可喜的是在種籽營中仍可看到很多優秀的中階人才，不論在公部門與私部門的崗位上依然努力奮鬥。尤其是在公部門中，許多人孜孜然盡忠職守之餘仍懷抱理想，嘗試做一些本可以不必去做，但因可以改善這個社會勉力而為的事。這些人是重要的種籽，公務機關向上的力量要靠這些人去擴散與影響。希望民選出來的政務官不但不要與這些中間幹部產生斷鏈，還要充分運用與支持這些人力資源，不然這些中階公務員長期有志難伸，想要做的事情無法做，能做的事又不覺合理，不合理之事又無力改變，久而久之就真的成為公務員心態，絕非國家之福。

種籽營的經歷對於社會關心這類議題的中堅分子而言，是眼界的淬煉，公民意識的滋養，但都僅止於獨善其身的層面。回想種籽營的專題作業就像是在練兵，為大家準備工作模式與默契，提出實在的問題並嘗試尋求解答。現在我們需要開始構思如何凝聚種籽營的老師與學員們，發揮力量為社會帶來一些，也許很小的，但是正面的實際上的改變。

牛繼聖（凱基證券衍生性商品部專業副總經理）

換位思考 產出共鳴和諒解

換位思考 政策與業界的落差

做為種籽營的第一屆學員兼企業的經營者，我認為種籽營帶給我最大的影響，是看待事情的角度更加多元，以前較容易從本位出發、單從個人領域看問題，現在則懂得換位思考，以他人的角度看事情。在懂得換位思考後，當政府政策不符產業界期待時，以前會難以理解，但在種籽營課程期間與多位政府官員的互動下，會開始去思考政府制定此種政策的背後目的？為何會和業界期望產生落差？而這樣的落差該如何有效解決？有什麼事可以自己先做，而非事事依靠政府？

以近期日月光污水事件來說，過去我會直觀的認為這種事情為什麼政府會允許？而現在我第一個反應是趕快檢討公司內部對於相關規範法令是否有責任不清楚或疏漏處？公司是否在不經意中忽略了公共安全部分，以至無形中增加社會成本？

馬維欣說：「參加種籽營後，在許多重大議題上能從不同的角度去思索，從而產生出共鳴和諒解，讓我更深一層地領會到了換位思考的益處。」

種籽營課程有許多講師都是曾經或現任的政府官員，以往官民疏離、對立的關係一下子變成了師生關係，在許多重大議題上反而可以從不同的角度去思索，從而產生出共鳴和諒解，讓我更深一層地領會到了換位思考的益處。

問題仍在 缺整理分析

在台灣，每件事情吵完、熱鬧完後，就消聲匿跡，並沒有一個清楚的結論或整理，國外的報紙媒體會非常清楚的針對某個案件正反立場做一個清楚分析，讓社會大眾清楚了解後再去做判斷，因為公民有知的權利。反觀台灣，很多事情都只看表面，熱門事件一過就算了！不是沉澱也不是收斂，而是只要有更新鮮的話題出來，舊議題就被人們徹底遺忘，但問題仍然存在，只是政府和大眾選擇視而不見，這樣對我們台灣的未來發展並沒有幫助。

如果說對於種籽營還有什麼建議的話，就是希望種籽營的時間可以拉長到兩個月（當然中間要至少安排一段休營的時間），每個議題就可以更深入地討論——那就不僅僅是播種，還可以翻土和耕耘，這些知識才能比較容易在大家心裡發芽和結果。或者是在時間不變的情況下，採取課程減量的方式，對更精簡的議題進行更深入的研究，相信會讓大家感受到更大的突破。另外，在課程的設計上希望導師可以更加擔負起整合的角色，因為授課講師均是各界一時之選，難免在觀念、想法上互有衝突，而學員又非各個領域的專家，很容易會無法適從，不知接受誰的觀念好，因此建議第二屆種籽營可以更加強導師的角色，以幫助學員更有效率的吸收。

馬維欣（瀚宇彩晶科技股份有限公司董事長）

和諧共榮　愛惜台灣

社會議題不斷輪替，不管是食安事件或是環保議題，都不斷突顯出產官學對話的重要，這也正是種籽營亟欲實踐的「Public policy forum」的理念；那麼，由誰來促成對話、創造平台、接軌國際？我認為，各個產業的公協會，再適合不過！

公協會發揮整合平台的功能

回顧中華民國公協會的歷史，一九四八年，工業總會在戰後正式成立，帶領各產業公會領袖，肩負起工業重建、振興經濟的重任，後續不管歷經多少時代的變遷，工總及各公會始終抱持這樣的使命感；公協會做為產業整體的代表，同時也是各會員廠商的依靠，在這個媒體發達、消費意識抬頭的年代，挑戰日益艱鉅，公協會成員更必須要延續前輩們熱心公益、無私奉獻的熱忱，用積極的作為，展現公會的價值。

詹岳霖說：「期待種籽營繼續秉持Public policy forum 的精神，鼓勵更多學員發揮各自專業與影響力，追求和諧共榮，一起愛惜台灣！」

岳霖身為工業總會的食品工業小組副召集人，面對這次的油品事件，也積極發揮工總意見整合平台的功能，除了邀集轄下二十二個食品相關公會共同連署，凝聚共識，表達對食品衛生管理法修法的意見之外；亦將透過座談會方式，討論擬定出各項協助食品產業升級的具體方案，包含：主動協助政府法令規範國際接軌、源頭管理平台的建構、發展各種類型的自主管理認證、流通追溯系統等等。

恢復消費信心 重建市場秩序

事實上，除了食品業之外，各個產業的升級，同樣都需要公協會的積極作為。平時創造產官學對話平台、主動接軌國際、發展自主管理，彌補政府的資源不足；突發狀況時，更要挺身而出為產業發聲，讓專業主導議題，避免單一企業與政府、媒體、民間產生對立，公協會肩負著恢復消費信心，重建市場秩序的重責大任！

最後，期待種籽營繼續秉持「Public policy forum」的精神，鼓勵更多學員發揮各自專業與影響力，追求和諧共榮，一起愛惜台灣！

詹岳霖（泰山企業股份有限公司董事長）

國家生命樹的一顆顆種籽

在訓練營期間我遇到了眾多國內許許多多優秀的人才，也見識到了國家各領域的領導菁英，相信所有的講師、營主任、幹部都付出了熱情與期待，我們這群來自社會各個工作崗位的學員，真的可以成為國家生命樹的一顆顆種籽。

接受別人的期待是一種責任，也是一種壓力，或許這個社會對於台灣的現狀有許多的批評與不滿，但是為了這個我們不可以放棄的家，我們不該有冷漠、旁觀、清談與置身事外的態度，因為她是我們的現在，也是我們下一代的未來。

王穆衡說：「社會進步的原動力，需要有一批又一批的新生命，而並不是單靠少數人或某個世代。」

樂觀地走出悲情與埋怨

教育是一項機會投資，即便是透過各種客觀的評選，也無法保證接受訓練過的人們未來一定會有耀眼的成就，但是我們不能因此而懷疑教育的意義。機會應該是要保留給更有潛力的年輕人，面對未來競爭的世界，年輕人要有更廣闊的國際觀，要認識世界現在的趨勢，也要把握世界未來的走向，要勇於跳脫自己的框架，要樂觀的走出悲情與埋怨，這些才是我們期待的國家未來中堅。

公務體系的新一代　該站起來走出去

如果國家與社會還有這樣珍貴難得的資源，個人認為公務體系中三、四十歲這一輩，尤其需要這樣的機會，社會進步的原動力，需要有一批又一批的新生命，而並不是單靠少數人或某個世代。曾經受到機會與肯定的朋友啊！是應該站起來走出去，尋找自己的戰場的時候了，用自己累積來的熱力，進行一場自己為自己選擇的戰場，奮力一搏，別辜負了大家對自己的期待。

王穆衡（交通部路政司副司長）

播下種籽 持續發展

謝燕儒說：「講堂取了種籽營這個名稱真好，當未來種籽們散布到台灣每一個角落，相信美好的果實終將持續產生！」

七月六日上午一踏進余紀忠講堂種籽營教室，立即感受到一股對國家及社會的關心與期待的氛圍。讓我印象最深刻的就是親切與真誠，每一位導師、講座及學員的自我介紹中，更感受到大家對於台灣的發展都願積極面對。其中有對國家現況有失望、有檢討，更有著期待。這次種籽營課程，包括：國際局勢與兩岸關係、財稅金融與國民年金、能源結構與環境永續、台灣的產業發展、文化與教育。完整安排了台灣現階段面臨以及未來發展的課題。導師及講座都是學術界大師或是現任或是曾任政府部門部會正副首長，陣容極為堅強。而學員則是來自產業界、民間團體以及政府部門。課程進行方式則是包括講授、討論以及實際案例研究，在在都感受到主辦單位的用心規劃。

雖然課程時間很短，但大家齊聚一堂，除聆聽精采的講授外，都能開放心胸，闡述自我

想法、聆聽不同意見與觀點，並透過討論交換意見得到知識，內心都有收穫。台灣社會面臨的問題很多，網路發達、交通便利的現代，先進國家發展的所需的管理理論、科學技術，都可以很容易的取得，但如何去推動？誰去解決？其實要靠今天生活在這塊土地上的每一個人。

目前雖有很多負面看法，但也有其正面力量，對於未來發展願意付出。往日的歷史歲月裡，台灣這塊土地一直多災多難，卻也是大家公認的美麗寶島，靠的就是生活在這裡的每一份子。現在處境固然艱辛，但與父母祖先所處的時代相比，他們不可能比我們輕鬆。尤其在財政、經濟、科學、技術方面都不足的年代，以前的人能赤手空拳為台灣打下基礎，為何現在的我們不行？如果能以民胞物與的胸懷，透過理性對話，包容不同意見，台灣的發展其實是相當樂觀的。

參加余紀忠講堂種籽營，能和各界菁英共同學習與研討，讓我學習更多，在未來工作上也能有更開闊的想法與做法。個人是佛教徒，佛教對於因緣相當重視，雖然有因未必有果，但有果必有因。我們如果沒有播下種籽，或是播下種籽沒有悉心照顧，其實是不可能享有美好的果實的。講堂取了種籽營這個名稱真好，當未來種籽們散布到台灣每一個角落，相信美好的果實終將持續產生！

謝燕儒（行政院環保署空保處處長）

台灣到底缺什麼？

辜樹仁說：「台灣最缺的，應該是個好的平台、好的機制、好的制度，讓各種不同專業、不同立場的意見，理性辯論、互相截長補短，最後形成一股推動台灣向前進步的力量。」

每天翻開報紙、雜誌，上網瀏覽，或打開電視，都可以看到、聽到無數對時事與公共政策的評論，這些評論當中，不乏理性、專業、建設性的意見。

參加各種研討會、座談會或論壇，與會各界專家學者，對各自領域的國際趨勢與台灣現況，都有高度的掌握、理解，對於台灣應該怎麼做，也都各有專業論述與主張。

採訪企業的過程中，對於台灣企業的競爭力、全球市場環境，未來策略該如何制定，企業家們都能侃侃而談。

甚至被大家認為，施政與民意距離太遙遠的政府各行政部門，不論是卸任、現任政務官，或是公務體系內的事務官，對各自主管業務，都知道問題所在，也都知道應該怎麼做。

最被眾人詬病的立法院，不乏認真、專業的立委。每當有司法爭議案出現，都有各地司法官、律師們，或私下、或公開，針砭問題核心，提出建設性改革建議。

但為什麼，有這麼多優秀、專業的、有國際觀的意見或人才，今天的台灣仍然被各種問題牽絆，好像身陷於泥沼中，前進不得，也後退不得。

台灣應該不缺專業、不缺對問題清醒的認識、也不缺有能力解決問題的人，台灣最缺的，應該是個好的平台、好的機制、好的制度，讓各種不同專業、不同立場的意見，理性辯論、互相截長補短，最後形成一股推動台灣向前進步的力量。

辜樹仁（天下雜誌資深研究員）

走一條不一樣的路，才會欣賞到不同的風景

說實話，當自己服務單位的長官告知要推薦我，參加「余紀忠講堂種籽營」，而且密集的在七月分每一個周末假日上課時，心中是有點錯愕的。畢竟七月分是暑假的開始，突然來的邀約，打亂了原先的所有規劃；另一方面在周一到周五忙碌的工作甫告一段落時，又得打點起精神繼續著另一個未知的挑戰。

就這樣懷著一種莫名的情緒踏進了余紀忠講堂，沒想到第一天上午就經歷了一場震撼教育。來自四面八方的同學們逐一的自我介紹，我十分訝異這群在不同領域各有專長與成就的同學們，對於個人、對於社會、對於人生仍充滿著不同層次的熱忱與期許，霎時間好像在心中燃起了一股火苗。

謝定坤不幸於2013年12月因病逝世，本文為他2013年9月所寫。

我要老實說，八天的密集課程真的是一種挑戰，前面六天的課程涵蓋了從經濟金融產業到人文教育生態，每個領域的導師或講師提供了大量的專業訊息；另一方面講堂的工作人員也不時敦促提醒，要為最後二天在陽明山的工作營預做準備。每一天幾乎都是雞鳴即起、夕陽伴歸，然後一周又一周，即使到現在仍然很難想像，

總是第一個到的定坤永遠與我們在一起。

自己竟然與這群同學經歷了這樣一段人生的旅程；雖然只有短短八天，感覺卻像是這一整個月無時無刻都環繞著種籽營而成長著，即使已經結業好一陣子每每憶起仍覺不可思議。

我想種籽營是個平台，就像金庸筆下的華山論劍一般，各路英雄好漢齊聚在此，彼此之間、學員老師之間在如刀光劍影般的唇槍舌戰下，開始動心起念思考人生可以有什麼不一樣。已故的企管大師彼得・杜拉克曾經說過：「預測未來最好的方式，就是去創造它」，如果我們期待人生應該活得不一樣，那就該勇敢的走出去。

因為走一條不一樣的路，才會欣賞到不同的風景。

謝定坤（遠東新世紀股份有限公司經理）

余紀忠講堂種籽營記事

當我們基金會寫下「為台灣尋求下一代的群體責任，在複雜多變的國際環境與多元的時代轉型下，積極開拓新一代群體承擔能量，呼籲熱愛這塊共同生存的土地與付出的朋友，捐棄前嫌與成見，不計私利、不分彼此，發揮突破創新的台灣價值」的前言時，我們開始了尋覓與追蹤、籌畫的歷程。

在大眾都從「我認為……」的角度看事情，這個社會多了分歧，少了理性的和諧。若「我」的出發點能添增無數「你」的可能性，為社會凝聚多點正面的動力，更有助於尋找可行的發展策略。余紀忠文教基金會就是以「你」為出發點，余範英董事長開始帶著我們一起策劃並推動種籽營的成形。

既然要以「你」來出發，就要了解台灣無數的「你」身處的環境是什麼？優劣條件為何？以什麼樣的態度面對挑戰？以什麼樣的態度對待他人與自然萬物？簡單來說，就是要了解與我們每一位公民都息息相關的公共議題有哪些？利己、利人、利他的社群空間在哪裡？

也許有人會說：我一輩子都住在台灣，外國發生什麼事，與我無關。當我們很簡單的以為好好地活好自己的當下，無視於其他各自關心的事物，往往是牽連互動的各層面。在多元與快速變遷的全球世局下，國家面臨嚴峻的困境，了解現狀與各個難題與挑戰就成為相互學習的介面，國際局勢與兩岸關係、財稅金融與國民年金、能源結構與環境永續、台灣的產業發展和文化與教育等五個主題也應運而生。

想像的種籽營不該是單向地、講演般的形式，應是開放式、互為相長的對談模式。尋求的學員是有社會經歷與專長的負責人士，有關心社會的熱誠與理念，有樂於參與討論政策與公共議題，有表達自我想法的勇氣，大約年齡是五十歲以下的中堅分子。秉持著這樣的構想，基金會開始營務學習旅程、四處求經，走訪台大醫學院社會醫學系何明蓉老師，分享她推動連結醫學界與人文、心理、社會暨行為科學、倫理等相關課程的規劃與執行經驗。特別請清華大學通識教育中心林文源老師，傳授許多與學員互動、分組運作的模式。更向台大社會學系的陳東升老師討教，談他多年帶領課堂學員與社團互動運作的流程，知道應注意的那些細節。

五個主題由常年參與基金會「面對公與義」的老師們擔綱，講師群從投入基金會多年，參與公共政策甚深的產官學名單中邀請。各主題開始由導師規劃，分別與老師群們溝通、討論，分別舉行深入的兩次分組內容籌備會，敲定種籽營的基礎架構與課程，並且為提供學員們的營養成分與教學的方式和對話準備。在老師們的共識下，前言講述四〇分鐘是給學員一個初略的raw map，讓學員們了解這議題牽涉的相關點何在，盡量提出激發論點，帶領師生間的互動與思考。

整個從無到有的過程，光是發想與生成就已經歷了整個年頭，行動的開始則是從二〇一二年歲末起，大家都認為有該做的激情與使命，這心念就從無數個點連成線，直到二〇一三年的六月完成規劃開始招生。

二〇一三年七月是個忙碌、緊湊的夏日，余紀忠文教基金會首次推出「余紀忠講堂種籽營」課程，參與所有籌備活動，做為課程中學員主要聯繫窗口，對於整個課程真正是感觸良多。

第一次舉辦種籽營，前置作業的繁雜令人難以想像。創辦種籽營的初衷是培養各界菁英對於公共政策能有較全面的認識，可帶動群體能量、民間與政府相輔相成，對國家社會盡責任成為社會各領域的種籽，台灣社會進步的力量。參與學員以推薦為主，而需要的人才及該由哪些單位推薦，實在令人傷透腦筋，在兩位營主任與導師們不斷和各方專業人士諮商後終於敲定單位比例，基金會隨即展開邀請，然有些單位熱情響應、爭取名額，有些則始終不予回應，或是派來的人不符合資格，有些著眼專業進修、健全自我，對關懷社會、剖析政策熱情不足，實難錄取，過程的艱辛一言難盡。

課程將占據學員七月的全部周末，要放棄周末和家人團聚的休閒時光，需要很大的決心及取得家人的支持。學員報名要繳交個人自傳、對種籽營的期待及對五大主題的專業觀察與論述，為讓師生在最短時間能表達各自主張，老師們更希望學員能交出對現況的申論與前景分析、問題與侷限的成因及突破的可能，都不是容易的題目，雖還沒講課就先有習題，但結果竟相當令人驚艷。當我們看到學員們對種籽營的期待和對五大主題的見解與關注，更令基金會的籌備工作戰戰兢兢，深怕一個疏漏，使排除困難參加課程的學員們因期待而失望。

開課第一天的學員進行自我介紹，來自不同領域的學員百花齊放，報告方式多姿多采，紛紛展現自己的專業外，更流露出對於國家、社會的關懷與擔憂中，其中甚至有人談到國家現況時幾度哽咽，場面令人有「知識份子本當如是」的感懷，這就是我們台灣所謂的「軟實力」吧！

爾後，隨著課程的不斷進行，看到學員們由最初充滿自信的堅持己見，逐漸轉變為謙遜、沉穩、接納，在課堂發問或分組討論時，不再只是高談闊論，在激烈爭辯後，取而代之的謙恭、互重與分享，是自省後的交流。炎熱的夏天裡，還能完成指定課外讀物，看到學員放下自我，師生相互虛心求教的一面，更令人感到這群學員真的不簡單，老師們也真不容易因應不同政策，提出不同觀點，將觀點轉化成可對話的論述、可實踐的主張，這樣深入議題的講堂，有了流轉的空間與氛圍。

七月十三日主題二國民年金與財稅金融，適逢蘇力颱風襲台，人事行政局公告停課，但在營主任和主題導師何志欽老師討論下照常上課，獲得所有講師同意。原擔心出席學員不踴躍，卻幾乎全員到齊，遠在南部的也在高鐵復駛即刻前來，熱情感動所有講師，基金會的我們也覺得籌備種籽營很值得。

陽明山二天一夜工作坊令人難忘，分組向心力強，每位組員貢獻自我所長，齊力完成結業報告，雖然準備時間有限，報告成果或有不足。但努力的過程、合作的經驗，都是難忘的。

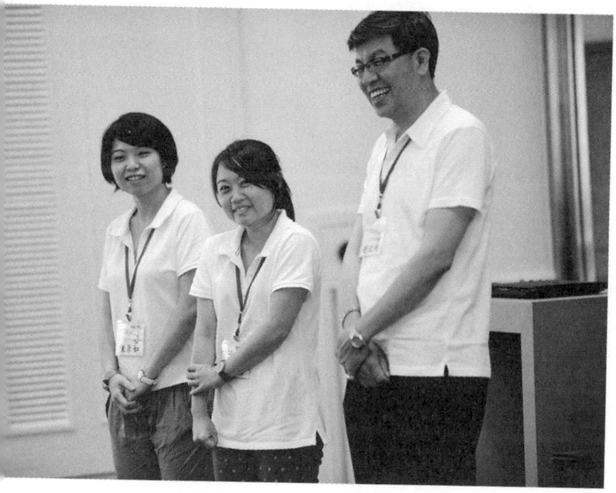

我們的團隊

千頭萬緒交織的種籽營終於推出了第一屆，在參加準備過程中基金會的每一員受益良多，能匯聚多位社會菁英與關心國家社會多年的重量級講師，這股凝聚起來的力量應可延續，希望對社會產生正面能量、負起責任，大家造就對國家有前瞻勇氣的各個梯次「行動團隊」，都「玩真的」！

曲家琪、朱思潔

（余紀忠文教基金會研究員）

後記

近一年的種籽營講堂籌備策畫到執行，一路上都有余紀忠文教基金會的朋友們支持與鼓勵。在此我們要特別感謝中華電信股份有限公司、史丹福學術基金會、台揚科技股份有限公司創辦人王華燕先生的捐款，使種籽營能聘請到頂尖的講師群，以及營造明亮的講堂環境。講堂中漂亮的墨綠色課桌，陪伴學員們三個周末，則是由合慶豐貿易股份有限公司陳素花女士提供設計贊助。

感謝您們的參與，共同播下改變台灣的希望種籽。

RAMSA

余範英
王健壯

余紀忠講堂
種籽營
報到

南渡北歸

基金會叢書

GAP

3
2

余紀忠文教基金會叢書 57

決定台灣的29堂課

策畫委員—余範英、黃榮村、王汎森、朱雲漢、葉俊榮、陳添枝、何志欽、林聖芬
企　　劃—趙政岷、李冰榮
編　　撰—朱思潔、曲家琪、陳可慧、陳彥如
封面設計—林庭欣
排　　版—菩薩蠻數位文化有限公司
出 版 者—財團法人余紀忠文教基金會
地　　址—台北市大理街一三二號
專　　線—（〇二）二三〇六—五二九七
初版一刷—一〇三年二月
定　　價—新台幣三百八十元